한국의 교양을 읽는다

5
― 인문편

한국의 교양을 읽는다

5
— 인문편

우한기 지음

휴머니스트

《한국의 교양을 읽는다》 시리즈 머리말

오늘 우리에게
한국적 교양은 무엇인가?

　《세계의 교양을 읽는다》가 프랑스의 바칼로레아를 통해 교양을 읽고자 했던 시도였다면, 《한국의 교양을 읽는다》는 한국의 '바칼로레아'를 통해 '한국의 교양'을 읽고자 하는 시도이다. 그러나 한국의 '바칼로레아', 즉 한국 대학의 '논술 문제'에서 한국의 교양을 읽을 수 있을지를 고민하기에 앞서 '한국적 교양은 있는가?', 즉 우리 모두가 합의할 수 있는 가치가 있는지, 있다면 그것이 무엇인지, 그것을 어떻게 찾아야 할지 고민스러웠다.
　이런 고민에도 불구하고 한국적 교양의 단서를 '대학 논술 문제'에서 찾아보려고 한 이유는 대학이 그 시대와 사회에서 진보적인 곳이며, 현실에 뿌리를 두고 과거의 해석을 통해서 미래 지향적 표준을 제시하는 곳이라는 믿음 때문이다. 교양을 다른 말로 하면 '무엇을 묻고, 어떻게 답하는가?'이다. 즉 물음의 내용과 답변의 방식에서 우리는 시대와 그 사회의 가치를 읽을 수 있고, 표준을 감지할 수 있다고 믿었다. 그래서 논술 기출 문제를 분석하여 오늘 이 시점에서 시대와 사회가 우리에게 던지고 있는 질문을 가려 뽑고 그 물음에 답해 보려 노력했다.

책을 만들고 나서 우리는 '과연 한국적 교양이란 무엇이고, 한국적 교양은 있는가?'라는 질문 앞에 다시 놓였다. 오천 년이 넘는 유구한 역사 위에서, 동아시아 한 편에서 세계 속의 한국인으로 살아가기 위해서, 인류 보편적 가치관을 지닌 "남을 이해하고 마음이 풍요로운" 교양인으로 거듭나기 위해서, 나아가 모두가 행복해지는 그런 지구촌을 만들기 위해서, 오늘 우리가 추구해야 할 한국적 교양은 무엇인가?

많은 질문을 하고 수많은 답안을 작성하는 연습을 통해 성장했다는 《세계의 교양을 읽는다》를 엮은 최영주 교수의 경험에 비추어 한국의 젊은이들이 이 책을 읽은 후 "이 질문들을 모르고 그냥 지나쳤더라면 나의 삶은 완전히 다른 모습이었을 것"이라고 생각할 수 있다면 다행이겠다. 부끄럽지만 용기 있게도 감히 '한국의 교양'이라는 제목을 단 책을 내놓으면서 독자들이 한국의 교양을 읽고 나름대로 수많은 답안을 작성해 보길 바란다. 나아가 그 수많은 답안들이 모두가 공유할 수 있는 한국의 교양을 만들어 가는 데 작지만 소중한 밑거름이 되길 또한 기대한다.

기획위원 - 강호영, 김보일, 우한기, 이상준

《한국의 교양을 읽는다》 인문편 머리말

정답을 비틀고 물구나무 세워 '나-너-우리'의 관계를 새롭게 발견하기

1

금년 초 일이다. 광주에서 내게 배운 한 친구한테서 메일이 왔다. 서울로 오르자마자 서울역에서 노숙자들과 일주일을 함께 지냈고, 끼니는 보라매공원 무료 급식소에서 해결했다고 했다. 소외된 이웃의 삶 속으로 들어가지 않고서 '더불어 삶'을 떠든댔자 공허할 뿐이라는 내 강의가 늘 마음에 걸려서 그리 했다고 한다. 부끄럽고 부러웠다. 말로만 떠드는 나와 몸으로 옮기는 그가 어찌 이리도 다른지……. 이 책이 나오면, 아마 나는 또 부끄러울 것이다.

2

인문학의 위기라고들 한다. 인문계열 학생들이 '인문대학'을 가지 않으려는 판국이다. 왜 그럴까? 돈이 안 되기 때문이다. 돈이 안 되는 이유는 간단하다. 무언가 계산이 딱 떨어지고 그래야 효율적으로 돈도 척척 벌 텐데, 이 인문학이란 게 당최 계산하고는 거리가 멀다. 계산하여 인과율을 따지는 데 허술한 인문학(人文學, humanities)은, 따라서 인문 '과학'이 아니다. 도대체가 써먹을 데가 없다는 거다. 그러니 인문대가 팔리질 않는 거고, 위기니 뭐니 하는 거다.

　인문학은 관계의 성찰이다. 때문에 나는 '관계학'이라 부른다. '인문'에서 '文'은 서로가 어울려[乂] 이루는[亠] 무엇이다. 나의 내면을 들여다보고(나와 나), 이웃과의 관계를 생각하며(나와 너), 그로써 나와 세계의 바람직한 관계(나와 우리)를 찾는 거다. '나-너-우리'라 할 수 있다. 바람직한 것을 이루려 하지만, 그게 바람직할 지 어떨지는 알 수 없는 노릇이다. 끊임없이 돌아보고 문제를 찾아 해결책을 내놓지만, 그게 맞는다는 보장은 없다. 역설적으로, 이게 인문학의 매력이다. 불가능한 것을 찾아 멈춤 없이 나아가는 거다. 그러는 동안 인간과 인간, 인간과 세계의 관계가 넓고 깊어진다. 서로 열어 나누는 풍성한 삶이다.

　고로, 인문학은 고유의 틀 속에 가둘 수 없다. 가둘 수 없는 걸 가두어버리니까, 위기에 빠진 거다. 또한 인문학의 위기는 인문학만의 위기가 아니다. 학문, 나아가 문명 전반의 위기다. 어느 무엇도 '나-너-우리'라는 관계성과 떨어질 수 없다. 이 바탕을 무시한 채 쌓아올린 학문과 문명은 모래 위에 쌓은 성과 같다. 첨단 과학을 자랑하는 시대에, 생태계 파괴니 인간 소외니 하는 불길한 말들이 떠도는 건 왜일까? 얻을 것만 챙기느라 관계가 끊기는 걸 돌아보지 못한 때문이다. 첨단의 시대에 돈 안 되는 인문학이 꼭 필요한 이유다.

3

이 책에서 나는 한번쯤 생각했어야 할 관계를 꺼내 들었다. 나를 들여다보고, 내가 맺는 관계들을 살피고, 뉘우칠 건 뉘우치고, 찾아야 할 걸 찾고자 했다. 무엇보다 알려져서 익숙한 것을 비트는 데 집중하였다. 나는 어떤 경우에도 정답만큼은 피해야 한다고 본다. 젊은이라면, 정답을 비틀고 물구나무 세우는 짓을 감행해야 한다. '젊은이'란, 나이가 젊다는 뜻만은 아니다. 나답게 살아보려는 사람이라면 누구나 젊은이다. 그래서 부탁하건데, 읽는 분이 나이를 먹었더라도, 젊게 읽으시길 바란다. 설익은 것을 스스로 익히고, 비튼 걸 다시 비틀고, 뒤집어 놓은 걸 다시 한 번 뒤집어 주시길⋯⋯. 마지막에는 '자기 생각'만 남았으면 싶다.

4

나는 저지르고 보는 걸 좋아한다. 무엇이 되었든 지금보다는 낫다 여기기 때문이다. 결과가 어찌될지 나는 모른다. 내 몫이 아니니까 나는 내게 주어진 몫에 충실할 따름이다. 빈센트 반 고흐가 스승 멘데스에게 물었다.

"제가 선택한 일이 나중에 제게 어울리지 않았다는 게 드러나면 어떡하죠?"

멘데스의 말은 두고두고 새겨둘 만하다.

"저것 봐, 빈센트. 지는 해가 저 회색 구름장 위로 타오르는 붉은 빛을 던지고 있는 광경 말이야."

실패든 성공이든 그건 사람이 어찌할 수 없다. 그러나 적어도 구름장과 어울려 자기 빛을 던지는 자기를 발견할 수 있다면, 이보다 더한 기쁨은 없을 것이다. 모쪼록 이 책을 읽는 젊은이가 자기로써, 자기 빛으로 세상에 나아가기를 바란다. 자기만의 빛으로 세상과 어울리길 바란다.

"나답게, 더불어!"

이것이 이 책을 줄인 단 한 마디다.

도움 주신 분들이 참 많다. 일일이 이름을 늘어놓지는 않겠다. 특히, 글쓰는 일이 아내 김영란과 람, 담, 솔이한테는 참 못할 짓이다. 자리를 빌어 고마움과 위로를 전한다. 이 책이, 내가 할 수 있는 남편 노릇, 아빠 노릇이다.

2007년 9월
우한기

차례

머리말　4

01　나는 나인가?　13
02　우리 시대에 변신은 무엇인가?　31
03　시키는 대로 하는 게 효도인가?　55
04　행복한 허무주의자로 살 수는 없을까?　77
05　죽음을 사랑할 수 있을까?　99
06　신은 죽었는가?　121
07　이기주의는 나를 위한 것인가?　149
08　무엇에 복종할 것인가?　175
09　놀고먹을 순 없을까?　205
10　몸을 어떻게 대할 것인가?　233

11	우리에게 어머니는 있는가?	261
12	침묵은 금인가?	287
13	세상은 정말 좋아지고 있는가?	307
14	느림은 과연 미덕인가?	331
15	착하게 살고 싶은가?	355
16	어떤 공부를 할 것인가?	385

찾아보기　415

일러두기

- 〈세계의 교양을 읽는다〉 시리즈가 프랑스의 대입 자격 시험인 '바칼로레아'를 통해 세계의 교양을 읽고자 하는 문제 의식이 있었다면, 〈한국의 교양을 읽는다〉 2, 3, 4, 5권은 '21세기에 세계를 살아갈 한국인의 눈으로 한국의 교양을 읽는다.'라는 문제 의식을 가지고 한국적 교양의 담론을 담아내기 위해 1990년대 중후반부터 우리나라의 각 대학에서 실시된 논술 기출 문제를 기초 자료로 삼았다.
- 우리나라의 논술 문제는 여러 가지 제시문을 이해한 후에 제시된 두세 가지의 제시문을 연결하여 자신의 의견을 서술하는 형식으로 출제되고 있다. 앞으로의 논술 문제는 '통합 교과적' 성격을 띠게 될 것이나 제시문의 독해(이해)를 전제로 자신의 생각을 서술하는 기본 형식을 여전히 유지할 것이다. 기출 문제는 각 논제 뒷부분에 있는 '기출문제 둘러보기'에서 확인할 수 있다.
- 논제는 시대의 흐름을 반영할 수밖에 없다. 따라서 네 명의 기획위원과 편집자가 모여 1990년대 중후반 이후부터 최근까지의 각 대학 논술 기출 문제를 분석하고, 그 중에서 세계 속의 한국인으로서 살아갈 우리가 지금 가져야 할 교양을 대표할 수 있는 논제를 고르고, 그것을 다시 네 분야—과학, 문화, 사회, 인문—로 나누었다. 그리고 필자의 관심 영역과 전문 분야를 고려하여 한 분야씩 맡아 집필하였다.
- 논제에 대한 답변은 각 분야의 필자가 비교적 모범 답안을 작성하기 위해 노력하였으나 구성과 편집에 있어 저자의 주관이 개입되었다.
- 지면의 한계 상 많은 논제를 다룰 수 없으므로, 대표 논제와 연관하여 더 생각해 볼 논제나 논제와 연관한 배경 지식 등을 '더 생각해 봅시다'라는 코너로 두었다.

01 나는

나인가?

나는 흑인이다.
또한 백인이기도 하다.
나는 프랑스 사람이고, 마르티니크 섬 사람이며,
알제리 사람이다.
나는 내 나라의 영웅이요, 반역자다.
나는 영화 속 우상이기도 하고, 악당이기도 하다.
내가 잘생겼나? 물론, 잘생겼다.
그러면서도 나는 추하다.
내 피부는 형보다 더 까맣고,
아버지의 피부에 비하면 훨씬 하얀 편이다.
나는 우주보다 더 광대하다.
나는 즐겁게 노래를 부르다가도,
처절하게 울부짖기도 하며, 때로 춤을 춘다.
나는 곧 이 세상 모든 사람이면서,
정작 그 누구도 아니다. 나는 프란츠이다.
프란츠 파농.
정녕 나는 누구인가?

- 패트릭 엘렌, 《나는 내가 아니다》(프란치 파농 평전)

끝없는 물음, 나

 나는 우한기다. 그런데 왜 하필 내 이름이 '우한기'일까? 내 이름의 유래는 이렇다. 우리 아버지가 내 이름을 뭘로 지을까 고민하다가, 부산에서 가장 큰 집 문패에서 '한기'라는 이름을 보고 이렇게 이름 지었다 한다. 만약 그 집 문패가 '한기' 아닌 '두기'였으면, 아마 내 이름은 '우두기'가 되었을 터다. 내 항렬이 '기'자 돌림이 아니었으면, 그 '한기'라는 문패와 나는 아무런 관계도 맺지 않았을 것이다. '우'라는 성도 내 의도가 아니다. 태어나 보니 하필 우씨 집안이었을 따름이다. 내 이름이 '우한기'인 것은 그야말로 우연이다. 내가 대한민국 국민인 것도, 우리 집안의 장남인 것도 다 그렇다. 그러므로 나는 '민족 중흥의 역사적 사명을 띠고 이 땅에 태어'난 것도, 집안의 미래를 짊어질 숙명으로 태어난 것도 아니다.
 나는 김영란의 남편이고 람, 담, 솔의 아빠다. 그런데 내가 김영란을 만난 것은 정말이지 우연에 우연이 겹친 것이다. 만나지 않았어도 아무렇지 않을 두 인생이 아무런 의도 없이 만났고 맺어졌다. 아이들 역시 내가 우연히 이 땅에 태어난 것과 똑같은 운명으로 이 땅에 태어났다. 그게 재수가 좋은 건지 어떨는지는 내가 판단할 문제는 아니다. 그러고 보면 지금 내가 맺고 있는 모든 관계가 다 이렇게 우연의 작품이다.

 나는 아름다운 삶을 꿈꾼다. 멋진 삶, 특히 돈에 얽매이지 않는 삶을 꿈꾼다. 그럴 때 나는 절로 흐뭇하고 보람차다. 그런데 나는 그만큼 자주 추하다. 나도 모르게 내 속에선 더 많은 돈을 더 쉽게 벌 궁리를 하곤 한다. 또 나는 가끔씩 아내나 아이에게 멋진 남편, 친구 같은 아빠가 되기를 바란다. 그런데 그보다 훨씬 자주 나는 남편도 아빠도 아닌 것 같은 나를 본다. 도대체 무엇이 진짜 나인가?

 도스토예프스키의 《까라마조프 씨네 형제들》에 나오는 드미트리는 이렇게 말한다. 마돈나의 이상을 가진 사람이 소돔의 이상으로 끝을 맺고, 거꾸로 소돔의 이상을 가진 사람이 진정으로 마돈나의 이상을 불태운다는 사실이 끔찍하다고. 숭고한 사랑을 꿈꾸는 사람이 타락한 사랑으로 굴러 떨어지기도 하고, 음탕한 사랑을 품은 사람이 순결한 사랑의 이상을 포기하지 않는다는 것이다. 드미트리는 말한다. "인간은 광활해, 너무나 광활해!"

 따지고 보면 우리가 말하는 것이나 생각하는 것, 우리가 맺고 있는 관계, 이 모두가 너무나 광활하다. 그런데 사람들은 이 광활한 것을 왠지 두려워하는 것 같다. 그 광활함에 몸을 맡기면 마치 자기가 해체되어 자기 아닌 것이 되거나 하는 것처럼 말이다. 그리하여 사람들은 비슷한 것을 생각해야 하는 것처럼 똑같은 생각을 품는다. 드미트리가 내린 결론은 이렇다. "나는 이걸 축소시킬 거야." 이처럼 우리는 광활함을 버리고 정답을 찾아서 그것에 나를 끼워 맞추려 한다. 그리고 그것이 '내 생각'이라 여긴다. 그러나 모두가 똑같이 생각하는 것도 내 생각일까? 모두가 비슷하게 사는 것도 내 삶일까?

나는 생각하지 않는다

'나는 생각한다'는 데카르트의 명제를 '본의 아니게' 반박한 인물은 프로이트다. 어릴 적 우산을 들고 나가기만 하면 잃어버려서 어머니에게 혼났던 기억들이 있을 게다. 아니면 유독 어떤 사람의 이름이나 전화번호 같은 걸 잊어버리는 경우라든가. 이도저도 아니라면 별수 없이 꿈 얘기를 해야겠다. 어차피 꿈을 의식적으로 꾸는 사람은 없을 테니까. 이런 '망각', '망상', '꿈' 같은 게 바로 무의식이다.

프로이트는 이 무의식을 의식의 원천으로 보았다. 이 설명은 꽤 설득력이 있다. 살다 보면 무의식적인 힘이 내 생각을 지배한다는 느낌이 자주 든다. 나아가 무의식적인 에너지가 불쑥 말이나 행동으로 이어지기도 한다. 그렇다면 내 속에 알 수 없는 정신적 에너지, 그것이 내 생각과 행동의 원천이 아닐까? 이 정신적 에너지는 내가 통제하지 못하는 것인데도 내게 작용한다. 그렇다면 그것은 몸의 작용, 다시 말해 자연의 작용이라 해야 할 것이다. 인간을 이성적 존재라면서 자연과 구별하려던 시도는 이로써 깨어진다. 그렇다면 정말 내 생각은 내 생각이 아닌가?

내가 통제하지 못하는 어떤 강력한 힘이 내 생각을 지배한다면, 이 힘은 도대체 어디서 온 걸까? 내 몸의 알 수 없는 에너지가 작용한다면, 그 알 수 없는 에너지는 도대체 누가 조종하는 걸까? 여기서 우리는 생각은 말을 통하지 않을 수 없다는 사실을 떠올려야 한다.

나는 언어를 통하지 않고서는 생각을 할 수 없다. 내가 한국인인 이상, 나는 한국어로 사고하고 한국어로 소통한다. 그런데 이 언어라는 것에는 이미 어떤 '가치'가 부여되어 있다. 가령, 어떤 아이에게 "그놈 참 씩씩하게 생겼다. 커서 훌륭한 '노동자'가 되어라."고 했다 치자. 그 소리를 들은 그 아이나 그 부모의 얼굴은 틀림없이 일그러질 것이다. 그러면서도 다들 말로는 '노동은 신성하다'고 한다. 신성한 노동을 하는 사람이 되라는데 왜 얼굴을 찡그리는가? 그 이유는 간단하다. 노동이 신성하지 않기 때문이다. 파업을 할 때 '신성한 노동자'였다가도 정작 직업을 물었을 때는 '회사원'이라고 한다. 그렇게 신성한 노동을 자식들에게는 절대로 물려주지 않으려 안달이다.

이처럼 우리가 쓰는 말에는 이미 '사회적 가치'가 들어 있다. 우리가 그 말을 쓰는 순간 그 가치는 어떤 '기대치'가 되어 나타난다. '엄마(아빠)'라고 불렸을 때, 이미 그 자신은 부모로서 생각하고 그 기대치에 부응하는 행동을 한다. 그 호칭이 아무리 자기 삶을 옭죄는 것이라 하더라도. 이건 아들(딸)로 불렸을 때도 마찬가지다. 내가 '선생님'이라 불렸을 때 내가 '선생'이 되어야 하는 것처럼 말이다.

그렇다면 내 생각은 내가 생각해낸 것이 아니다. 결국 내 생각은 언어의 효과요, 사회가 부여해 놓은 가치에 따른 것일 뿐이다. 그 사회적 가치가 내 속의 알 수 없는 에너지를 자극하여 생각과 행동을 좌우한다. 그렇다면 이 사회가, 나아가 내가 맺는 모든 관계가 언어를 매개로 하여 내 몸과 마음을 좌우하고 있다는 결론이 나온다. 이제 나는 나를 설명하기 위하여 나를 둘러싼 관계를 생각해야겠다.

나는 만들어진 존재다

나를 만든 것은 한두 가지가 아니다. 우선 부모가 있다. 물론 부모만으로는 내가 있을 수 없다. 해와 달, 물과 불, 공기와 흙, 밥과 반찬……. 실로 우주 만물이 나를 빚어냈다. 그뿐인가? 입고 있는 옷이나 먹는 음식, 사는 집, 쓰는 물건, 어느 하나 사람 손길이 닿지 않은 게 없다. 그래서 '종이 한 장에서 우주를 본다.'는 말도 있지 않은가! 이와 같이 나는 나에게서 우주 만물을 만난다. 이것은 내가 '관계 속 존재', 즉 '우리'임을 말해 준다. 나뿐만 아니라 모든 존재하는 것들이 그렇다.

'관계 속 존재'라는 것은, 내가 늘 변할 수밖에 없는 존재임을 보여 준다. 상황은 언제나 바뀌는 것이다. 이 변화는 '관계'에서 비롯된다. 불교의 핵심 사상인 '연기(緣起)'가 이를 잘 설명해 준다. 모든 것이 연결되어[緣] 발생한다[起]는 말이다. 그런데 그 관계는 고정되어 있지 않다. 집에서의 관계와 직장 또는 학교에서의 관계가 다르다. 태어날 때 맺던 관계와 자라서 맺는 관계, 그리고 결혼 후의 관계는 다를 수밖에 없다. 한국에서 태어났는가, 미국에서 태어났는가에 따라서도 관계는 달라진다. 이 모든 상황에 따라 내 모습도 내 생각도 내 호칭도 달라진다. 이렇게 우리는 바뀌는 관계에 따라 늘 다른 '나'가 된다.

따라서 나는 '만들어진 존재'다. 주어진 관계에 따라 주어진 생각과 주어진 노릇을 해야 하는 존재다.

만약 이 관계가 고정된 것이라면 어떨까? 지금 나에게 주어진 관계는 참 많다. 그러나 그 많은 관계들을 지배하는 건 대다수의 삶이 그렇듯이 자본주의다. 한마디로 나는 '시장 속 존재'다. 그런데 이 시장이라는 조건과 거기서 맺어지는 관계는 좀처럼 바뀔 것 같지 않다. 내가 좀 속물 같다는 느낌이 들 때도 있지만, 언제나 시장으로 되돌아오는 나를 발견하게 된다. 그렇다면 나는 사람과 사람이 돈과 돈으로 만나야 하는 이런 관계 속에서 도무지 벗어날 수 없단 말인가? 이 주어진 상황에서 관계를 고정시키는 건 이래서 좀 비참하다. 드미트리처럼 광활함을 축소시키는 것은, 수많은 고민거리를 해결해 주는 것처럼 보이지만 실제로는 내 삶을 형편없이 축소시킨다.

그러나 관계는 변한다. 아니, 변할 수밖에 없는 속성을 가지고 있다. 그래서 이 상황 역시 바뀔 수 있다. 아니, 바꿀 수 있다.

관계 속에서 관계 만들기

확실히 나는 수많은 관계가 만들어 낸 존재다. 이것을 수동적으로만 생각할 것은 아니다. 부처님은 세상에 태어나자마자 '천상천하유아독존(天上天下唯我獨尊 : 이 천지간에 나만 홀로 존귀하다)'이라 했다. 예수님은 자신을 일컬어 '하나님의 아들'이라 했다. 그분들만 그런가? 나도 그렇고, 너도 그렇다. 우리 모두는 우주 만물의 아들딸들이다. 우주 만물의 작용이 없었으면 나의 탄생과 성장 또한 있을 리가 없다!

  문제는 나를, 나의 관계를 축소시킨 데 있다. 지금까지 살아온 내 삶의 조건이 앞으로도 계속될 것이라 생각한 것이 문제의 원인이다. 날 때부터 지금까지 나를 둘러싼 가족, 학교, 직장, 나라, 민족, 크게는 시장이라는 조건이 철벽처럼 다가온다. 그 바람에 나는 이 틀 속에서만 나를 생각한 것이다. 기껏 변화를 꿈꾸더라도 이 틀 속에서 조금 더 위로 오르는 것만 꿈꾼다. 그런 한 나는 언제나 주어진 틀 속의 나일 수밖에 없다. 과거부터 주어진 틀 속에서 지금의 나를 생각하고, 그 틀 속에서 미래의 나를 설계할 따름이다. 이런 삶은 '현재의 나'이되 '과거의 나로 사는 나'다. 과거에 얽매인 나!

  그러나 나는 과거의 나의 결과, 즉 주어진 틀 속의 나인 것만은 아니다. 파농의 말대로, 나는 이것이기도 하고 저것이기도 한 나다. 이것일 수도 저것일 수도 있는 나라는 말이기도 하다. 주어진 관계를 살지만, 그 관계를 바꿀 수도 있다. 달리 말하면, 나는 '던져진 존재'이기도 하지만, '스스로를 던지는 존재'이기도 하다는 것이다. 어떻게?

  앞서 봤던 드미트리의 말에서 힌트를 얻을 수 있다. 그는 인간의 광활함을 끔찍하다 했다. 그러나 왜 그것이 끔찍하기만 할까? 그 광활함과 무한함을 무한한 관계와 가능성으로 볼 수도 있지 않을까? 정녕 그러하다면, 우리는 스스로가 축소시킨 관계를 회복하려고 노력해야 할 것이다. 그것은 우주 만물의 무한함과 나의 무한함이 만나게 하는 것이다. 드미트리의 막내 동생 알료샤가 대지의 무한함에 온몸을 던진 것처럼 말이다. 그것은 의외로 간단하다. 보지 못하던 것을 보려고 해야 한다. 마찬가지로 맡지 않던 냄새, 먹지 않던 음식, 가 보지 않은 길, 만지지 않으려 했던 것들, 듣지 않던 소리 따위와 만나려 해야 한다. 한마디로, 온몸으로 온 세상을 만나고자 해야 한다는 말이다. 그럴 때 진정 내 속에 감추어진 뭔가를 발견할 수 있을 것이다.

《데미안》에서 데미안은 싱클레어에게 이렇게 말한다.

> 하지만 우리는 모든 것을 존경하고 성스럽게 간직해야 한다고 생각해. 인위적으로 분리시킨 이 공식적인 절반뿐만 아니라 세계 전체를 말이야!

그러려면 어떤 계기가 있어야 할 것이다. 그것은 바로 주어진 관계와 삶에서 무언가 결여되어 있던 것을 느끼는 것이다. 우리는 진정 하고 싶은 것, 진정 잘 할 수 있는 것을 하지 못함에 아파해야 한다. 즉, 즐거이 관계 맺지 못하게 만드는 지금의 관계를 비판적으로 볼 줄 알아야 한다는 것이다. 그런 사람만이 바람직한 관계를 꿈꾼다. 그는 지금 없는 관계, 그러나 꼭 있어야 할 관계 속의 삶을 설계할 수 있다. 그렇게 설계한 나를 현재의 삶으로 던질 때〔企投〕,

나는 비로소 '과거의 나'가 아니라 '미래의 나'로 현재를 살 수 있다. 이것을 나는 '당기기'라 표현하고 싶다. 미래의 나, 미래의 관계를 현재로 당겨서 산다는 말이다.

이 '미래'라는 것은 시간적 의미의 미래가 아니라 '있어야 할' 또는, '바람직한' 관계라는 뜻이다. 미래는 앞으로 있어야 할 것이기도 하지만, 먼 옛날에 있었던 것 중에서 이미 잃어버린 것이기도 하다. 역사나 신화에서 우리가 회복해야 할 바람직한 관계 역시 '있어야 할 관계', 즉 '미래'일 수 있다.

물론 이 '미래'가 '참된 나', '참된 관계'라고 할 근거는 어디에도 없다. 나는 이것일 수도 저것일 수도 있는 존재이고, 미래의 관계 역시 이럴 수도 저럴 수도 있기 때문이다. 현재의 내가 할 수 있는 일은, 그것이 바람직한 미래가 되게끔 최대한 성찰하고 최대한 분투하는 일뿐이다. 그 결과는 내가 어찌할 수 없는 일이다. 다만 그 불가능한 꿈을 향해 지속적으로 오늘의 관계에 뛰어드는 삶을 살 따름이다. 체 게바라의 말처럼, '우리 모두 리얼리스트가 되자. 그러나 가슴 속에는 불가능한 꿈을 품자.'는 것이다. 해낼 수 있다면 '내가 만드는 내 삶', '내가 만드는 내 관계', 한마디로 '나는 나'라고 주장할 수 있으리라.

기출문제 둘러보기

2003 이화여대 정시 |

소문이나 평판으로 형성되어 나타나는 타인의 시선은 개인의 행동에 일정한 영향을 미치게 된다. 다음 세 글을 논의의 근거로 삼아 타인의 시선이 개인의 행동에 미치는 영향을 자신의 관점에서 비판적으로 논술하시오.

제시문 (가) 당신이 아무한테도 얘기한 적이 없는데 도대체 그 일을 어떻게 알았느냐, 누가 얘기했느냐고 당신은 물었다. 하지만 그것은 모든 일을 가장 잘 알고 있는 소문이라는 놈이 알려 준 것이다. 이렇게 얘기하면 "뭐라고? 그렇다면 나도 세상 사람들의 입에 오르내릴 만한 사람이란 말인가?" 하고 당신은 반문할 것이다. 당신은 자신을 대단찮게 여기고 있는 모양이지만 그 지방에서는 거물일 수도 있다. 당신이 무슨 일을 하고 있는지, 무엇을 먹는지, 잠은 얼마나 자는지, 이런 것들을 사람들은 듣고 싶어 하고 또 잘 알고 있기도 할 것이다. 그런 만큼 당신은 일상 생활에서 행동거지를 더욱 더 조심하지 않으면 안 된다.
그렇지만 중인환시(衆人環視) 속에서 살아도 아무렇지 않게 되었을 때 비로소 나는 행복하구나 하고 생각해도 좋을 것이다. 집 안의 벽은 당신을 보호하기 위해서 있는 것이지 무언가를 숨기기 위해서 있는 것은 아니다. 그런데도 문을 활짝 열어 놓고 생활하는 사람은 좀처럼 찾아보기 어렵다. 문지기를 두게 된 것도 양심의 거리낌 때문이지 명예나 긍지를 나타내기 위해서가 아니다. 누군가가 갑자기 문을 열고 들어와 떳떳치 못한 짓을 하고 있는 현장이라도 들킬까 봐 불안해 하는 생활을 하고 있기 때문이다. 그러나 몸을 숨겨 남의 눈이나 귀로부터 벗어났다고 해서 무슨 소용이 있단 말인가? 양심의 가책을 느낄 것이 없으면 군중의 시선은 환영할 만한 것이 되지만, 양심의 가책을 느낄 때는 혼자 있어도 불안해서 견딜 수가 없는 법이다. 당신이 하고 있는 일이 떳떳한 일이라면 모든 사람이 알아도 상관이 없을 것이고, 추악한 일이라면 당신 자신이 알고 있는 이상에는 남들이 알든 모르든 그런 것은 문제가 안 된다.

제시문 (나) 인쇄업자로서의 신용과 평판을 지키기 위해 나는 실제로 근면하고 검약했을 뿐만 아니라, 그와 반대되는 일은 피하도록 주의했다. 나는 옷을 수수하게 입었고, 노는 데는 나가지를 않았다. 낚시질도 사냥도 하러 나가지 않았다. 이따금 책을 읽기 위해 손에서 일을 놓아야만 할 때가 있었지만, 그것은 드문 일인 데다가 남의 눈에 띄는 일도 아니었으며 나쁜 평판을 들을 일도 아니었다. 또 나는 열심히 장사한다는 것을 남에게 보여 주기 위하여 여러 상점에서 산 종이를 손수레에 싣고 일부러 거리를 달려 집까지 오곤 했다. 이와 같이 해서 나는 부지런하고 유망한 청년이라는 평판을 얻게 되었다. 또 산 물건값은 꼭꼭 지불했으므로 문구류 수입상들이 나와 거래하고 싶어 했고 책을 공급해 주는 사람도 늘어나 매사가 순풍에 돛 단 듯이 진척되어 나갔다.

나는 또한 겸손이란 덕목에 있어서도 진정으로 겸손했다고 장담할 수는 없으나 표면적으로는 상당히 성공했다고 생각한다. 다른 사람들과 대화를 나누거나 토론을 할 때, 나는 타인의 주장에 처음부터 반대하고 나의 의견을 단정적으로 주장하는 것은 무엇이나 참기로 했다. '확실히'나 '틀림없이' 등의 표현 대신 "나는 이렇게 해석한다"든지 "현재 내게는 이렇게 생각된다" 등의 조심스런 표현을 사용하였다. 이런 겸손한 태도는 내 타고난 천성은 아니어서 처음에는 억지로 해 본 것이나, 나중에는 자연스럽게 나의 습관이 되었다.

제시문 (다) 서로 잘 알고 있으며 또 개인적인 유대감으로 결속되어 있는 집단에서는 매우 강력하면서도 눈에 잘 띄지 않는 통제 메커니즘이 일탈자나 일탈할 가능성이 있는 자에게 항상 발휘된다. 그것은 설득, 조롱, 쑥덕공론(gossip), 비난 등의 메커니즘이다.

일정한 시간 동안 진행되는 집단 토론의 경우 개인들은 그들이 처음에 지녔던 의견을 수정해서 집단 규범이라 할 다수의 의견에 일치시킨다. 그 집단 규범이 어떤 성격을 지닐 것인가는 그 집단의 구성원에 달려 있다. 집단 역학(group dynamics)의 놀라운 현상이라 할 이 피할 길 없는 의견 일치의 압력 밑바닥에는 아마도 어떤 집단에 수용되고 싶어 하는 인간의 깊은 욕망이 놓여져 있을 것이다. 그러한 욕망은 선동가나 여론 형성 전문가들이 잘 알고 있는 바와 같이 극히 효과적으로 이용될 수 있다. 조롱과 쑥덕공론은 모든 종류의 1차 집단에서는 사회 통제의 강력한 도구이다. 많은 사회는 조롱을 어린이에 대한 주요 통제 수단의 하나로 이용하고 있다. 어린이가 순종하는 것은 벌 받는 것이 무서워서가 아니라 비웃음을 당하지 않기 위해서이다. 대부분의 사람들은 자신이 조롱거리가 되는 경우 몸이 오싹하는 두려움을 경험한다. 또한 쑥덕공론은 사람들이 사회적으로 노출되어 있고 이웃에 의해 감시 당할 가능성이 많은 작은 공동체에서 특히 효과적이다. 그러한 공동체에서는 쑥덕공론이 의사소통을 위한 주요 통로의 하나이며 사회 조직을 유지시켜 나가는 데 있어서 필수적인 것이다. 조롱과 쑥덕공론 역시 그것의 전달 통로에 접근할 수 있는 영리한 사람이라면 누구나 의도적으로 이용할 수 있다.

더 생각해 봅시다 ❶

자아는 존재하는가?

　이상은 〈거울〉에서, 거울 속에 있는 내가 나와 닮기도 했지만 나와는 또 정반대라고 말한다. 평론가들은 이것을 '자아 상실'이라고 한다. 거꾸로 윤동주는 〈자화상〉에서 우물 속의 자신을 보면서 자아를 회복하는 모습을 보이기도 한다. '나는 나인가?'라는 질문에서 자아에 해당하는 것은 후자의 '나'다. 우리는 현재의 내가 '참된 나'와 일치하지 않는다고 괴로워한다. 그런데 정작 그 '자아'가 대체 무엇인가? '완성된 나'가 자아인가, '늘 변화하는 나'가 자아인가?

　지성사적으로 보자면, 완성된 자아상은 서구의 주류다. 소크라테스에서 비롯한 이성적 인간상, 기독교적인 신앙인상 따위가 그것이다. 동양 성리학의 군자나 성인 같은 것도 완성된 자아상에 속한다. 이같은 완성된 자아상에는 정답이 있다. 그런데 완성된 자아상은 절대선, 초월적 존재와 같은 절대자를 전제로 삼는다. 그래서 플라톤은 이데아를, 기독교는 말씀(로고스)을, 성리학은 천리를 절대 진리로 삼는다. 이러한 고정불변의 진리가 전제로 깔리는 한, 인간이 나아갈 길은 딱 하나다. 그 절대 진리에 다가가는 것! 한마디로 그 절대 진리에 복종하는 것이다. 그럴 때 자아는 비로소 완성된다.

　그런데 이 완성된 자아상이 사회에 낳을 결과는 무엇일까? 그것은 위계질서이다. 자아에 가장 잘 접근한 자가 꼭대기를 차지하는 것이다. 플라톤의 철인, 중세의 사제, 성리학의 사대부 따위가 그것이다. 그러므로 완성된 자아상은 지배 질서를 정당화하는 구실을 할 가능성이 매우 크다.

완성된 자아상을 추구한 사람들은 왜 그렇게 단 하나의 정답을 내놓았을까? 그것이 각 시대의 지배 이데올로기는 아니었을까? 그렇다면 이 시대는 어떤 완성된 자아상을 추구하는가? 모두가 한결같이 추구하는 인간상이 무엇인지 생각하면, 우리 시대의 특징을 파악할 수 있지 않을까? 오늘 우리가 '성공인'을 이상적 인간상으로 제시하고, 이건희나 빌 게이츠를 모범 사례로 제시하는 것을 보면 우리 시대가 자본주의임을 알 수 있는 것처럼 말이다.

그러나 이 주제 맨 처음에 인용한 파농의 자아는 정반대다. 그는 이것이기도 하고 저것이기도 한 존재다. 그가 자신을 이렇게 각기 다르게 볼 수 있었던 이유는 무엇일까? 이것은 그의 세계관, 진리관과 밀접한 연관이 있을 것이다. 그가 '정녕 나는 누구인가?'라고 물었을 때, 그는 괴로웠을까? 아니면 무엇이든 될 수 있는 자신을 즐겼을까? 설사 누군가에게 악마로 불리더라도 그 자신은 천사로 산 것은 아닐까? 그를 악마로 부른 자는 과연 누구였을까? 혹시 그렇게 부른 자들의 완성된 자아상이 그렇게 파농을 규정한 것은 아닐까? 우리도 그처럼 이 시대의 완성된 자아를 거슬러, 비록 아웃사이더가 될지라도, 무엇이든 될 수 있는 자아를 살 수 있지 않을까? '아예 자아란 없다. 있는 것은 삶뿐!'이라고 주장할 수 있지 않을까?

더 생각해 봅시다 ❷

가상현실에서의 나

　영화 〈토탈리콜〉이나 〈공각기동대〉, 〈매트릭스〉에서 주인공들이 자주 던지는 질문이 있다. "나는 누구지?" 어떤 기계장치가 그들의 뇌를 조작한다. 그들은 조작된 현실, 즉 가상현실이 진짜 현실인지 아닌지 의문을 품는다. 이 의문은 궁극적으로 '내가 나인가?'로 귀결된다.
　이제 이 이야기들은 더 이상 영화 속 얘기만은 아니다. 컴퓨터 게임에 몰입하여 분노하고 기뻐하는 사람들에게는 아바타가 곧 자기이다. 현실의 그는 잠도 제대로 못자서 퀭한 눈빛으로 모니터만 뚫어지게 본다. 현실의 나와 가상현실의 나가 완전히 뒤바뀐 모습이다. 실제의 현실이 고통만을 안겨 줄수록 더더욱 그는 가상현실 속의 나로 파고든다. 그런 그에게 '너는 누구인가?'라고 묻는다면, 그는 무엇이라 대답할까?
　여기에 매력적인 선언문이 있다.

　　비록 우리가 우리의 육체에 대한 너희들의 지배를 받아들이지만, 이제 너희들의 지배에 견딜 수 있는 우리의 가상 주체를 선언하고자 한다. 우리는 우리 자신을 지구 전체로 퍼뜨려 아무도 우리의 생각을 추적하지 못하도록 할 것이다. 그것은 너희들이 이전에 만든 것보다 더 인간적이고 공정한 세상이 될 것이다.
―발로우(J.P. Barlow), 〈사이버스페이스 독립 선언문〉

몸으로는 국가와 자본의 지배를 받아들이지만, 가상현실에서 가상 주체들의 자유, 생각의 자유를 구가하겠다는 말이다. 간단히 말하면, '몸으로서의 나'를 포기하는 대신 '생각하는 나'를 지키겠다는 것이다. 여기서 우리는 데카르트의 부활을 본다. '생각하는 나'의 부활!

이렇게 몸과 분리된, 생각으로서의 나는 진정한 나일 수 있을까? 우리가 관계 속 존재라 했을 때, 그것은 일차적으로 몸의 관계라 보아야 하는가 아니면 정신의 관계라 보아야 하는가? 컴퓨터상에서 맺는 관계가 현실에서의 관계와 무관한 것일 수 있을까? 만약 무관할 수 있다면, 정신과 육체의 분리를 수용할 수도 있을 것이다. 그러나 가상현실에 빠진 나의 수척한 몸을 떠올리면 정신과 육체가 분리되어 있다는 생각을 할 수 없게 된다. 나아가 컴퓨터상에서 맺는 정신적 관계가 현실적인 힘이 되게 하기 위해서도 현실의 나, 현실의 관계를 외면할 수는 없는 것 아닐까? 정보화 시대에서 진정한 나로 세상과 관계 맺는다는 것의 의미가 무엇일지 생각해보자.

02 _____ 우리 시대에 변신은 무엇인가?

나는 가끔씩
일상을 벗어난다.
집구석에 처박혀
아무것도 하지 않고 며칠 뒹군다.
이렇게 뒹굴 때도
원칙이 있다.
아무것도 하지 않기!
그렇게 처박혀 있으면
별의별 생각이 다 든다.
그 생각에도 매이지 말아야 한다.
뭐, 그 생각을 종이에다
끼적거리는 건 괜찮겠지만.
어느 순간,
이대로 이 삶이 계속 되면 어떨까,
묻는다.
그래도 괜찮지,
하는 생각도 든다.
누가 먹여 주기만 한다면야.

일상에서 느끼는 '변신' 욕

이렇게 노닥거릴 때면 참 많은 생각이 든다. 우선은 내 몸이 관심거리가 된다. 내 손과 발, 얼굴, 내 몸뚱이 들이 새삼 느껴진다. 심지어는 털이나, 뾰루지 같은 것도. 평소에 관심 갖지 않던 미세한 변화도 느낀다. 방안에 기어 다니는 개미를 하루 종일 좇기도 하고, 이상(李箱)처럼 이것저것 냄새 맡아 보기도 한다. 괜히 머리 모양 바꾸고, 옷을 바꿔 입고 싶다. 이런 게 다 '변신'하고픈 욕망이다. 늘 하던 생각, 늘 똑같기만 한 일상에서 벗어나고픈 욕망. 그렇게 우리는 뭔가 바꿈으로써 다시 새로운 무언가를 하고자 한다.

어떤 '변신'은 아주 위험천만하다. 잘 다니던 직장을 하루아침에 별 이유도 없이 관둬 버리는 변신 같은 것 말이다. 그러고선 젊은 날부터 꿈꾸던 것이라면서 다시 공부를 한다거나 그림이나 영화 같은 걸 하겠다고 덤빈다. 누구나 이런 꿈을 가지고 있지만, 정작 그리 하는 경우는 아주 드물다. 왜? 정말 위험하니까. 하긴 요즘은 원하지 않았는데도 그렇게 되는 경우가 많으니 꼭 드문 일만은 아니다.

카프카의 대표작 《변신》은 변해도 정말 이상하게 변해 버린 경우이다. 흉측한 갑충류, 그러니까, 딱정벌레나 바퀴벌레 같은 걸로 변해 버린 거다. 그것도 본인이 의도한 것이 아니고, 갑자기 그리 되었다. 별 이유도 없이 그렇게 됐다니, 읽기에도 버겁다. 왜 이 작품이 그토록 유명한지 의문스럽기도 하다. 그러나 우리가 자주 꿈꾸던 변신이 어떤 의미를 지니는지를 더듬어 보면, 이해할 수 있을 것도 같다. 이윽고, '아하, 내가 꿈꾸던 게 바로 이런 거였구나', 하는 생각이 들 수도 있을 게다.

왜 하필 벌레인가

주인공 그레고르 잠자는 멀쩡한 직장인이다. 매일 같이 새벽 다섯 시면 일어나서 기차 타고 출근하여, 외근하고, 부모님의 빚을 갚기 위해 성실하게 살아가는 모범 가장이다. 그러던 그가 갑자기 벌레가 된다. 자고 일어나니 모든 게 바뀌었다.

그런데 여기서부터 이 작품이 힘겨워진다. 왜 하필 벌레인가?

당황하기 전에 먼저 벌레의 특징부터 살피자. 작품에 잘 묘사되어 있으니 조금씩 떠올리기만 하면 되겠다.

벌레는 우선 사람과 생긴 모양이 다르다. 딱딱한 등딱지를 지고, 버둥거리는 여러 개의 다리가 있다. 반점 같은 게 있는데 그걸 만지면 무척 아프단다. 목소리도 다르다. 처음에는 그나마 사람 소리를 조금은 낸 거 같다. 그것도 첫 부분의 소리는 분명한데, 끝소리는 이상하다. 그러다가는 마침내 사람 소리가 나지 않게 된다. 그래서 결국은 입을 다물고 만다. 식성도 달라진다. 그렇게 맛있던 신선한 우유나 고기로 만든 음식은 역겨워서 입에도 대지 못한다. 대신, 상한 음식, 쓰레기 같은 것에 머릴 처박고 맛나게 먹게 된다. 좋아하는 장소도 달라진다. 소파 위에 앉기보다는 소파 밑으로 기어 들어가기를 좋아한다.

정리하자면, 다른 모양, 다른 목소리, 다른 식성, 다른 장소가 된다. 여기서 우리가 주목해야 할 것은, 각각의 달라진 것들이 아니라, '다른'이라는 말 자체다. 그렇다. '변신'이란 '달라지기'다. 이전과 완전히 달라진 모습을 나타내기 위해서 내놓은 변신체가 바로 벌레다. 그러니 벌레로까지 밀어붙여진 이 상태는 회복 불가능한 변신, 갈 데까지 간 변신이라 할 수 있다.

변신의 의미

그레고르는 왜 변신했을까? 그걸 알려면 그레고르의 일상을 알아야 한다. 아니, 그레고르가 자신의 일상을 어떻게 받아들였었는지를 알아야 한다.

'아아' 그는 생각했다. '이 무슨 고된 직업을 택했단 말인가! 날이면 날마다 여행이라니. 회사에서 일하는 것보다 직업상의 긴장이 훨씬 더 크고, 게다가 여행은 얼마나 고달픈가. 기차 연결을 늘 걱정해야지, 식사는 불규칙하고 나쁘지, 대하는 사람들도 늘 바뀌고 말야. 그 바람에 인간관계가 절대로 지속되지 않고 진실될 수도 없어. 이

딴 건 악마나 와서 다 쓸어가라지!'

오늘 우리네 삶이 그렇듯 그레고르 역시 매일매일 똑같은 삶의 틀 속에 갇혀 지낸다. 무의식적으로, 습관처럼 반복되는 나날들 속에 갇혀 있다. 그런 그레고르에게 문제가 있다면 그걸 의식하게 된 것이다. 이런 의식하기는 '권태'를 낳고, 그 권태가 자칫 위험하기 짝이 없는 변신으로 이어진다. 이에 대해서 까뮈가 이야기한 것을 잠시 보자. 함께 얘기할 게 꽤 많은 대목이다.

무대장치들이 문득 붕괴되는 일이 있다. 아침에 기상, 전차를 타고 출근, 사무실 혹은 공장에서 보내는 네 시간, 식사, 전차, 네 시간의 노동, 식사, 수면 그리고 똑같은 리듬으로 반복되는 월·화·수·목·금·토, 이 행로는 대개의 경우 어렵지 않게 이어진다. 다만 어느 날 문득, '왜?'라는 의문이 솟아오르고 놀라움이 동반된 권태의 느낌 속에서 모든 일이 시작된다. '시작된다'는 말은 중요하다. 권태는 기계적인 생활의 여러 행동들이 끝날 때 느껴지는 것이지만, 그것은 동시에 의식이 활동을 개시한다는 것을 뜻한다. (중략) 단순한 '관심'이 모든 것의 기원인 것이다.

—알베르 까뮈,《시지프 신화》

그레고르나 우리 역시 주어진 '무대장치'에서 살고 있다. 그러다가 문득 '왜?'라고 묻는다. 왜 이런 삶을 살아야 하는가? 원래부터 나는 이런 삶을 살기로 돼 있단 말인가? 이런 의문을 품는 순간, 갑

자기 전혀 새로운 생각을 하기 시작한다. 까뮈는 이것을 '권태'라고 했다. 이처럼 생각하기가 시작되는 '권태'는, 그 말이 주는 불쾌한 어감에도 불구하고, 긍정적이라고 할 수 있다. 사람인 이상 생각하기를 멈출 순 없는 노릇이니까.

권태나 변신에 대해 우리는 대개 그냥 한 번 생각한 것으로 그치고 만다. 고개를 흔들면서, 안 돼, 내가 이런 생각을 하면 우리 부모는? 애들은? 가정은? 하면서 다시 일상의 연쇄로 되돌아온다. 그러나 조금 더 밀어붙이면 어떤 일이 벌어질까? 이래 사나 저래 사나, 어차피 사는 게 요 모양 요 꼴이라면, 차라리 뒈지자! 하면서 자살할지도 모른다. 그러나 생각하기를 끝까지 밀어붙인 사람은 어떨까? 그 역시 일상으로 되돌아오지만 원래 모습 그대로 되돌아오는 것은 아니다. 현실로 되돌아오긴 하지만, 이전과는 다른 모습, 다른 방식으로 거듭나 다른 삶을 살게 된다. 이게 바로 '변신'이다.

사랑의 굴레

그레고르의 변신이 가족에게 부정적이게 된 가장 큰 이유는, 그가 한 가정을 책임지고 있었기 때문이다. 그레고르에게 가족 구성원 모두는 일종의 기생충과 같은 존재들이다. 그의 가족을 보면, 약간의 문제는 있어도, 모두 다 사지가 멀쩡한 사람들인데도 불구하고 그레고르에게 전적으로 의존하고 있다. 그러나 그레고르가 더 이상 일할 수 없는 상황이 되자, 아버지는 수위로 취직하고, 엄마는 삯바느질을, 여동생은 상점에서 일한다. 집에서는 하숙도 친다. 생계 능력이 있었던 사람들이 그레고르가 돈을 벌 때는 그저 놀고 지냈던 거다. 처음 그레고르가 월급 타서 돈을 식탁 위에 올려놓았을 때 식구들은 얼마나 기뻐했던가. 그러나 그 화려한 시절은 되풀이되지 않는다. 식구들이나 그레고르나 그것에 길들여지고 만 것이다. 이렇게 돈 벌어다 주는 게 당연한 일이었는데, 하루아침에 그걸 하지 못하게 된 거다. 그러니 미울 수밖에. 일이 이쯤 되고 보면, 도대체 내가 가장 사랑한다고 생각하는 가족은 과연 무엇인가 하는 의문이 절로 든다.

아빠들의 지갑 속에는 대부분 아이의 사진이 꽂혀 있다. 그 멋모르고 웃고 있는 아이야말로 사실 가장 사랑하는 대상이면서, 가장을 옭죄고 있는 사슬이다. 그걸 강조라도 하듯이, 광고에서는 '아빠, 힘내세요. 우리가 있잖아요.'라는 노래를 유행시킨다. '우리가 있잖아요.'의 참뜻은 뭘까? 같이 일을 하기라도 할 건가? 아빠가 열심히 벌면 행복하게 웃으며 그 돈을 쓸 우리(아이들)가 떡 하니 버티고 있는 게 더 진실에 가깝지 않나? 이거 참, 이렇게 말하고 보니 좀 비참해진다.

엄마의 경우도 마찬가지다. 어떤 보험 광고를 보면 설거지하다 말고 소파에서 즐겁게 놀고 있는 가족들을 보면서, 엄마는 '내가 아프면 안 되는데…….'라고 읊조린다. 이 광고도, 앞의 '아빠, 힘내세요.'처럼, 정말 내 맘에는 안 든다. 우선 엄마 혼자 설거지하게 내버려 두고 놀고 있는 식구들도 그렇고, 마치 온 가족의 행복을 주부 혼자 다 떠맡은 듯한 표현도 그렇다.

　이렇게 따지다 보면, 가족이라는 제도야말로 무의식적으로 반복되는 나날을 강요하는 굴레 아닌가 하는 생각이 들 정도다. 이 강요가 사랑이라는 미명으로 굳어지면 굳어질수록 가족 구성원들은 저마다 주어진 임무에 더욱 충실해야 한다. 만에 하나 그레고르처럼 거기서 벗어날라치면 여지없이 걱정거리가 되다가 이윽고는 벌레로 내동댕이쳐지는 운명에 처할 것이다.

　그러나 가족을 무슨 족쇄처럼 표현하는 건 좀 과하다는 느낌이다. 무엇이 가족을 이렇게, 서로가 서로를 감시하는 듯한 관계로 만들었을까?(실제로 그레고르가 변신한 직후에 제 시간에 출근을 못하자 엄마, 아빠, 누이 순으로 번갈아 가면서 문을 두들겨 댄다.) 그래서 이제, 어떤 위험한 것이 가족들 틈으로, 은밀한 사생활의 장으로 스며들었는지를 살펴보려고 한다.

파놉티콘, 가정 속의 감시자

　근대를 일컬어 '이성' 또는 '계몽'의 시대라 한다. 그런데 이 이성이란 게, 어떻게 하면 효율적으로 계산하여 효율적으로 통제(지배)할까와 연관되어 있다. 세계와 인간을 효율적으로 파악하고 계산하여 효과적으로 통제하는 것이 바로 이성이다. 그 결과가 자연을 효과적으로 잘 지배하기 위한 과학 기술 문명, 인간을 효율적으로 통제하고 개조하기 위한 감옥·정신병원·학교·군대·사회를 효율적으로 통치하기 위한 관료제다. 그리고 그 메커니즘을 설명하는 것이 바로 파놉티콘이다.

파놉티콘은 'pan(모든 것)'과 'opticon(본다)'의 합성어다. 그러니까 '모든 것을 다 본다.'는 뜻이다. 처음 이것은 교도소 구조에서 출발했다. 소수의 감시자로써 다수의 수감인들을 어떻게 하면 효율적으로 감시할 수 있을까 하는 발상에서 나온 거다. 이 발상은 '공리주의(功利主義, Utilitarianism)'의 창시자 제러미 벤담에게서 나왔다. 말 그대로 효율성을 중시하는 발상이다. 오른쪽의 그림이 바로 파놉티콘을 형상화한 것이다.

보면 알겠지만 꼭 부채처럼 생겼다. 쉽게 이해하려면 그림 아랫부분을 보는 게 좋다. 부채의 꼭짓점에 감시자가 선다. 수감자들은 부챗살 쪽에 분산 수용된다. 그리고 빛을 감시자 쪽에서 수감자 쪽으로 쏜다. 그러면 감시자는 보이지 않고, 수감자들만 훤하게 볼 수 있다. 이렇게 해서, 소수가 다수를 감시할 수 있는 시스템이 마련된다. 이렇게 감시당하는 것에 익숙해지면, 수감자들은 감시자가 없더라도 규율에 맞춰 알아서 행동한다. 어차피 감시자는 보이지 않으므로 늘 있다고 생각하면, 있으나 없으나 마찬가지다. 감시당한다는 느낌 없이 알아서 규율을 지키는 상태에 이르게 되니까, 이보다 더 효율적인 건 없다.

그런데 이 파놉티콘이 꼭 감옥에서만 사용되는 건 아니다. 앞에서 들었던 근대화의 많은 사례들이 다 이 파놉티콘 구조와 맞물려 있다. 가령 정신병원이나 학교, 군대 같은 곳도 실제로는 파놉티콘 구조다. 물론 가정도 마찬가지다.

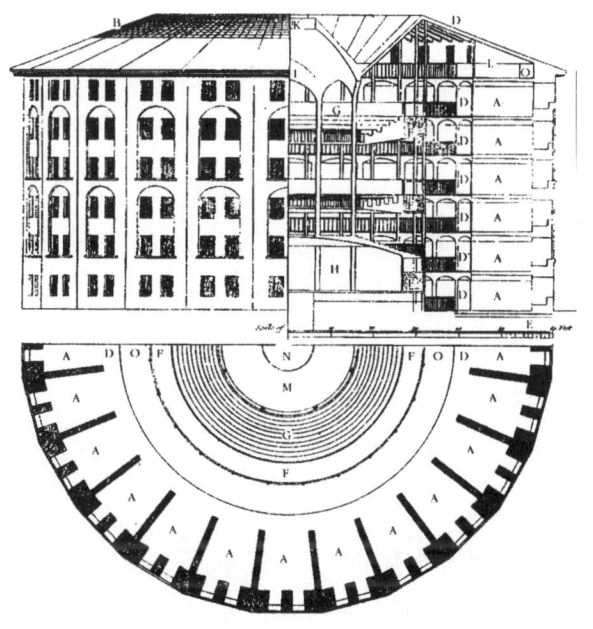

제레미 벤담의 파놉티콘

파놉티콘, 즉 일망 감시 체제라고 해서 감시의 눈이 딱 하나만 있는 건 아니다. 이 구조는 겹겹이 중복되어 있다. 군대를 예로 들면, 사령관을 중심으로 하나의 큰 부채를 그릴 수 있겠지만, 그 큰 부채 안에는 또 다른 작은 부채들이 겹겹이 존재한다. 사실 현대 사회 전체는 거대한 파놉티콘 구조라 해도 과언이 아니다. 가정은 그 부채 중 가장 작은 부채에 해당한다. 가정을 감시하는 눈길도 있다. 그것은 학교일 수도, 직장일 수도, 교회일 수도 있다.

그렇다고 해서 나만 일방적으로 감시당하는 것은 아니다. 거꾸로 내가 다른 구성원들을 감시하기도 한다. 감시하면서 감시당하는 복합적 구조다. 예를 들면, 엄마가 아이를 감시하기도 하지만, 거꾸로 아이가 엄마를 감시하기도 한다. 이처럼 서로가 서로를 감시하는 상황이 되면, 이보다 더 잘 통제되는 질서는 없을 게다. 물론 가정에서는 그 감시를 감시로 느끼기보다는 '사랑'이나 '관심' 같은 걸로 느껴야 별 탈이 없을 것이다.

그런데 '알아서 기는' 상태에서 벗어나 그 감시가 직접적인 감시로 바뀌는 때가 있다. 그건 바로 그레고르처럼 '변신'을 시도할 때다. 그레고르가 벌레로 변한 다음, 다섯 시가 지났는데도 아직 집에 있다는 사실이 밝혀지면서 감시자들이 등장한다. 사랑하는 어머니, 누이, 아버지가 감시자가 되어 출근하라고 졸라 댄다. 걱정하는 소리, 조심스럽게 문 두드리는 소리……. 우리가 정해진 규율을 어길라치면 어김없이 등장하는 것들이다.

그래도 출근하지 않자 '지배인'이 등장한다. 가족의 감시가 실패했을 때, 이처럼 사회가, 직장의 질서가, 한마디로 시장의 질서가 개입을 한다. 우리는 흔히 가정을 사회와 동떨어진 사적 공간인 것처럼 생각하지만, 그것은 어디까지나 가정이 사회 질서를 잘 지킬 때에 한해서다. 가정이 통제에 실패하는 순간, 사회는 곧바로 가정으로 개입한다. 지배인이 등장하자, 가족들은 초조해서 어쩔 줄 몰라한다. 이제 지배인, 즉 사회 질서가 모든 판단을 내린다. 지배인은 그레고르의 비인간화를 공식적으로 선언한다. "짐승 목소리였습니다." 그러자 어머니는 울부짖고, 아버지는 열쇠쟁이를, 의사를 찾고 난리다.

여기서 열쇠쟁이나 의사의 의미는 꽤 크다. 열쇠쟁이는 변신을 확인하기 위해 문을 여는 사람이다. 그는 가정의 내면, 개인의 내면을 열어 확인한다. 그렇게 문을 열면 의사는 정상인지, 비정상인지 판단한다. 이제 개인의 변신은 더 이상 개인 문제가 아니다. 그것은 전문가의 판단 대상이 된다. 일단 비정상이라는 판단이 내려지면, 그에게 허용되는 것은 정신병원이나 감옥밖에 없다. 병원에서는 의사가 비정상을 정상으로 고칠 것이다. 그게 실패하면, 열쇠쟁이는 아마 문을 닫아 완전히 격리시킬 것이다. 현대의 권력이 어디서 어떻게 작동하는가 볼 수 있는 대목이다. 권력은 정상과 비정상을 판단하고, 그 치료(개조)와 격리, 제거까지 맡는다. 이러한 힘 때문에 다들 법대나 의대에 가려고 또는 보내려고 난리를 치는 것이다.

이처럼 파놉티콘은 사회 전체를 망라한다. 그리고 오늘날 훨씬 더 세련되고, 훨씬 더 효율적으로 다듬어진 상태로 사회를 지배하고 있다. 그게 바로 정보 사회인데, CCTV, 전자주민증, 인터넷 실명제, NEIS 같은 것들이 바로 현대판 파놉티콘들이라고 할 수 있다. 이것들이 이미 우리의 일상을 일거수일투족 감시한다. 지나간 행적뿐만 아니라, 우리의 사고방식까지 추적하여 통계를 낼 수 있을 정도다. 우리는 이런 것을 편리하다는 이유만으로 무비판적으로 수용하고 있다.

변신, 누구에게나 있을 수 있는 일

의도적인 변신도 있겠지만, 본인이 전혀 의도하지 않은 변신도 있다. 교통사고를 만나 졸지에 불구가 되는 경우가 있고, 전혀 의도하지 않았는데 성적 소수자(동성애자)가 될 수도 있다. 이건 개인이 선택한 게 결코 아니다. 나아가 그레고르처럼 본인의 의사는 있었을지라도, 이후에 운명의 묘한 이끌림에 따라 이전과는 전혀 다른 삶을 살게 되는 경우도 있다. 여성이라면 딸이기에, 엄마이기에, 아내이기에 묵묵히 받아들여야 했던 그 모든 '질서'를 갑자기 거부할 수도 있다. 남성 역시 아들이기에, 아빠이기에, 남편이기에 받아들였던 것을 거부할 수도 있을 터이다. 이처럼 변신은 누구에게나 일어날 수 있는 일이고, 따라서 열린 가능성이다.

이럴 때 우리가 변신자들을 대하는 태도는 어떠한가? 과연 그레고르의 가족이나 지배인이 대하는 태도와 다를까? 한편, 그 변신자들이 겪는 일은 또 어떤가? 과연 그레고르가 겪었던 것과 다른 대접을 받을까? 이렇게 따지고 들면, 그레고르의 변신 과정과 그것을 대하는 주위의 태도는 오늘날에도 여전히 횡행하는 엄연한 현실이라 할 수 있다.

그렇다면, 도대체 무엇이 잘못된 걸까? 변신 자체가 잘못인가? 아니다. 카프카는 이 사태의 본질을 명확하게 짚고 있다.

그레고르는 지배인에게도 언젠가 자신이 오늘 겪고 있는 것과 비슷한 일이 일어나지 않을까 생각해 보았다. 그럴 가능성이 있다는 것은 부인할 수 없었다.

그들이 이 모든 것을 태연히 받아들인다면, 그 역시 흥분할 이유라곤 없는 것이니…….

그렇다. 이런 변신은 누구에게나, 심지어는 지배인에게조차 일어날 수 있다. 이처럼 변신을 '누구에게나 있을 수 있는 일'로 받아들인다면, 사실 아무런 문제가 없다. 따라서 변신은 무죄다. 진짜 일을 이 지경으로 만든 것은, 그리하여 변신자 그레고르를 죽음에까지 이르게 한 것은, 변신을 절대로 있어서는 안 될 일이라 규정한 현실에 있다. 단 하나의 질서, 그 질서에 무조건 따라야만 한다고 생각한 것, 이것이 바로 문제의 진짜 원인이다. 이른바 '정상' 질서만이 유일한 기준이다 보니, 졸지에 이탈자들은 모두 비정상이 되어 버린다.

실패한 변신, 부활을 위한 죽음

불행히도 그레고르의 변신은 실패한다. 그는 변신자로 당당하게 살기보다는 쓸쓸하게, 음식을 거부함으로써 스스로 목숨을 버리는 쪽을 택한다. 기꺼이 자신을 죽여 가족이 질서의 세계로 되돌아갈 수 있도록 한 것이다. 그나마 인간적이라고? 글쎄…….

이 변신은 처음부터 실패가 예견되었다. 애초에 벌레로 변한 게 문제다. 벌레는 사람과 의사소통 자체가 불가능하다. 완전한 단절이다. 그러다 보니, 그레고르는 일방적으로 다수 '정상인'의 말을 듣기만 해야 하는 처지에 내몰린다. 이렇게 스스로를 세상과 차단해 버리는 변신은 실패할 수밖에 없다. 짐승처럼 대접받는 것과 짐승이 되어 버린 건 다르다.

변신은 다른 말, 다른 삶으로 스스로를 바꾸는 것이다. 그러나 그걸로 다 된 건 아니다. 그렇게 바뀐 모습으로도 세상과 소통할 수 있어야 한다. 남들이 나를 낯선 존재, 이해할 수 없는 삶이라 여길지라도, 그것이 '참 나'의 모습이라면 당당하고 끈질기게 소통을 시도해야 한다. 그렇게 일상을 벗어난 삶으로써 다시 일상으로 되돌아오는 변신이야말로 진정한 변신이라 할 수 있다. 아무리 힘들어도 그래야 한다. 그래야 그나마 현실의 변화 가능성을 모색할 수 있다.

그레고르의 죽음은, 누이에게서마저 버림받은 자의 최후의 선택이긴 하지만, 다른 차원의 부활을 보여 주기도 한다. 바로 새로운 가족의 부활이다. 변신한 그레고르는 그의 가족이 세상에 떳떳할 수 없는 원인이었다. 그레고르 때문에 가족들마저 질서의 변두리로 내몰리는 처지가 됐으니까. 이런 그들에게 그레고르의 죽음은 축복이었다. 그가 죽었다는 소식을 듣자마자 아버지는 가정에 침투한 감시인인 하숙자들을 내쫓는다. 당당하게 '정상' 질서로 복귀하는 거다. 그리고 셋 다 결근계를 내고 야외로 나가 새로운 미래를 설계한다. 새삼 딸의 싱싱한 젊음이 그들을 희망에 부풀게 한다. 이처럼 변신자는 가족에게 크나큰 짐이 된다. 그가 가족에게 최대한 베풀 수 있는 은총은 '사라져 주는 것'뿐이다. 정말 그럴까?

이 죽음은 그레고르 자신 또는 이후의 또다른 변신의 부활을 예비한다. 잠시 죽음 장면을 함께 보자.

시계탑의 시계가 새벽 세 시를 칠 때까지 그는 내내 이런 텅 비고 평화로운 숙고의 상태였다. 사위가 밝아지기 시작하는 것도 그는 보았다. 그러고는 그의 머리가 자신도 모르게 아주 힘없이 떨어졌고 그의 콧구멍에서 마지막 숨이 약하게 흘러나왔다.

그의 죽음은 새벽 세 시, 사위가 밝아지기 시작할 때 이뤄진다. 죽음(어둠)과 밝음(삶)의 교차다. 이 '3'이라는 숫자는 의미심장하다. 그것은 예수의 부활이요, 닭이 세 번 울 때 예수를 배신한 것을 깨닫고 울부짖는 베드로의 거듭남(죽고 되기!)의 숫자이다. 그의 변신은 실패했지만, 이 죽음은 이후의 변신을 위한 예비다. 그렇다면, 그레고르의 죽음과 그 이후의 부활(실제 카프카의 이후 작품, 특히 《성(城, Das Schloss)》의 주인공은 '사람 K'다.)은 '변신의 죽음과 부활'이라고도 할 수 있다. 비록 지금의 변신은 실패로 돌아갔지만, 그 실패는 이후 지속될 변신을 위한 초석이 될 것이다.

일상에서의 변신을 위하여

여기까지 보고 나면, 아마 독자들은 '변신이 대단히 위험한 선택이구나.'라고 생각할 것이다. 맞다, 위험천만한 선택이다. 그러나 여기서, '그러니 웬만하면 그냥 살자.'라는 결론은 내리지 않길 바란다. 그 역시 위험하긴 마찬가지니까. 변신하지 않는다는 건, 주어진 무대장치 위에서 그냥 남들과 똑같이 반복되는 일상을 산다는 얘기다. 이건 우주 만물 전체를 통틀어 단 한 번 주어진 생을 모독하는 짓이기에 어떻게든 변신하려는 노력이 필요하다.

변신이란 것을 그레고르의 경우처럼 단 한 번에, 회복 불가능한 것으로, 절체절명의 극한으로 밀어붙이는 것으로만 생각하지 않기를 바란다. 변신은 '달라지기'다. 나와 가족과 이웃, 나아가 세상을 다르게 대하는 것이고, 무의식적으로 반복하는 일상에 의식을 도입하는 것이다. 달라진 모습과 삶으로 일상을 대하는 자세, 이것이 바로 변신이다.

변신은 한 번으로 끝나는 게 아니다. 변신은 곧 '죽고 되기'다. 낡은 나를 죽이고 새로운 나로 거듭남이다. 이제 죽여야 할 낡은 것을 하나씩 찾아보자. 버려야 할 물건이어도 좋고, 없애야 할 작은 욕심이어도 좋다. 그 죽이고, 버리고 없앤 자리, 그 '텅 빈' 자리에 새로운 무언가를 담는다면, 그게 바로 변신이다.

매일 하나씩 죽이고, 대신 하나씩 살리는 일상의 변신을 꿈꿔 본다. 변신을 꿈꾸지 못한다면 어찌 살아있는 것이겠는가. 그렇다. 변신은 삶 자체다. 오직 살아있는 자만이 변할 수 있다.

기출문제 둘러보기

1998년 한양대 정시 |

다음은 카프카(F.Kafka)의 소설 《변신(Die Verwandlung)》의 주요 부분을 발췌한 글이다. 이 작품에서는 보험 회사 외판원인 주인공 그레고르 잠자가 어느날 문득 벌레로 변해 버린 사건이 발생한다. 인용한 발췌 부분에 유의하여 이 소설에 나타난 '변신'의 상징적 의미를 해석하고, 오늘날 이와 유사한 상황으로 어떤 것이 있을 수 있는지 구체적 경우를 들어 설명하시오.

제시문 (가) 어느 날 아침 그레고르 잠자가 악몽에서 깨어났을 때 자신이 침대 위에서 한 마리의 커다란 벌레로 변해 있음을 깨달았다. 그는 갑옷처럼 딱딱한 등을 대고 벌렁 누워 있었다. 고개를 쳐들고 보니 껍데기에 활 모양으로 불룩한 갈색무늬가 보였다.

제시문 (나) "아아, 지배인님! 이제 곧 일어납니다. 몸이 좀 불편하고 현기증이 나서 일어날 수가 없습니다. …… 아무튼 8시 차로는 출발하겠습니다. 두서너 시간 쉬었더니 기운이 좀 납니다. 지배인님! 저도 곧 직장으로 나가겠습니다." 그러나 그레고르는 이런 말들을 급히 쏟아 놓았기 때문에 자기가 무슨 말을 했는지 거의 알 수도 없을 지경이었다. ……그레고르는 의자 등받이를 조그만 발들로 꼭 붙들었다. 그때 지배인의 말소리가 들려왔다. "한 마디라도 알아들으셨습니까?" 지배인이 부모에게 물었다. "확실히 저희들을 놀리고 있는 것은 아니겠지요?"

제시문 (다) 이윽고 짤깍하고 자물쇠가 열리는 소리가 들렸다. 그의 모습은 문에 가려져 있어 아직 밖에서는 보이지 않았다. …… 그 때 "오!" 하고 신음하듯 내뱉는 지배인의 커다란 목소리가 들렸다. 지배인은 놀라 딱 벌린 입을 한 손으로 가린 채 천천히 뒷걸음치고 있었다. 어머니는 두 손을 모으고 처음에는 아버지를 쳐다보더니 다음에는 그레고르 쪽으로 두어 걸음 걸어와서 느닷없이 쓰러지고 말았다. 아버지는 증오에 찬 표정으로 마치 그레고르를 방안으로 몰아넣으려는 것처럼 주먹을 불끈 쥐었다.

제시문 (라) 첫날 아침에 불러 왔던 의사와 자물쇠 장수에게 뭐라고 말해 돌려보냈는지 그레고르는 전혀 알 수가 없었다. 왜냐하면 아무도 그레고르가 하는 말을 이해할 수 없었고, 따라서 누구나 그레고르가 다른 사람들이 하는 말을 이해할 수 있으리라고는 생각하지 않았기 때문이다.

제시문 (마) 아버지는 찬장 위에 있는 과일 접시에서 사과를 집어 주머니에 잔뜩 집어 넣더니 처음에는 겨누지도 않고 사과를 연달아 던졌다. 던져진 사과 하나가 그레고르의 등을 스쳤지만 다치지는 않고 빗나갔다. 그러나 다음에 날아온 사과가 그레고르의 등을 제대로 맞히고 말았다. 뜻밖에 받은 심한 고통으로 그는 옴짝달싹 못하고 온 감각이 마비되어 그 자리에 뻗어 버렸다. …… 아무도 꺼내 주지 않았기 때문에 사과는 등에 박힌 채 남아 있었다.

제시문 (바) 어머니와 누이동생은 아버지를 침대로 데려다 주고 거실로 돌아오면서 하던 일을 멈추고 서로 뺨이 닿을 정도로 바싹 다가앉는다. 어머니는 그레고르의 방을 가리키며, "그레테야, 저 문을 닫아라!"라고 말한다. 그러면 그레고르는 또다시 어둠속에 혼자 버려지게 된다.

제시문 (사) "어머니! 아버지! 이 이상 더 못 견디겠어요. 아버지와 어머니는 아직 사정을 잘 모르시지만 저는 알고 있어요. 저는 이런 괴물을 오빠라 부르고 싶지 않아요. 그러니 저것을 없애 버려야 해요."

제시문 (아) 그가 방에 들어가는 것과 동시에 성급히 문이 닫히더니 열쇠가 채워져 그는 그대로 방에 갇히고 말았다. 누이동생은 미리 서서 기다리고 있다가 그레고르가 방에 들어가자마자 번개 같이 달려왔던 것이다. 그녀는 열쇠를 자물쇠 구멍에 넣어 돌리며 "이젠 됐어요!"라고 부모를 향해 외쳤다. '자 이제부터 어쩐다?' 그레고르는 자기 자신에게 물어보며 어둠 속에서 주위를 둘러보았다. 그는 곧 자기가 더 이상 움직일 수 없다는 사실을 깨달았다. 그러나 별로 이상하게 여기지 않았다.

제시문 (자) 교회에서 시계탑이 새벽 3시를 칠 때까지 그는 이처럼 허전하고 고요한 명상에 잠겨 있었다. 창밖이 환하게 밝아 오기 시작한 것을 그는 짐작할 수 있었다. 그때 그의 머리가 자기도 모르게 밑으로 푹 수그러졌다. 그리고 그의 콧구멍에서는 마지막 숨이 힘없이 새어 나왔다.

제시문 (차) 그런 후에 세 사람이 함께 집을 나섰다. 몇 달 동안이나 이런 일은 없었다. 세 사람은 전차를 타고 교외로 나갔다. 전차 안에는 그들 세 사람 뿐이었다. 따뜻한 햇볕이 차 안으로 흘러 들어왔다. 그들은 편안하게 좌석에 몸을 기대고 장래 일에 대한 이야기를 주고받았다.

더 생각해 봅시다

동성애를 어떻게 볼 것인가?

동성애를 부정하는 사람들이 흔히 하는 말이 있다. "자연 또는 신의 섭리를 거스른다."는 것이다. 그들이 말하는 섭리란, 일남 일녀가 만나서 자식을 낳아 삶을 영속시키는 것이다. 그런데 동성애는 자식을 낳을 수 없는 애정 관계라 섭리에 어긋난단다. 언뜻 들으면 그럴 듯해 보인다.

그러나 만약 이들의 말이 정말 옳다면, 이들은 동성애자만 비난해서는 안 된다. 사대육신이 멀쩡하고 능력이 있는데도 독신으로 살았던 칸트는 섭리를 어겨도 심하게 어긴 사례다. 그처럼 머리 좋은 사람이 자식을 낳아 줘야 인류에게 보탬이 될 것 아닌가. 더 심한 경우는 결혼까지 하고도 아이를 갖지 않는 부부다. 온갖 여건을 다 갖췄는데 아이를 낳지 않으니 이것만큼 큰 죄는 없다. 그런데 왜 동성애자만 갖고 시비를 거는가.

이들이 말하는 '자연'의 섭리라는 것을 따져 보자. 자연(自然)이란 '스스로 그러함'이다. 그러니까 누가 시킨 것이 아니고 절로 그렇게 된다는 뜻이다. 내가 동성애자라고 가정해 보자. 처음 그 사실을 알았을 때, 과연 나는 '유레카!'를 외치며 거리로 뛰어나갈 수 있을까? 천만에! 엄청난 충격을 받고, 동성애에서 벗어나려고 별 짓을 다 할 것이다. 이성에게 다가가려고 무진 애를 써 보지만 아무리 발버둥 쳐도 내 몸이 이성을 받아들이질 못한다. 사정이 이러하다면 과연 무엇이 자연의 섭리에 충실한 선택인가? 내가 어찌할 수 없는 몸의 요구에 따르는 것인가, 아니면 몸의 자연스러운 요구를 거슬러 억지로 이성에게 다가가 둘 다 불행해지는 것인가?

비판자들이 말하는 '자연'은 사실 자연이 아니다. 그들은 '습관', '풍습', '선입견'을 자연으로 착각하고 있다. 워낙 이성애라는 것에 익숙하다 보니 그것을 마치 자연인 양 받아들였을 뿐이다. 이처럼 우리는 사회적으로 굳어진 생각을 '자연'이라 착각하는 경우가 참 많다.

이 왜곡된 자연에 찌들면 변신을 용납할 수 없게 된다. 그레고르의 변신처럼 스스로 택한 변신뿐만 아니라, 동성애나 장애처럼 결코 원하지 않은 변신조차 이들은 용납하지 못한다. 변신을 '누구에게나 일어날 수 있는 일'로 생각하지 못하는 것이다.

동성애자를 함부로 비난하는 이들은 '누구에게나'가 '나에게도'로 바뀔 경우를 생각할 일이다. 만약 내가 거스를 수 없는 힘에 이끌려 지금과 전혀 다른 나, 이를테면 교통사고를 당한다거나 정말로 동성애자가 되는 상황에 처한다고 생각해 보자. 그럴 때 듣는 '자연의 섭리'는 얼마나 큰 폭력이겠는가! 역지사지(易地思之)는 강자의 아량을 권유하는 말이 아니다. 나에게 일어날 수 있는 일임을 떠올리라는 말이다. 세상은 나를 무엇으로도 만들 수 있으니까.

03 시키는 대로 하는 게 효도인가?

"너희 생활을 중지하지 말아라.
안 그러면 이 병이
나 한 사람만이 아니라
우리 세 사람 모두를
집어삼켜 버릴 거야."
선생님은 아들들에게 그렇게 말했다.
그는 죽어 가면서조차
자식들의 세계를 존중했다.
이들 가족이 모여 있을 때는
애정이 폭포처럼 흘러났고,
입맞춤과 농담이 수없이 오갔다.
그리고 침대 곁에
쪼그리고 앉아 손을
잡아 주고 있는 광경은
이 가족에겐 특별한 일이
아니었다.

- 미치 앨봄, 《모리와 함께한 화요일》

효도가 불효가 되는 현실

아이들과 얘기하다 보면, 상식이 얼마나 강력한가, 절로 생각하게 된다. 그 중 하나가 효도 문제다. 모두가 천편일률적으로 효도를 생각한다는 것도 문제지만, 더 큰 문제는 이 '상식적인 효도'에 의문을 던지는 사람이 드물다는 데 있다. 이 문제의 심각성은, 그 결과가 자식뿐만 아니라 부모까지 망치기 십상이라는 데서 더 커진다. 아이는 일방적으로 복종하는 것이 효도라 생각한다. 부모는 부모대로 부모의 뜻에 따르는 것이 효도라 여긴다. 그런데 대한민국 부모가 아이들에게 기대하는 게 다 고만고만하다. 모두가 똑같은 걸 기대하니, 모두가 무한경쟁을 할 수밖에 없고, 당연히 대다수는 좌절하게 된다. 아이의 좌절은 곧 부모의 좌절이다. 그렇다고 경쟁에서 이긴 아이와 부모는 행복할까? 사십 줄에 접어들어 주위를 살펴보면, 공부 잘 했고 이른바 '출세'란 걸 했다는 사람이 행복해하는 걸 보기 힘들다. 그야말로 '행복은 성적순이 아니'다. 자기가 별로 행복하지 않은데 부모와 친할[父子有親] 수 있겠는가.

왜 그럴까? 다들 부러워하는 직업과 좋은 집, 똑똑한 아이들 하고 사는데 말이다. 잠재적인 결론은 이렇다. 그이들은 어릴 때부터 부모의 기대치를 너무 '잘' 충족시켜 왔던 것이다. 부모의 뜻이 곧 자기 뜻이었고 그걸 다 채워 줬으니, 이미 할 건 다 했다. 하지만 부모의 기대는 여기서 끝난 게 아니다. 좋은 대학을 갔다 해서 부모가 만족할 거라고 생각하면 사실 그런 착각이 없다. 그렇게 타인(엄밀히 보면 부모도 남이다)의 뜻대로 30여 년을 살고 보면, 이윽고 '내 삶이란 게 없다.'는 생각을 하게 되는 데 이른다.

부모라고 할 말이 없을 리 없다. 아이에게 온 생을 다 바쳤으니 말이다. 자신이 살고 싶은 삶을 포기한 부모가 어디 한둘이겠는가. 그러니 아이를 내 뜻대로 하려고 하는 보상 심리는 어찌 보면 당연하다. 그러나 그 '내 뜻대로'가 문제다. 그건 '내 뜻'이지 '아이 뜻'은 아니다. 이건 대다수 아이들을 불효자로 만든다. 그놈의 '내 뜻'이 사실은 '모든 부모의 뜻'이기 때문이다. 소수의 아이들은 효자 노릇을 한다. 그렇게 아이가 '내 뜻'에 잘 따르면 으스댈 수 있다. 그걸로 사실상 아이는 이미 효도 다 한 거다. 덕분에 주위에 자랑할 수 있었고, 부러움을 한 몸에 받았으니까. 그러나 아이도 언젠가는 '내 뜻'을 생각하게 될 것이다.

오늘 대다수 사람들이 생각하는 효도는 많은 부모와 자식을 불행하게 한다. 둘의 공통점은 뭘까? '내 삶'을 포기하게 만든다는 거다. 부모는 자기희생을 자식 사랑이라 여기고, 아이는 무조건 따르는 게 효도라 여긴다. 결국 둘 다 남을 위한 삶을 살게 된다. 이런 효도를 우리는 언제까지 인정해야 하는가?

왜 효도를 해야 할까? 부모의 은혜에 보답하기 위해서? 하긴 세상에 나게 했고, 혼자선 도무지 살 수 없을 핏덩이를 먹여 주고 길러 줬으니 그 은혜야 따져 무엇 하겠는가. 자식이라면 당연히 이렇게 생각해야 한다. 그런데 부모도 이렇게 생각해야 하는 걸까? 따져 보면, 누가 낳아 달라고 한 것도 아니고 길러 달라고 한 것도 아니다. 부모야말로 아이를 낳고 얼마나 감격했던가? '신이 주신 선물' 운운하면서 물고 빨고 눈물짓고, 그랬다. 그때 마음으로 돌아가 아이가 태어났다는 것만으로도 감사할 일이다.

효도가 불효가 돼 버린 시대, 부모와 자식 모두가 소외되는 현실에서 벗어나려면 아무래도 '효'의 정의부터 다시 내려야 할 것 같다. 그 기본이 되는 것은 바로 '감사하는 마음'이 아닐까 한다. 자식더러 부모 은혜에 감사하라는 말은 많이 한다. 그렇다면 이제 남은 것은 부모가 자식에게 감사하는 일일 지도 모르겠다. 물론 이 말을 자식 입으로 한다면 곤란하다. 내말은 부모 쪽에서 스스로 이렇게 생각하자는 취지다.

붓다와 예수, 천하의 불효자?

영국의 석학인 버트런드 러셀은 《나는 왜 기독교인이 아닌가》에서 부모를 부정한다는 이유로 예수를 비난한다. 그가 인용하는 성경 구절은 두 군데다. '여자여, 나와 무슨 상관이 있나이까?'(《요한복음》 2장 4절. 이 대목은 예수의 첫 번째 기적인 '가나 혼인 잔치'에 나오는 말이다. 잔칫집에 마침 포도주가 떨어졌을 때 어머니 마리아가 아들 예수에게 어떻게 좀 해 보라고 하자 예수가 한 말이다. 러셀은 예수의 말투를 문제 삼았는데, 우리말 번역자는 '여자여, 내가 당신과 무슨 상관이 있나이까?'로 번역하여 예수를 왕싸가지로 만들어 버린다. 참고로 영어 성경에서는 'Dear woman, why do you involve me?'로 되어 있다. 왜 날 얽어매냐는 건데, 이래도 싸가지 없긴 마찬가지다.), '내가 온 것은 아들이 그 아비와, 딸이 그 어미와, 며느리가 그 시어머니와 불화하게 하려 함이니 아비나 어미를 나보다 더 사랑하는 자는 내 사람이 될 자격이 없다.'(〈마태복음〉 10장 35~37절). 뭐 이런 식으로 뒤지자면 또 있다. 제자들이 어머니와 동생들이 선생님을 찾아왔다고 하자 예수가 말하기를 '누가 내 어머니고 동생들이냐?'고 한 일(〈마태복음〉 12장)도 있으니까.

러셀이 예수보다 한 수 위라고 본 붓다의 경우도 나을 건 없다. 행여나 집 떠날까 봐 노심초사하는 아버지를 버리고, 기어이 집을 뛰쳐나간 붓다. 그는 예수에게는 없었던 처자식도 있었고 자신의 아들 이름을 '라훌라'라고 짓기도 했다. 뜻인즉 '장애'다. 멀쩡한 애 이름을 이렇게 짓는 아비가 세상천지에 어딨단 말인가. 집을 떠난 지 오 년여 만에 득도했지만, 그는 집으로 가지 않고 제자들과 함께 지내다가 십여 년이 되던 해에야 비로소 귀향한다. 그렇게 만난 아버지에게 한 말은 더 가관이다. 그는 '육신의 조상'을 부정하고 '출가한 자의 선조'를 자기 선조라 했다. 친아버지를 부정하는 말이다.

이 얘길 듣고, '이런 천하에 몹쓸!'이라는 생각이 드는 분들은 지금 당장 절이나 성당으로 달려가시라. 거기에 가면 '천하에 불효자'들이 득실거리고 있다. 가서 스님이나 신부(수녀)님들을 붙들고 호통을 치시라. 우리 마음과 달리 출가한 자식을 가진 부모들은 막상 효도란 걸 그리 기대하지 않는다. 아예 처음부터 신에게 바쳤다고 생각해서일 것이다. 부모들은 아예 내 자식이라 생각하지 않고, 자식들도 부모를 부모라 여기지 않는다. 그렇다고 해서 그 출가자들을 불효자라 비난할 수 있을까? 오히려 그들은 그렇게 효도를 하고 있는 건 아닐까?

나는 이 두 분의 말씀을, 우리를 얽매고 있는 '효'를 확장할 계기로 삼고 싶다. 그리고 출가자들이나 그들을 대하는 사람들이 갖는 생각을 일반화하면 어떨까 한다.

예수가 부모 형제를 부정한 것이나 붓다가 아버지를 부정한 것에서 우리가 알아야 할 것은 뭘까? 부모가 내 마음 속에 들어차 있어서는 결코 하나님이나 부처님을 만나지 못한다는 거다. 부모가 기대하는 것에 얽매이면 내 속의 하나님, 내 속의 부처님의 뜻을 온전히 따를 수 없다는 거다. 우주 만물이신 하나님(부처님)이 내게 주신 재능과 자질, 취향 같은 걸 있는 그대로 실현하기 위해서라면, 세상의 기준에 따라 성공하기를 바라는 부모의 뜻은 저버릴 수 있어야 한다는 말이다. 당장에는 그것이 불효처럼 보이겠지만 진실로 부모가 내게 물려준 가능성을 살리는 것이 될테니 그것이야말로 '참된 효'가 아니겠는가!

또한 부모가 자식을 대하는 태도에도 변화가 필요하다. 무엇보다 자신의 능력만으로 자식을 키웠다고 생각하는 착각에서 벗어나야 한다. 아이들을 키운 건 우주 만물이다. 해와 달, 공기와 흙, 물과 불, 쌀, 채소, 고기, 나무……. 거기에 온 인류가 가세한다. 노동자, 농민, 이웃, 한국인, 아시아·아메리카·유럽·아프리카 인…….

어떻게 달랑 부모 둘이서 아이를 키울 수 있단 말인가. 사실이 이럴진대 아이가 둘만의 뜻에 따르기를 바라는 것은, 아이에게뿐 아니라 우주 만물에까지 죄짓는 일이다. 아이가 지닌 자질대로 자랄 수 있도록 거드는 것, 타고난 바탕이 잘 크도록 돕는 것, 그리하여 아이가 세상에 도움 주는 삶을 살게 하는 것, 이것이 참된 효자로 키우는 것 아닐까?

효, 세계의 확장

'孝'자를 보면, '老'와 '子'를 합친 꼴이다. 부모를 자식이 이고 (업고) 있다. 봉양의 의미일 게다. 동양적 전통에 따르면 그렇다. 그런데 요즘 바로 이 효 사상이 문제가 되고 있다. 고령화 사회다 뭐다 하면서 노인 부양 문제가 화두로 떠오르고, 효가 사라졌다고 개탄한다. 그런데 그렇게 개탄하고 윤리 교육을 강화해서 풀릴 것 같았으면 풀려도 진즉 풀렸을 것이다. 시대 상황과 삶의 방식이 완전히 다 바뀌었는데 윤리만 바뀌지 말라는 꼴이다.

우리에게 남은 과제는 효 사상의 원리를 제대로 알아서 그 원리를 오늘의 상황에 맞게 구체화하는 일이다. 그런데 정작 우리가 알고 있는 효 사상이란 게, 그 원리가 아니라, 규범뿐이다. 부모의 말씀에 순종하라, 부모의 뜻에 따르라, 등등. 그 부모의 말씀이나 그 뜻이 자기실현에 도움이 되는 것이라면 당연히 따라야 한다. 그러나 그것이 철저한 이기주의자가 되라는 것이라면? 남을 짓밟고서

인문편 | 62

라도 출세란 걸 해야 한다는 가르침이라면? 절대로 손해 보는 짓은 하지 말라는 것이라면? 이 모든 걸 위해 공부 잘 하는 것만이 최고라는 줄기찬 훈육이라면? 유교에서 말하는 가장 큰 불효는 '맹목적으로 어버이를 모시다 잘못에 빠뜨리는 것'이다. 유교적 전통에 따르다가 유교가 규정하는 불효자가 될 수도 있다는 것은 참 아이러니한 일이다.

공자는 '효제(孝悌)가 인(仁)의 근본'이라 했다. 그럼 '인'은 무엇인가? 공자는 한 번도 '인이란 이것'이라 단정한 적이 없다. 누군가가 물을 때마다 그 대답은 늘 달랐다. 그러면서 그는 자기 사상에 '일이관지(一以貫之)', 즉 '하나로써 모든 것을 꿰뚫음'이 있다 했다. 나는 그것이 '애인(愛人)', 곧 '사람 사랑'이라 본다. 그 사람 사랑의 가장 큰 원리는 '추기급인(推己及人)', 곧 '나를 미루어 남에 이름'이다. 내가 진실로 바라는 것, 내가 정말 하고자 하는 것으로써 남에게 이르는 것이 사람 사랑의 요체라는 말이다. 예수의 말로 옮기면, '네 이웃을 네 몸과 같이 사랑하라.'다. 이를 효에 적용하면, 내가 진실로 바라는 바로써 부모에게 이르는 것이 진실한 효라는 결론이 나온다.

물론 부모자식 관계를 그저 인류으로 뭉뚱그리긴 힘들다. 이차적으로 맺어진 관계가 아니기 때문이다. 이들은 무슨 의미를 부여하기 이전에 맺어진 관계다. 그래서 '천륜'이라 한다. 그런 만큼 다른 사람을 대하듯 부모가 자식을, 자식이 부모를 대할 순 없다. 바로 이 때문에 '인의 근본'이라 하는 것이다. 사람 사랑의 근본인 효를 제대로 실현하는 것이 이웃 사랑의 출발점이다. 따라서 효자인지 어떤지를 알아보려면, 그가 이웃과, 세상과 어떤 관계를 맺는가를 보면 된다. 그 바람직한 모습이 '추기급인'이라면, 추기급인은 가정에서부터 실현되어야 할 것이다.

공자가 말하는 효의 첫째는 부모의 뜻을 헤아려 그 뜻을 따르고, 나아가 그 뜻을 넓히는 것이다. 그런데 부모의 뜻과 내 뜻이 다르면 어떻게 해야 하는가? 공자는 낯빛을 공손히 하면서 부모께 아뢰라〔諫〕했다. 그래도 부모가 뜻을 굽히지 않으면? 별수 없이 따라야 한단다. 나는 이 말에 동의하지 않는다. 아니, 이 말이 그의 효 사상에 어긋난다는 게 내 생각이다. 왜냐하면 내가 진실로 바라는 것이 곧 부모의 뜻이기 때문이다. 다시 '추기급인'이다. 부모에게서 물려받은 삶을 제대로 돌아보는 것이 효의 출발점이다. 나답지 못한 삶, 나를 왜곡하는 삶이기를 바라는 부모는 세상 어디에도 없다. 더구나 그것이 지독한 이기주의에 빠져 버린 세상과 타협하는 것이라면, 그것은 더더욱 부모의 뜻이 아니다. 나의 출세를 바라는 충고는 사실 세상살이에 지친 부모가 나를 걱정해서 하는 말씀 그 이상의 의미는 아니다. 따라서 필요하다면 간곡히, 억지를 부려서라도 진실한 나를 주장하는 것이 진실로 효도하는 길이다.

이렇게 내 뜻과 부모의 뜻을 일치시키고자 애쓰는 것, 그렇게 얻은 뜻을 소중히 가꾸어 진실한 내 삶을 실현하는 것, 그리하여 부모에게서 물려받은 삶을 세상에서 즐겁게 펼쳐 보이는 것, 이것이 진정한 효다. 그럴 때 부모는 자신의 못다 이룬 꿈, 바람직한 삶을 자식을 통해 확인할 수 있다. 그 꿈은 어떤 직업이나 진학, 성공이 아니다. '나다운 삶', '즐거운 삶'이다. 이럴 때 하늘에게서 얻은 소중한 선물인 자식이 세상에도 소중한 선물이 된다. 이로써 부모의 세계를 물려받으면서 그 세계를 더 확장하는 삶〔계왕개래(繼往開來), 과거를 계승하고 미래를 엶〕, 공자가 말한 바대로의 효가 완성되는 것이다.

함께 만드는 효

드라마를 보면 이런 대사가 자주 나온다. '엄마, 돈 많이 벌어서 행복하게 해 줄게.' 그러면 엄마는 감격의 눈물을 흘린다. 광고에서는 시골에 계시는 어버이를 떠올리며 '귀뚜라미 보일러'를 선물해야겠다고 한다. 식사 시간에 아이가 갑자기 '아버지 어머니, 저 열심히 공부해서 기필코 서울대 갈게요.'라고 엄숙히 선언하면, 부모는 황홀해 한다. 이것이 이 시대의 효도상이다. 이런 것이 효도라면, 돈 못 버는 놈, 보일러 선물할 돈 없는 놈, 명문대 못 간 놈은 졸지에 불효자가 되고 만다. 이렇게 오늘의 효는 '물질적인 효'다. 이것이 효의 파탄을 낳았다.

효도는 자식 혼자 이룰 수 있는 게 아니다. 오륜에서 말하는 '부자유친'의 핵심은 상호성이다. 부모 자식 간에 '친'을 이루려면 부모는 자애로움으로 자식을 대하고 자식은 공경하는 마음으로 부모를 대해야 한다. 그 상호성은 결코 물질적인 것이 아니다. 아이를 풍족한 물질로 길렀다 해서 부모의 도리를 다한 게 아니다. 마찬가지로 부모를 물질로 모신다 해서 자식의 도리를 다한 것이 아니다.

그 상호성의 요체는 '뜻의 교류'다. 효를 회복하는 길은 물질화된 효를 벗어나 뜻이 통하는 효를 되살리는 것뿐이다.

물질화된 효에 대한 일차적 책임은 부모에게 있다. 아이를 그렇게 길렀기 때문이다. 부모도 물론 억울하다. 세상이 이렇게 미쳐 돌아가는데 나라고 별 수 있었겠는가. 변명하고 싶을 거다. 그러나 그렇게 미친 세상에 잘 올라타라고 가르친 건 그 누구도 아닌 나다. 아이가 공부 잘하고 취직 잘하면 모든 걸 다 했다고 생각하게 만든 것도 나다. 그렇게 아이에게 물질적인 것을 기대하니, 아이도 부모에게 똑같은 것으로 보상한다. 나아가 장성한 자식도 부모에게 물질적으로 보상하면 그뿐이라 여긴다. 이처럼 '친'의 상호성은 서로가 무엇을 기대하느냐에 따라 그 성격이 달라진다. 그리고 그 상호성의 성격을 결정짓는 건 자식이 아니라, 부모다.

유교에서는 자식더러 부모의 뜻을 헤아리라고 말한다. 그건 농경 사회, 시대의 변화가 거의 없었던 때 얘기다. 농사짓는 일은 경험을 필요로 할뿐더러 노동의 단위도 가족이다. 그러니 삶에서 나이든 부모의 경륜이 꼭 필요하다. 그러나 지금은 급변하는 시대다. 따라서 부모의 뜻만을 헤아리는 것은 시대착오적인 일이 될 수도 있다.

친의 상호성은 뜻 헤아림에도 적용되어야 한다. 자식이 부모의 뜻을 헤아려야 하듯이 부모도 자식의 뜻을 헤아릴 수 있어야 한다. 나는 직업적 특성 때문에 아이들뿐 아니라 어머니들도 자주 만난다. 아이들, 특히 고등학교 2학년쯤 된 친구들은 부모의 뜻을 못 따를까 봐, 즉 원하는 대학 못 들어갈까 봐 노심초사다. 고등학교 3학년 아이들과 얘기하다 보면 십중팔구는 부모 이야기에 운다. 이렇게 아이들은 부모를 생각한다. 아니, 부모 인생을 살고 있다 해도 지나치지 않을 정도다. 반면 어머니들은 거의 다 자식을 믿지 못한다. 당연하다. 기대하는 게 명문대인데 기껏해야 상위 2~3%만 뽑으니 부모 기대에 어긋난 아이가 훨씬 많을 수밖에 없다. 참 일방적인 관계이다.

그러나 여기에는 친의 일방성뿐만 아니라 또 하나의 일방성이 숨어 있다. 부모 세대 역시 소수만 인정받는 질서에서 대다수가 떠밀리지 않았던가. 그런데 왜 아이에게는 소수에 끼라고 하는 걸까. 아이가 잘 할 수 없는 것이라면 아예 기대를 말아야 하는 것 아닌가. 왜 자기가 못한 것을 아이는 잘 할 수 있다고 생각하는 걸까. 성적으로 상위권에 끼지 못한다면 차라리 아이가 잘 할 수 있는 분야에서 멋진 인생을 설계하도록 이끌어 주고 돕는 게 옳지 않은가. 그렇게 하는 것이 오히려 아이를 효자되게 하는 길일 것이다.

그러니 이제 더 이상 이런 말은 하지 말았으면 싶다. '나는 단칸방에서 스탠드 켜 놓고 공부했다.', '니 방이 없니, 책상이 없니, 책이 없니, 등록금을 안 대 주니?' 따위. 이건 물질적으로만 뒷받침하면 할 일 다 했다는 말밖에 안 된다. 특히 '내가 시키는 대로 해서 손해 본 적 있니?' 같은 말은 입에도 담지 말아야 한다. 노골적으로 말하면, 대한민국 절대 다수의 아이들은 부모 시키는 대로 해서 엄청나게 손해 보고 있으니까. 이 나라는 집집마다 불효자 키우느라 오늘도 분주하다.

대등한 타인이기

《모리와 함께 한 화요일》에서 죽을병에 걸린 모리 선생은 자리를 지키는 자식들에게 이렇게 말한다.

"너희 생활을 중지하지 말아라. 안 그러면 이 병이 나 한 사람만 아니라 우리 세 사람 모두를 집어삼켜 버릴 거야."

효도를 받으려면 효도를 기대하지 말아야 한다. 먼저 다가가는 것이 중요하다. 모리 선생에게서 배울 것은 다름 아닌 사랑하는 방법이다. 그것은 일방적인 요구가 아니라 자식들의 세계를 존중하고 그들의 선택을 기꺼이 인정하는 것이다. 물론 선택의 과정에서는 치열한 토론이 필요하다. 물론 그 토론은 대등해야 한다. 대화를 한다면서 자기 생각은 바꿀 의사가 전혀 없다면, 그건 대화가 아니라 말의 폭력일 뿐이다. 대등한 토론으로 자식이 뭔가를 선택했다면, 그 다음은 기다릴 줄 알아야 한다.

대등한 타인이기, 이것이 부모 자식 간에 단절된 고리를 잇는 대안이다. 특히 부모의 역할이 크다. 아이를 대등한 타인으로 대하는 것이 어른들로서 그리 익숙한 일이 아니기 때문이다. 그럼 자식은 뭘 해야 할까? 스스로 대등한 타인이 되기 위해 노력해야 한다. 내 속에 들어 있는 나만의 나를 찾는 것, 그 나로써 부모와 이웃과 관계 맺는 것, 한마디로 자기 세계를 마련하는 것, 이것이 그 방법이다. 이렇게 서로 대등한 관계를 이룰 때 비로소 민주적인 가정, 사랑과 효가 넘치는 가정이 되는 것이다.

이 상호대등성은 억지로 되는 게 아니다. 무엇보다 자기 생각만

고집하는 것을 '나만의 나'를 찾는 것이라 착각해서는 곤란하다. 일단 무엇보다 열린 마음을 갖는 것이 중요하다. 어떻게 가능할까? 그것은 '무한 감사'의 마음에서 나온다. 이 글 첫머리에 밝혔듯이 자식이 부모에게, 부모는 자식에게 감사하는 마음을 가진다면 자기주장을 일방적으로 펼치는 '이기적 사랑'에서 벗어날 수 있을 것이다. 그렇게 열린 사랑이 넘치는 가정에서 자란 아이가 세상으로 나갔을 때, 부모를 닮은 아이가 되고, 부모 형제를 대하듯 이웃을 대하는 아이가 된다. 이것이 바로 공자의 효 사상이다.

양명학자인 이탁오라는 분이 있다. 그분은 《분서》라는 책에서 '대효(大孝)', 곧 큰 효를 논한다. 부모가 원하는 것을 따르는 것, 부모를 봉양하는 것은 작은 효다. 큰 효는 비록 그것이 부모의 마음을 아프게 하는 것일지라도 자기의 도를 찾는 것이다. 그 결과 죽음을 맞이할지라도 자기 속에 든 자기를 찾아 나서는 것이야말로 진실로 큰 효다. 내 속에 새겨진 부모의 참뜻을 헤아려 그 뜻을 더 넓히는 것, 곧 자기 삶을 찾아나서는 것, 이것이 진정한 효이다. 이 땅의 부모님들도 그렇게 자식을 세상에 내놓으시길 간절히 바란다. 이것이 예수와 붓다에게서 배울 효의 길이다.

기출문제 둘러보기

2007학년도 서울대 수시

(가)와 (나)는 김부식(金富軾)의 《삼국사기(三國史記)》에 실려 있는 글이다. 《삼국사기》를 다시 편찬한다고 가정하고, (가)의 사실에 대해서 (나)와 같은 성격의 글을 작성하라. (단, 아래의 조건을 만족시킬 것)

- 호동과 김부식은 같은 문제에 대해 서로 다른 답을 제시하고 있다. 어떠한 가치들이 갈등하는 문제인지 딜레마의 형태로 그 문제를 정의하라.
- 호동의 대응과 김부식의 논평에 드러난 양자의 가치관과 가치 실현 방법을 비교 분석하라.
- (나)에 대한 평가를 포함하라.

제시문 (가) 　여름 4월에 왕자(王子) 호동(好童)이 옥저(沃沮)에서 유람하고 있는데, 낙랑왕(樂浪王) 최리(崔理)가 길을 나섰다가 마주쳐서 물었다.
"그대의 얼굴을 보니 예사 사람이 아니오. 북국(北國) 신왕(神王)[1]의 아드님이시지요?"
그러고는 함께 돌아가서 자기 딸을 아내로 삼게 했다. 뒤에 호

---

1) 북국(北國) 신왕(神王) : 고구려 제3대 왕 대무신왕(大武神王).

동이 귀국해서는 사람을 시켜 최리의 딸에게 몰래 전갈했다.
"만약 그대 나라의 무기고에 들어가서 고각(鼓角)을 부숴 버리면 내가 혼인의 예(禮)를 갖추어 맞이할 것이고, 그렇지 않으면 그만두겠소."
예전부터 낙랑에는 적병이 올 때마다 스스로 소리를 내는 고각이 있었다. 그래서 그것을 부수도록 시킨 것이다. 이에 최리의 딸이 예리한 칼을 가지고 무기고 안에 몰래 들어가 고각을 부수어 버리고 호동에게 알려 주었다. 호동은 왕에게 권해 낙랑을 기습하게 했다. 최리는 고각이 울리지 않으니 대비하지 못하고 있었다. 고구려 군대가 성 아래까지 엄습해 온 다음에야 고각이 부수어진 것을 알고, 딸을 죽이고, 나와서 항복했다. (다른 기록에 따르면, 고구려 왕이 낙랑을 멸망시키고자 청혼하여 그 딸을 호동의 처로 삼아 데려 왔다가, 뒤에 낙랑에 돌아가서 고각을 부수도록 시켰다고 한다.)
같은 해 겨울 11월에 왕자 호동이 자살했다. 호동은 왕의 차비(次妃)인 갈사왕(曷思王) 손녀의 소생이다. 아주 잘 생겨서 왕이 매우 사랑하고, 그래서 이름을 호동이라 했다. 원비(元妃)는 왕이 적자(嫡子)의 자리를 빼앗아 호동을 태자로 삼을까 염려해 왕에게 참소(讒訴)했다.
"호동이 저를 예(禮)로 대하지 않으니, 왕실을 어지럽히려고 할지 모릅니다."
왕이 말했다.
"당신은 남의 자식이라고 미워하는 것 아니오?"
원비는 왕이 자기의 말을 믿지 않는 것을 알고는, 장차 화(禍)가 자신에게 미칠까 염려해 눈물을 흘리면서 고했다.
"대왕께서는 은밀하게 조사해 보시기 바랍니다. 그런 일이 없으면 제가 죄를 받겠습니다."
이에 대왕은 호동을 의심하지 않을 수 없게 되어 장차 죄를 주려고 하였다. 어떤 사람이 호동에게 이렇게 말했다.
"그대는 어찌 스스로 밝히려고 하지 않는가?"

호동이 대답했다.
"내가 밝히면 어머니의 잘못을 드러내게 되고, 그러면 대왕에게 근심을 끼치게 되니, 효도라 할 수 있겠는가?"
그러고는 칼에 엎어져 죽었다.

제시문 (나) (나 김부식은) 논(論)하여 말한다. 이 대목에서 왕이 참언(讒言)을 믿어 죄가 없음에도 사랑하던 아들을 죽였으므로 그 어질지 못함은 논할 여지도 없다. 그러나 호동도 죄가 없다고 할 수는 없다. 어째서 그러한가? 자식으로서 아비의 책망을 받을 때는 마땅히 순(舜) 임금이 아버지 고수(瞽瞍)에게 하듯[2] 해야 한다. 작은 매는 맞되 큰 매는 달아나 아버지를 불의(不義)에 빠뜨리지 않게 해야 하는 법인데, 호동은 큰 매를 피해야 함을 미처 깨닫지 못해서 죽지 말아야 할 곳에서 죽었다. 이는 소절(小節)에 집착하다가 대의(大義)에 어둡게 된 경우라 할 수 있다.

---

[2] 순(舜) 임금이 아버지 고수(瞽瞍)에게 하듯 : 순의 아버지 고수와 계모는 순을 학대했다. 고수는 순을 매일같이 때렸는데, 순은 참고 맞다가 큰 몽둥이로 때리면 도망갔다. 그것은 큰 몽둥이에 맞아 죽으면 아버지에게 불효가 될까 해서였다고 한다.

더 생각해 봅시다

가정은 반드시 화목해야 하는가?

　가정, 하면 가장 먼저 생각나는 게 '화목'이다. '가화만사성'이나 '수신제가치국평천하'라는 말도 있잖은가. 화목해서 나쁠 건 없다. 그러나 이 화목이 무조건 이뤄야 할 절대적인 가치가 될 때조차 옳은 것은 아니다. 그 때문에 생기는 문제가 한둘이 아니기 때문이다.
　화목을 이루기 위해 가족 구성원들이 해야 할 일을 떠올려 보자. 가장은 가정의 경제를 책임져야 한다. 그 때문에 자기 취향과 자질에 맞지 않더라도 돈벌이가 되는 한, 무조건 해야 한다. 주부는 안에서 가족의 건강과 평온을 떠맡는다. 집안에서 일어나는 모든 것이 전적으로 주부의 몫이다. 그로써 스스로의 꿈은 포기할 수밖에 없다. 결국 부모라는 이유만으로 그들 남녀는 자기 삶을 희생한다. 그렇게 가정의 화목에 헌신한 만큼 그들이 원하는 것도 크다. 그들의 관심은 전적으로 자녀를 향한다. 자녀들은 부모의 희생에 보답하기 위해 부모가 원하는 걸 해야 한다. 자기의 특기나 욕망 따위는 일단 접는다. 이렇게 가정의 화목은 가족 구성원 전부의 삶을 희생시킨다.
　화목을 절대화하면 세상에 대해 폐쇄적이고 심하게는 배타적일 수도 있다. 사회가 각박하면 할수록 가정은 더더욱 따뜻하고 정이 넘쳐야 한다. 마치 사회와 가정 사이에 울타리가 쳐진 듯하다. 제

자식은 남 자식보다 무엇이든 나아야 한다. 실력이 없어 처지는 것조차 참지를 못한다. 심지어 제 자식이 잘못한 게 분명한데도 두둔한다.

　가정의 화목을 오해하고 있다. 화목이란 게 무조건 위하고, 무조건 두둔하고, 무조건 잘 되어야만 이루어지는 것이 아닌데 말이다. 독재 시절, 데모하는 자식을 둔 부모들은 무슨 큰 난리나 난 듯이 자식을 닦달했다. 심한 경우는 딸자식의 머리를 밀고 감금하는 일조차 있었다. 그런 부모들도 자식들이 나쁜 짓하는 게 아니라는 걸 잘 안다. 다만, '왜 하필 너냐'는 것이다. 옳아도 위험하면 말아야 하는 화목이 과연 옳은가. 그렇게 온실 속의 화초처럼 자라는 게 옳은가.

　'가화만사성'이나 '수신제가치국평천하'도 오해하는 사람이 많다. 마치 집안부터 화목해야 큰일을 할 수 있는 것인 양 여긴다. 그런가. 오히려 집안의 화목을 위한답시고 옳은 일, 해야 할 일, 하고 싶은 일을 포기하라는 건 아닐까. 그런 것이라면, 가화만사 '패'라 해야 할 일이다. 이 말들은 반드시 '집안이 먼저, 세상은 나중'이라는 순서를 따지는 소리가 아니다. 집안의 화목을 이루듯이 세상일도 그렇게 대하라는 말이다. 거꾸로 세상일을 옳게 하는 것이 집안을 화목하게 하는 길이기도 하다. 동시에 이루는 것이지, 앞뒤가 따로 있는 게 아니다.

　무엇이 제대로 된 화목인가부터 따져야 한다. 그것은 각자가 제 삶을 당당하게 살아내는 데서만 가능하다. 사회에서뿐만 아니라, 집안에서도 그래야 한다. 할 말은 하되, 옳은 비판을 아끼지 않고 그 비판을 겸허히 받아들일 줄 아는 열린 가정이 곧 화목한 가정이다. 그래서 '타인되기'를 강조하는 것이다.

무엇보다 엄마이자 아내인 주부의 몫이 크다. 그의 자리가 갖는 이중성 때문이다. 남편을 향해서는 스스로 대등한 타인이고자 노력해야 한다. 스스로의 사회적 관계를 찾아서 이루어야 한다는 말이다. 반면, 자녀를 향해서는 대등한 타인으로 대하려고 애써야 한다. 이 둘은 서로 연관을 맺는다. 스스로 대등한 타인이고자 하는 과정에서 남도 대등한 타인으로 대할 수 있기 때문이다.

04 _____ 행복한

허무주의자로

살 수는

없을까?

잘난 놈들은 모두
자기 브레이크를 씁니다.
그러나 나는 브레이크를
버린 지 오랩니다.
나는 꽈당 부딪치는 걸
두려워하지 않거든요.
(중략)
밤이고 낮이고 나는
전속력으로 내달리며
신명 꼴리는 대로 합니다.
부딪쳐 작살이 난다면 그뿐이죠.
그래 봐야 손해 갈 게 있을까요?
없어요.
천천히 가면 거기 안 가나요?
물론 가죠.
기왕 갈 바에는 화끈하게 가자
이겁니다.

- 니코스 카잔차키스, 《그리스 인 조르바》

불행을 예비한 행복

 너나없이 행복을 말한다. 그런데 정작 '행복이 대체 뭡니까?'라고 물으면 사람들은 뭐라고 대답할까? 한창 열애 중인 사람은 '그이와 함께 있을 때'라 할 것이고, 학생은 '좋은 성적이 나왔을 때', 또는 '원하는 대학에 합격했을 때'라 할 것이다. 이렇게 말하는 걸 보면 행복은 그야말로 '주관적'인 것 같다. 그러나 행복을 주관적인 것으로 보면, 아이러니하게도 '행복이란 없다.'는 결론만 남게 된다.
 그이와 함께 있을 때 행복하다는 사람은 그이가 떠나면 불행할 것이다. 그이가 늘 나와 함께 있을 리 없고 늘 지금 이대로의 그이일 리도 없다. 하늘의 달이라도 따 줄 것 같았던 그이와 결혼했다 치자. 그 후로도 그이는 늘 '그이'일까? 그렇지 않다면 한 순간의 행복이 평생의 불행으로 이어지는 꼴이 된다. 남편(또는 아내)에 더 이상 만족하지 못하는 대신, 아이에게서 행복을 느낀다고 하자. 그러면 '그이와 함께 있을 때'라는 주관적 행복은 이미 사라지고 만 것이다. 그렇다면 이전의 행복은 순간적인 것일 뿐이다. 아이는 또 어떤가? 시간이 흘러도 늘 이대로의 아이일까? 이렇게 주관적인 행복은 '잠깐 행복, 오랜 불행'이란 결과를 낳기도 한다.

그런데 현대인들이 행복이라 생각하는 것을 가만히 들여다보면 행복은 별로 주관적인 것 같지도 않다. 저마다 명문 대학, 멋진 배우자, 많은 연봉, 김남주나 이영애가 광고하는 아파트, 아이가 말 잘 듣고 공부 잘 하는 것, 건강, 장수 같은 걸 행복의 지표인 양 말한다. 이 모든 걸 돈으로 살 수 있다고 생각하기에, 돈만 많으면 행복할 거라고 생각한다. 모두가 그걸 똑같이 원하는데 이런 경우에도 행복을 주관적이라 할 수 있을까? 그럴 때 행복은 객관적이다.

행복을 객관적인 것으로 본다 하더라도 역시 불행은 기다리고 있다. 저마다 시장에서의 성공을 행복의 지표로 여기지만, 원한다고 모두에게 허락되는 것은 아니기 때문이다. 오히려 '모두가' 원하기 때문에 대다수가 그걸 얻지 못하는 결과로 이어진다. 원하는 것을 얻지 못한다면 그것은 불행이다. 따라서 객관적인 행복 추구도 역시 불행으로 끝난다.

그렇다고 해서 '행복'이라는 낱말의 정의조차 못 내릴 것은 없지 않은가! 그것의 사전적 의미는 분명하니까. 네이버 국어사전을 검색하니, '1. 복된 좋은 운수, 2. 생활에서 충분한 만족과 기쁨을 느끼는 흐뭇한 상태'라고 나온다. 보통 우리는 두 번째 뜻으로 행복이란 말을 쓴다. 그러나 여전히 질문은 이어진다. 사람은 도대체 어떨 때 만족과 기쁨을 느낄 수 있을까? 그건 '욕망'이 충족되었을 때일 것이다. 이제 앞에서 말한 문제가 어느 정도는 풀릴 것 같다. 행복이 주관적인가 아니면 객관적인가의 문제는, 바로 우리의 욕망이 주관적인가 객관적인가에 달린 것이다. 그렇더라도 문제는 여전히 남는다. 그 욕망이 주관적이든 객관적이든 사실 욕망은 늘 좌절되고 만다. 그렇다면 '충분한'은 대체 어느 정도를 말하는 걸까? 그것은 일시적이어서도 안 되고 적당해서도 안 될 것이다.

욕망은 채우려 하면 할수록 더 허기진 느낌이 든다. 여기서 '행복해지려고 하면 오히려 불행해진다.'는 이상한 결론이 나온다. 물론 성취감이 있겠지만, 그것조차 일시적이고 또 부분적으로는 포기한 것도 있을 게다. 어떤 것이든 도대체가 '충분'하지가 않다. 하나의 만족은 새로운 욕망을 낳고, 그 욕망을 채우면, 또 새로운 허망함이 기다린다. 결국 새로운 채움은 새로운 허망함을 낳는다.

그럴 바에는 차라리 욕망 자체를 포기하는 게 낫지 않을까? 욕망을 포기한다는 건 행복을 아예 포기한다는 건데, 그렇다면 인생을 사는 까닭이 있을까? 금욕주의자들조차도 욕망을 아예 포기하지는 않았다. 금욕주의에도 욕망이 있다. '단 하나의 욕망!' 그것이 '이데아'든, '천국'이든, '구원'이든 간에 그들은 단 하나의 욕망을 충족하기 위하여 나머지 욕망을 절제할 따름이다.

어떻게 보면, 현대인들도 대부분 금욕주의자들이다. 그들은 모두가 원하는 '시장 가치'라는 단 하나의 욕망을 위해 나머지 욕망을 기꺼이 포기한 사람들이다. 비싼 몸값으로 결혼 시장이나 노동 시장에서 자기를 판매하기 위해 학생들은 '수면욕'을 반납한다. 이도저도 안 되면 '식욕'을 포기(다이어트)하거나 심지어 깎고 쪼개고 자르는 고통(성형수술)조차 기꺼이 감수한다. 어찌 보면 현대인들은 '물신'의 은총을 받으려는 고행승에 가깝다.

그러나 아무리 발버둥 쳐도 욕망은 끝내 좌절된다. 인생은 원천적으로 허무한 것이기 때문이다. 결국은 …… 죽는다. 죽음 앞에서는 어떤 성취도 소용 없다. 싸 짊어지고 갈 것도 아닌 것에 그렇게 들 아등바등 매달리는 것이다.

'결국 행복은 실현 불가능한 것인가?'라는 질문만 다시 덩그러니 남는다. 과연 우리는 어떤 충족도 이룰 수 없는 것일까? 결국 삶은 허망하고 고통뿐인가? 정말 그렇다면 지금 당장 죽어도 손해볼 건 없지 않은가! 자살이야말로 유일하게 내 의지대로 성취할 수 있는 것이니, 유일한 행복이랄 수도 있을 테니!

부조리, 욕망과 결과의 영원한 어긋남

누구나 젊었을 때는 자신의 욕망을 성취하기 위하여 열정적으로 덤벼든다. 나도 그랬다. 그때의 욕망은 컸고 그것을 실현할 자신도 있었다. 좌절하는 순간도 있었지만, 그래도 내겐 시간이 많이 남아 있었다. 그러다가 어느 순간부턴가 그 욕망이 차차 작아지기 시작했다. 나를 훌쩍 뛰어넘어 역사와 인류를 향하던 욕망은 차츰 내 테두리 속으로 들어오게 되었다. '원심력-욕망'에서 '구심력-욕망'으로 어느새 쪼그라들었다. 그러다가 결국 내 한 몸 챙기기에도 급급한 지경에 이르렀다. 물론 부분 부분 성취를 이룬 것도 있다. 그러나 그 성취는 또 다시 이어지는 새로운 목표에 그리 큰 도움이 되지 않았다. 이제 욕망은 나 바깥으로는 도무지 뻗어나갈 생각조차 않는다.

이제 내 가치관은 '소박한 행복'으로 돌변했다. 처음부터 그랬다면 기꺼이 받아들일 테지만, 솔직히 이 새로운 가치관은 인생살이의 종착역에 가깝다. 아직 패배했다고 말하기엔 이르지만, 승리한 것 같지도 않다. 이제 나는 작은 것에 분노한다. 후배가 꼬박꼬박 말대답하는 게 화나고, 누군가가 나 없는 데서 내 얘기하는 게 그렇게 기분 나쁠 수 없다. 나는 작은 것 때문에 바쁘다. 택시 미터기가 오천 원을 넘길까 봐 초조하고, 효율적인 환승을 위하여 지하철 앞쪽(또는 뒤쪽)을 놓칠까 봐 종종걸음 친다. 나는 작은 것에 기뻐한다. 지각하지 않은 것이 기쁘고, 드라마 시간에 맞춰 귀가한 것이 즐겁고, 내 아이 성적이 조금 더 오른 것에 삶의 보람을 느낀다. 이제 나는 작은 것을 바란다. 아파트 분양, 좀 더 나은 차, 좀 더 많은 연봉, 좀 더 맛있는 점심식사를 바라고, 아이가 좋은 대학 가기를 바란다. 하다못해 이승엽이 홈런 치기를, 박지성이 골 넣기를 바란다. 그러나 이 모든 작은 행복이 내 삶에 그리 큰 의미를 줄 것 같지는 않다. 내 꿈은 이게 아니었는데……. 우리의 도전은 언제나 이렇게 시시하게 미끄러진다.

    알고자 하나 세상은 내게 어떤 대답도 들려주지 않았다. 제대로 알았다면 적어도 이렇게 살진 않았을 거다. 그러나 따지고 보면, 나만 앎에 실패한 건 아니다. 대사상가라 일컫는 이들조차 정답에 이르지는 못했다. 플라톤의 '이데아', 아리스토텔레스의 '형상', 스토아학파의 '세계이성', 데카르트의 '이성'……, 이 모든 것은 새로운 것들로 교체되는 과정일 뿐이다. '신'에 의지한 결과는 죽음 이후를 기약하며 삶의 기쁨을 포기하는 것뿐이다. 과학이 그 자리를 대신했지만 인간을 기껏 DNA 따위로 설명하더니 결국 사람이나 원숭이나 쥐나 별반 다를 것도 없다 한다. 앎의 부조리!

　좋은 세상을 꿈꾸며 그토록 많은 젊은이들이 목숨 바쳐 싸웠고 그래서 그 잘난 '민주주의'란 걸 얻었다지만, 돌아온 것은 고작 '사년에 한번 주권행사'하는 것 뿐이다. 수많은 젊은이들이 '이태백'이고, 그 윗세대들은 '삼팔선', '사오정' 들이다. 하긴 우리만 그런 건 아니다. 예수가 목숨 바쳐 '사랑'을 부르짖었지만, 여전히 인류는 사랑을 갈망하고 있고, 간디가 '비폭력'을 외치다 폭력에 희생됐지만, 미국의 '정의로운' 폭력은 지금도 진행형이다. 슈바이처·테레사의 인류애는 의대 지망생의 '자기 소개서'에서만 등장하는 단골 메뉴다. 의도와 결과의 어긋남은 무한하다. 삶의 부조리!

　사실 우리의 삶 자체가 부조리 투성이다. 짧든 길든 자기 생을 한번 뒤돌아보라. 어떤 경로로 '지금-여기'에 이르렀는가? 우연히 나는 내 부모님에게서 태어났고, 결혼도 했다. 상대방을 어떻게 만났는지 떠올려 보라. 하필 지하철을 놓쳤고, 하필 친구가 약속을 어겨 서점엘 들렀고, 갑자기 여행이 가고 싶어 떠났는데 그게 하필 동해안이었고……. 내가 지금 하고 있는 일을 어떻게 하게 됐는지도 마찬가지다. 정말 '우연-우연-우연-∞-우연'의 결과로, '지금-여기' 내가 있다. 만약 이 많은 우연 중 단 하나라도 바뀌었다면, 나는 전혀 다른 삶을 살고 있을 것이다. 그러니 내 의도대로 된 것이 몇 가지 있더라도 이 절대적 우연 앞에서는 감히 명함을 못 내밀 것이다. 이런 우리 삶을 간단히 줄이자면, '모르고, 모르고, 모르고, ……, 모른다. 그러다가……'다.

　"세계의 두꺼움과 낯섦, 이것이 바로 부조리다."(《시지프 신화》)

라는 알베르 카뮈의 말 그대로다.

　세계만 그런가? '나'도, '너'도, '우리'도 몽땅 부조리다. 알았다 싶으면 돌연 알 수 없는 것으로 바뀌는 '나', '너', '우리'다. 사실이 이러한데 내가 품은 욕망을 '충분히' 성취해야 얻을 수 있다는 행복에 대체 어떻게 다다를 수 있단 말인가! 원천적으로 불가능한 일이다.

습관, (부조리 속의) 투명함

　우리는 사실 이 부조리를 인식하지 못한 채 살아왔다. 세상이 으레 그러려니 했다. 나와 너와 우리도 당연히 그 자리에 그렇게 있을 존재이고, 그저 그렇게 살아왔고 살아갈 존재일 뿐이다. 나의 월, 화, 수, 목, 금요일은 늘 그렇게 바쁘게 설치는 나날일 뿐이고, 그나마 주어진 주말 휴무를 즐기는 정도가 이벤트라면 이벤트다. 그야말로 '맑고 투명한' 인생이다. 그러니 어른들은 아이들에게 곧잘 이렇게 말한다. '내가 시키는 대로 해서 손해 본 적 있니?'라고. 마치 세상 이치를 다 통달한 것 같다. 그런데 왜 사는 꼴이 그 모양인가?

　인생이 얼마나 투명한가를 알아 내는 방법은 간단하다. 나와 가까운 사람이 지금 어디서 뭘 하고 있는지 확인해 보면 된다. 별일이 없는 한, 내 짐작대로 그는 학교에서 졸고 있거나 직장에서 열심히 일하고 있을 게다. 오랫동안 만나지 못했던 친구도 거의 내 짐작대로 살고 있을 것이다. 물론 친구가 백수라면 알아맞히기가 만만찮겠지만.(그래서 나는 백수를 찬양한다. 위대한 인물은 대부분 백수였다. 그들은 남들이 보지 못하는 걸 본다.)

그렇다면 세계가 낯설고 두껍다는 카뮈의 말은 호들갑인가? 그의 말이 사실인지 아닌지는 익숙한 '무대 장치'에서 빠져 나오는 순간, 바로 '권태'를 느낄 때 곧장 확인할 수 있다. 권태란 일상에서 벗어나, 의식하기 시작하는 것을 말한다. 근면·성실하기만 해서는 손발만 바쁘지 머리는 멈추어 있을 뿐이다. 기껏 머리 쓴댔자, 주어진 일을 잘 해내는 방법을 고민할 뿐이다. 요즘 사람들은 근본적인 것에 의문을 품지 않는다. 이제 바쁘던 손발을 멈추고 가만히 내면으로 침잠해 보자. 이제야 머리가 바빠진다. 이런 질문이 절로 나올 것이다. '왜 내가 지금 여기에 있지?', '내가 바란 것이 이것이었던가?' 이것은 등산하면서도 확인할 수 있다. 주변에서 만나는 풀, 꽃, 나무, 돌 들의 이름을 물어 보라. 그저 '잡초'이던 것들이 돌연 얼굴을 치켜들고 나를 바라본다. '너, 나 아니?'라면서. 정상을 향해 맹돌진하는 사람에게는 길과 제 발밖에는 보이지 않지만 등산로를 벗어난 사람에게는 비로소 낯선 세계가 열린다.

세계는 원천적으로 우리에게 익숙한 것이 아니었다. 그런데도 우리는 '물론'과 '당연'의 세계에 갇혀 살아온 것이다. 주어진 이름, 주어진 일, 주어진 사명, 주어진 행복, 주어진 이성……. 이 모든 '주어진' 것들을 당연한 듯이 받아들였기에 부조리를 느끼지 못했던 것이다. 사회는 우리에게 시도 때도 없이 '당연'한 것들을 세뇌시켜왔다. 몇 차례 반항도 해 봤지만, 하도 많이, 하도 여러 사람이 '당연'을 외쳐 대는 바람에 그냥 당연하게 받아들여 온 것이다. 이런 사람에게는 행인지 불행인지, 부조리란 것 자체가 다가오질 않는다. 그렇게 부조리에 괄호를 쳐 놓았으니 부조리가 느껴질 리 없다. 그래서 어느 시인은 이렇게 고발한다.

당연의 세계는 왜, 거기에,
당연히 있어야 할 곳에 있는 것처럼,
왜, 맨날, 당연히, 거기에 있는 것일까,
당연의 세계는 거기에 너무도 당연히 있어서
그 두꺼운 껍질을 벗겨 보지도 못하고
당연히 거기에 존재하고 있다.
—김승희, 〈세상에서 가장 무거운 싸움 2〉

부조리는 질문하는 자, 도전하는 자에게만 다가온다. 괄호를 벗기는 자에게 다가온다. 무의식적으로 반복되는 습관적인 일상에서 벗어나는 이에게 다가온다. '물론'과 '당연'에 도전장을 내미는 이라면, 그 순간 부조리를 만난다. 내가 나가 아니었고, 네가 너가 아니었음을, 무한하고 광활한 존재였음을 발견하게 된다. 그래서 노자는 '사람들은 희희낙락 봄 동산을 오르지만, 나만 홀로 아둔하고 어리석구나'(노자, 《도덕경》)라고 했다.

텅 비움 = 들어참

이 책 전체에 걸쳐 수차례 강조한 것이지만, 세계와 삶은 '무한 관계 → 무한 변화'다. 그러하기에 우리에게 세계가 낯설고 두껍게 다가오는 것은 당연하다. 그러나 거꾸로 놓아 보면 우리가 지금까지 '당연하게' 여겨 왔던 것이 사실은 당연하지 않은 것이기도 하다. 그러면 남는 것은 뭘까? 그저 '無'일 뿐이지 않은가라고 반문할 것이다. 맞다. 내가 의도한 것은 결코 이뤄지지 않는다. 이뤄질 지라도 그것은 우연히 들어맞은 주사위 놀이일 뿐, 주사위는 곧 기껏 딴 돈뿐만 아니라 판돈마저 앗아가는 숫자를 내밀 것이다.

그렇다면 행복은? 욕망의 충족이 원천적으로 불가능하다면 행복은 영원히 불가능한 것 아닌가? 지금까지 한 얘기대로라면 행복은 불가능하다. 그러나 나는 오히려 그러기에 행복은 가능하다고, 충분히 가능하다고 말하고자 한다. 행복은 욕망의 충족이라 했다. 그런데 우리의 욕망은 언제나 채울 수 없다고 했다. 세상은 내 질문을 비껴나고, 내 정열적 도전을 배신하기 때문이라고 했다. 이제 질문을 좀 바꿔 보자. 그 욕망이 정말 내 욕망일까? 왜 그 욕망을 꼭 채워야만 하는가?

내 욕망이라고 생각하는 것들은 사실 남들도 다 같이 품는 욕망이다. 사람들은 자꾸만 자기한테 없는 걸 채우려고 하고, 있어야 할 것을 꿈꾼다. 그러다 보니 그저 그게 자기 욕망이겠거니 착각한다. 그게 진짜 내 욕망인지 어떤지 확인할 길은 없다. 거꾸로 접근해 보자. 세계가 사실은 허(虛)요, 무(無)라는 것을 있는 그대로 받아들이는 데서 시작하자는 거다. 지금-여기 있는 나를 만드는 데 전적으로 알 수 없는 힘이 작용했음을 인정해 보자. 그러면 나는 도무지 알 수 없는 곳에 내던져진 느낌이 들 것이다. 일단 그걸 받아들이자.

그러면 지금까지 나를 규정하던 것, 내가 규정하던 세계, 모두가 받아들이던 '당연'과 '물론'들, 이 모든 것들이 졸지에 알 수 없는 것으로 돌변하게 된다. 이제 나는 전적으로 세계에 던져진 존재다. 세계는 나를 위해 존재했던 것도, 거꾸로 내가 세계를 위해 아니면 누군가를 위해 존재했던 것도 아니다. 그저 그렇게 이 땅에 던져진 존재일 따름이다. 이제 세상에, 부모에, 이웃에, 남편(또는 아내)에, 자식에, 그리고 나 자신에 내가 기대할 것은 아무것도 없다. 나는 '텅 빈' 존재다. 불현듯 이런 질문이 떠오른다. '나는 무얼 바라 살아왔던가?', '내가 진실로 원하는 건 도대체 무엇인가?'

나는 이 힌트를 붓다에게서, 예수에게서, 노자에게서, 공자에게서 얻었다. 그리고 소크라테스도, 선불교의 선사들도, 양명학자들도, 도스토예프스키도, 니체도 똑같은 걸 깨달은 분들로 여긴다. 내가 생각하는 그들은 존재의 근본적인 조건을 헤아린 분들이다. 그들은 내가 어떤 규정 이전에 '이미-벌써' 무한한 대지(붓다 또는 하나님 또는 '까라마조프적 대지')에 던져진 존재임을 깨닫게 한다. 정말 우연히 던져진 내가 개나 소로 태어나지 않고 이렇게 사람으로 태어난 것은 얼마나 고마운 일인가! 이 근원적 감사를 그동안 잊고 살았던 거다. 그러니 우리는 "삶의 의미 이상으로, 논리 이전에, 삶을 사랑해야 한다."(《까라마조프 씨네 형제들》) 사람으로 태어난 걸 당연하게 여기는 것은 얼마나 오만한가! 이 근원적 감사를 망각하다 보니 원망하고 불평하고 남과 자신을 비교하면서 살아왔던 것이다. 지금까지의 내 욕망은 오직 이 감사를 잊어버린 데서 비롯되었다.

이제 나는 내 욕망을 깨닫는다. 나를 완전히 비우자, '세계의 정다운 무관심에 마음을 열'(알베르 카뮈, 《이방인》)자, 내 진실한 욕망이 그 빈속을 채운다. 그것은 '사람답게', '나답게'다. 삶에 부끄럽지 않은 삶이야말로 진실한 내 욕망이다. 내게 주어진 달란트, 내가 진실로 바라는 것, 누가 보더라도 부끄럽지 않은 나만의 삶, 이것이 진짜다. 내가 정말 사랑할 수 있는 나 자신의 모습이 이제야 떠오른다. 이것이 예수가 말한 '천국'이다.

내가 던져진 세계는 그저 허무의 장소는 아니다. 이곳은 무한한 관계의 망이다. 이 무한한 것들이 뒤엉켜 나를 나게 하고 있게 했다. 지금까지 나는 이 무한한 관계를 형편없이 축소시켜 왔던 것이다. 이제 나는 무한한 대지의 젖줄을 빠는 어린애다. 나는 어디로든 갈 수 있고 무엇이든 될 수 있다. 내 뜻대로 되는 게 하나도 없는 무한한 대지이므로, 오히려 나는 내 진실한 욕망에 따라 어디로든 갈 수 있다. 그 결과가 내 의도와 어긋난다 해서 괴로울 건 없다. 나는 그 결과를 있는 그대로 받아들일 것이다. 넘어지면 일어나서 툭툭 털고, 한번 씩 웃고는 다시 나아갈 것이다. 세상으로, 이웃으로, 나 자신에게로! 내 실현 불가능한 꿈, '나다운 나'는 이렇게 나아감 속에서 충족된다. 나만의 욕망은 이렇게 실현된다. 욕망의 충족은 결과가 아니다, 과정이다!

한 노인이 공자를 일컬어 말했다. '知其不可而爲之者', 풀면 '그 불가능함을 알면서도 하는 놈'이란 뜻이다. 간디는 말한다. '나는 이상적 현실주의자다. 내 꿈은 실현되지 않는다. 그래서 나는 오직 나아갈 뿐이다.' 체 게바라는 말한다. '우리 모두 리얼리스트가 되자. 그러나 가슴 속에는 불가능한 꿈을 지니자.' 발은 대지를 딛되, 가슴 속에는 실현 불가능한 꿈을 품고 '오직 나아갈 뿐'인 삶, 이것이 곧 행복한 허무주의자의 삶이다.

기출문제 둘러보기

1998년 한국외국어대 정시 |

일반적으로 부조리란 자기의 바람이나 기대가 현실과 어긋나는 것이 내포된 상황을 말한다. 아래 글들에 나타난 것과 같이 사람들은 때로 인생의 모든 것이 기대와는 달리 무의미하다고 느끼면서도 주어진 그대로 하루하루를 살아간다. 이것이 삶의 부조리이다.

글쓴이들이 지적한 인간의 본성적 특징과 이에 관련된 일상적 경향을 토대로 하여, (1) 왜 사람들은 때로 인생의 모든 것이 무의미하다는 생각을 가지게 되는지, (2) 어떻게 하면 그러한 생각들을 극복할 수 있는지에 대해 논술하시오.

제시문 (가) 신들은 시지프스(고대 희랍 코린트의 왕)에게 바위를 쉬지않고 산꼭대기로 밀어 올리는 벌을 내렸다. 산꼭대기에 올려놓은 바위는 자기 무게 때문에 저절로 굴러 내려온다. 신들은 어떤 이유에서인지 아무 희망도 가치도 없는 노동보다 더 무서운 처벌은 없다고 생각한 것이다. …… 여러분은 벌써 시지프스가 부조리의 영웅임을 눈치챘을 것이다. 신들에 대한 경멸과 죽음에 대한 증오, 삶에 대한 정열이 무를 성취하는데 혼신의 힘을 다하는 저 참혹한 처벌을 그에게 안겨준 것이다. 이것은 지상세계에 대한 정열의 대가로 치러야 되는 것이다.

이 신화에는 혼신의 힘을 기울여서 저 커다란 돌을 들어올리고 굴려서, 수백번이나 비탈길을 밀고 올라가는 이야기가 나올 뿐이다. 일그러진 얼굴, 바위에 찰싹 달라붙은 뺨, 흙 묻은 돌덩이를 떠받친 어깨, 바위를 버티는 발, 새 출발을 위해 한껏 내

뻗은 두 팔, 흙투성이의 양 손, 너무나 인간적인 모습, 가이없는 공간과 시간의 오랜 노력 끝에 비로소 목적이 이루어진다. 그러자 시지프스는 바위가 잠깐만에 저 아래 세상으로 굴러 떨어지는 것을 목격한다. 그는 또다시 저 돌을 정상으로 밀어 올려야 한다. 그는 터덜터덜 평지로 내려간다.

저 잠깐 동안의 멈춤, 저 내려감.—그동안의 시지프스가 나의 관심을 끈다. 그렇게나 바위 가까이에서 애쓴 얼굴은 이미 바위 그 자체이다. 결코 끝을 알지 못하는 고통을 향해 무겁지만 단호한 걸음걸이로 내려가는 저 사람을 보라. 고통과 마찬가지로 확실하게 돌아오는 휴식시간과도 같은 저 시간은 의식의 시간이다. 고지를 떠나서 신들의 소굴로 차츰차츰 내려오는 저 모든 순간에 그는 자기의 운명을 넘어선다. 그는 그의 바위보다도 단단하다.

이 신화가 비극이라면 그것은 이 신화의 영웅에게 의식이 있기 때문이다. 만약에 그의 걸음걸이마다 성공의 희망이 그를 뒤덮는다면 사실 어디서 그의 고뇌를 찾을 것인가? 오늘날의 노동자는 그 일생 동안 날마다 같은 일을 한다. 이 운명도 마찬가지로 부조리이다. 그러나 그것은 그들이 의식을 하게 되는 드문 순간에만 비극이다.

힘없는 반항자, 신들의 프롤레타리아 시지프스는 자신의 장래가 얼마나 비참한지를 속속들이 알고 있다. 그는 내려오는 동안에 바로 이것을 생각한다.

— 알베르 카뮈, 《시지프 신화》

제시문 (나) 왜 생쥐의 삶은 부조리하지 않은가? 물론 달의 운행 역시 부조리하지 않지만 그것은 달의 운행이 아무런 목적도 의도적 노력도 없기 때문이다. 이에 반해, 생쥐는 생존하기 위해서 일해야 한다. 그래도 생쥐의 삶은 부조리하다고 할 수 없다. 왜냐하면 생쥐는 자신이 결국은 한 마리의 쥐에 불과하다는 것을 깨닫게 해 줄 자기의식과 자기초월(자기 자신을 떠나 영원 또는 신의 관점에 섬 – 역자 주)의 능력이 없기 때문이다. 만일 생쥐에게 이런 깨달음이 생긴다면 그의 삶도 부조리해질 것이다.

쥐가 자기의식을 한다고 해서 다른 것이 되는 것도 아니고 생쥐 이상의 삶을 살 수 있는 것도 아니기 때문이다. 새롭게 자기의식을 가지더라도 대답할 수 없는 의식들과 포기할 수 없는 여러 가지 삶의 목적들을 가득 안은 채 그는 여전히 미미하고 부산한 한 마리 생쥐로서의 삶으로 돌아가야만 하는 것이다.

(중략)

부조리를 느끼는 것이 우리의 진정한 상황을 자각하는 한 가지 방법이라면(그 상황을 부조리하다고 느끼기 전에는 부조리한 것이 될 수 없겠지만), 그렇다면 그 부조리를 우리가 증오하거나 회피할 이유가 어디 있겠는가. 부조리를 느낄 수 있는 능력은 인간의 한계를 이해할 수 있는 능력에서 생기는 것이다.

영원이라는 관점에서 보아 세상에서 의미있는 것은 아무것도 없다는 생각이 든다면 바로 그 생각조차도 아무런 의미가 없는 것이고 따라서 우리는 우리의 삶을 영웅주의나 절망 대신 아이러니의 관점에서 바라볼 수 있을 것이다.

― Thomas Nagel, 《Mortal questions》

더 생각해 봅시다

의인이 겪는 불행을 어떻게 볼 것인가?

이 물음은 참 오래된 것이다. 일찍이 사마천이 물었다. 의로웠던 백이와 숙제는 수미산에서 굶어 죽었는데 천하의 도적 도척은 영화를 누린 것을 보건대 과연 의라는 것이 있느냐고. 《구약》의 〈욥기〉도 그렇다. 의로운 욥은 여호와와 악마의 내기에 희생양이 된다. 모든 재산과 가족을 다 잃고 자기도 온 몸에 부스럼이 나서 기왓장으로 피가 나도록 긁어야 하는 신세가 된 욥은 내가 잘못한 게 뭐냐면서 '차라리 나를 죽여 달라.'고 울부짖는다. 우리는 지금도 비슷한 경우를 심심찮게 보게 된다. 부조리 중의 부조리다.

사실 따지고 보면, 의인이라고 다 고통을 겪는 건 아니다. 마찬가지로 악인이라고 다 영화를 누리는 것도 아니다. 그런데도 우리는 자주 세상이 거꾸로 돌아간다는 느낌을 받는다. 그것은 우리의 기대치 탓이다. 우리는 착하게 사는 사람이 복 받기를 기대하고 악인이 못 되기를 바란다. 그런데 그게 꼭 그렇게 되질 않으니, 신이 있다면 어떻게 이런 일이 벌어질 수 있는가 하고 탓을 하게 되는 거다.

노자는 '천지불인(天地不仁)', 즉 '자연은 어질지 않다.' 했다. 자연은 자연일 뿐이다. 가뭄이 심하다 하여 비를 내리지도 않고, 홍수가 났다 해서 비를 그치지도 않는다. 니체도 '자연이란 …… 한

없이 낭비하고, 한없이 냉담하며, 의도와 배려가 없으며, 자비와 공정함도 없고, 풍요로운가 하면 동시에 황량하고 불확실하다'(《선악의 저편》)고 했다. 세상 이치란 게 이렇다. 무한하고 광활하다. 이리 보면, 의인이 겪는 재난이든 악인이 얻는 행운이든 다 있을 수 있는 일이다.

차라리 불교의 '업'(karma) 사상은 위로가 된다. 모든 것은 내가 맺은 무한대의 관계가 빚은 결과라는 말이다. 내 선한 의도가 부정적인 결과로 되돌아오는 것도 다 내가 과거에 빚은 것의 결과일 뿐이다. 따라서 지금의 절망적인 상태에서도 굴하지 않고 선한 삶을 꿋꿋이 지켜 나간다면 나중에 좋은 업으로 돌아온다. 도교의 경전인 《태평경》에도 이런 비슷한 논리[승부(承負)론]가 있다. 조상의 업이 후손에게 이어진다는 것인데, 이런 발상은 동양적 전통에서 흔히 접할 수 있다. 이리 보면, '잘 되면 내 탓, 못 되면 조상 탓'이라는 말도 영 엉뚱한 말은 아닐 듯싶다. 이 '승부론'에서도 지금 겪는 불가피한 재난을 더 큰 선행으로 극복할 가능성을 열어 두고 있다.

의인이 불행을 겪을 확률은, 그가 행운을 누릴 확률보다 훨씬 높다. 의인은 처음부터 그의 이익을 생각지 않고 일하기 때문이다. 반면, 악인은 애초에 자기 이익을 꾀한다. 옳기 때문에 하는 사람과 이익을 위해서 하는 사람이 얻을 결과가 다른 것은 당연하지 않은가. 만약 어떤 사람의 의로운 행위가 자기 이익을 위한 것이었다면, 그것은 의로운 행위일 수 없다. 이건 천당 가기 위해 선행을 베푸는 것과 같다. 그것은 선행이 아니라 '투자'다!

그러니 의인이 겪는 불행에 너무 가슴 아파할 건 없다. 이건 나 자신에게도 그대로 적용된다. 내가 좋아서 한 일로 손해를 입는 일이 생겼을 때 후회한다거나 누군가를 원망한다거나 한다면, 그 일은 좋아서, 옳다 여겨서 한 일이 아니라는 결론만 남기 때문이다. 설령 손해를 보았을지라도 나는 그 일 자체에서 이미 얻을 건 다 얻은 것이다. 결과가 어찌 됐든 하고 싶은 일을 했다는 만족감 말이다. 이미 행복을 누렸는데 새삼 불행을 탓할 게 무언가.

좀 더 이야기하자면 의인의 행위는 악인의 토양에서 비롯된다. 모두가 의롭다면 새삼 의인이니 악인이니 따질 것도 없을 테니 어찌 의인을 구별할 수 있겠는가. 저마다 자기 이익을 위해서만 사는 세상이기에 손해 볼 줄 아는 사람도 필요하다. 이렇게 생각한다면, 의인이 불행한 현실은 오히려 의인의 기름진 밭이라 할 수도 있겠다. 《그리스 인 조르바》의 한 대목으로 맺는다.

그러면 씨앗은? 식물이 싹으로 돋아나려면 씨앗이 있어야 합니다. (중략) 이 씨앗이 친절하고 정직한 곳에서는 왜 꽃을 피우지 못하지요? 왜 피와 더러운 거름을 필요로 하느냐는 것입니다.

05 _____ 죽음을

사랑할 수

있을까?

나는 삶을 완성하는 죽음,
살아 있는 자에게는
가시바늘이 되고
굳은 언약이 될
그런 죽음을
너희들에게 보여 주겠다.
삶을 완성한 자는
희망에 차 있는 자,
굳게 언약을 하는 자들에
둘러싸여 승리를 확신하며
자신의 죽음을 맞이한다.

- 니체, 《차라투스트라는 이렇게 말했다》

죽음이 두려운 사람들

웰빙이 광풍처럼 나라를 휩쓸고 있다. 언제부터 건강을 그렇게 많이 챙겼는지 궁금하다. 이렇게 묻고 싶다. "대체 건강을 챙겨 어디다가 쓰시렵니까?" 건강을 지키겠다는데 굳이 시비 걸 일은 아니다. 그러나 왜 그렇게 건강에 신경을 쓰는지 궁금한 것도 사실이다. 몸만큼 삶도 건강한지 궁금하다. 사실 별로 그런 것 같질 않으니 말이다. 건강을 위해서 늘 즐겁게 생각하려고 애쓴다는 말도 이해가 안 된다. 즐거우면 그냥 즐거운 거지, 무언가를 위해서 즐거워한다는 게 도대체 가능한 일인가? 이건 마치 천국 가기 위해서 착한 일 한다는 것과 비슷하다. 천국 가기 위해 하는 일도 '착한 일'인가?

그렇게 건강과 생명에 신경 쓰는 사람들이 죽음에 대해선 어떻게 생각할지 궁금하다. 죽음이라는 말만 나와도 재수 없다고 생각하는 게 우리네 풍토다. 죽음은 기피 대상 제1호다. 그러다 보니 부모님 돌아가셨을 때 염하는 것도 남한테 떠맡기고 아이들은 아예 할아버지, 할머니 임종도 지켜보지 않는 분위기가 팽배하다. 그만큼 오늘날 죽음은 공포의 대상이 되어 버렸다. 그래서 현대인들이 그토록 열심히 건강을 챙기나 보다.

사람이 죽는다는 것은 정해진 이치다. 아무리 발버둥질해 봐야 어차피 죽게 되어 있다. 그런데도 이걸 그토록 두려워해서야 어디 무서워서 죽을 수나 있겠는가?

왜 그렇게 죽음을 무서워할까? 죽음이라는 말에서 떠오르는 여러 가지 이미지들을 생각해 보면 알 수 있다. 영원한 어둠, 영원한 이별, 영원한 고독, 영원한 ……. 결국 죽음은 영원히 홀로된다는 느낌으로 다가온다. 삶은 거꾸로 일시적이고, 한계가 있는 것이다. 결국 사람은 죽으려고 살고 있는 셈이니 삶 자체가 허망한 일이다.

무릇 모든 사실은 거꾸로 생각해 봐야 한다. 그래야 숨어 있던 다른 하나가 드러나는 법이다. 만약 사람이 영원히 죽지 않는다고 생각해 보자. 영생 말이다. 다들 영생을 갈구하지만, 사실 아무도 죽지 않는다면 그것은 더할 나위 없이 끔찍하지 않은가. 사람만 영생하란 법이 있나. 동식물도 죽지 않고 영원히 산다면? 그러면 그 모든 생명들은 무엇을 먹고 살까?

우리네 삶이란 따지고 보면 다 죽음을 전제로 하고 있다. 실은 나 아닌 다른 생명들이 죽어야 내가 살 수 있다. 소나 닭이 죽어야, 상추나 배추가 죽어야 내가 산다. 다른 생명의 죽음을 대가로 살아온 만큼 나 역시 언젠가는 다른 생명의 삶을 위해 죽어야 한다. 그것이 자연의 이치다.

영원한 삶이 끔찍한 가장 큰 이유는 그 영원함 자체가 삶을 맥빠지게 하기 때문이다. 죽음이란 게 없다면, '의미 있는 삶'도 없다. 우리는 유한함 속에서만 성취감을 맛볼 수 있다. 사람만이 죽음을 떠올릴 줄 안다. 동물들이 죽음을 아예 인식하지 못한다고는 할 수 없지만, 그네들은 그저 닥친 죽음을 감지할 따름이다. 그러나 사람은 유일하게 닥치지 않은 죽음을 인식할 줄 안다고 한다. 그래서 사람만이 죽음 앞에 놓인 삶을 의미 있게 살고자 애쓰는 존재라 할 수 있다. 모든 생명이 피할 수 없는 죽음인데 그나마 그것을 인식할 줄 아는 사람으로 태어났으니 그것도 엄청난 축복이 아닐 수 없다.

그러나 이런 저런 말로도 별로 위로가 되지 않는다. 남의 죽음을 보면서는 '사람은 어차피 죽는 거야.'라고 쉽게 말하지만, 막상 자기나 가까운 사람의 죽음 앞에서 그런 말은 쏙 기어들어간다. 이렇게 모두에게 닥치는 보편적인 죽음과 나에게 닥치는 개별적인 죽음은 그 의미나 느낌이 엄연히 다르다. 내 죽음조차 초연히, 나아가 기쁘게 맞이할 수는 없을까?

삶, 죽음 위에 덧붙여진 것

죽음이 허무하다는 생각을 가장 잘 드러내는 것으로는 《성경》의 〈전도서〉가 있다. 시작부터 심상찮다. "헛되고 헛되며 헛되고 헛되니 모든 것이 헛되도다." 헛됨(unmeaningless)이라는 말이 무려 다섯 번(영어 성경에서는 네 번) 씩이나 나온다. 여기에 저 유명한 "해 아래 새것이 없나니"라는 말이 이어진다. 그러니까 우주 만물의 운행이 늘 그렇듯이 사람이 하는 어떤 일도 새로운 일이 없다는 것이다. 살아 아무리 노력하여 얻은 성취물이라도 어차피 죽을 때면 남은 세대에게 물려주고 갈 뿐이니 이 또한 헛된 일이다. 그렇다고 남은 세대가 그 이어받은 것으로 새로운 것을 만들 수 있는가? 결국 그것도 하나님의 정하신 이치대로 갈 뿐이고, 그들 역시 섭리대로 죽기 마련이다. 그러니 지상에서의 어떤 것도 헛된 것일 뿐이다. 오직 영원한 것은 하나님뿐이다. 그러므로 지상의 것을 버리고 천상을 따를지어다!?

과연 그렇다. 목숨 바쳐 이룬 어떤 성취도 죽음 앞에서는 허무하게 무너진다. 우수한 성적, 좋은 직장, 멋진 애인, 좋은 남편(또는 아내), 예쁜 아이들, 맛있는 음식, 이 모든 것은 죽음 앞에서 허망하다. 그래서 사람들은 그토록 영원한 생명을 갈망하는가 보다. 사람들은 그 영생을 주는 전지전능한 신께 매달린다. 어차피 죽을 수밖에 없는 운명이지만, 이 짧은 생 동안 잘 복종하여 영생을 얻을 수 있다면 그야말로 '땡잡는 것' 아닌가!

참 맞는 말이구나라고 수긍하기 전에 한 가지만 생각해 보자. 죽음이 허무하다는 결론 앞에서 무너지는 것은 무엇인가? 다름 아닌 삶이다. 모든 것이 죽음으로 끝이라는 생각은 삶 자체를 허무하게 한다. 성취를 위한 노력도, 일상의 만족도, 좋은 관계를 맺으려는 시도도, 진리를 발견하려는 탐구도 죽음 앞에서는 허망하게 스러진다. 그렇다면 굳이 생을 이으려고 발버둥을 칠 필요가 있는가. 어차피 죽을 운명이라면, 그래서 살아 이룬 모든 것이 헛될 수밖에 없다면, 지금 당장 죽는다 해서 나쁠 것이 없다. 아니, 차라리 태어나지 않았더라면 더 좋았을 뻔했다. 그러면 애써 영생을 얻으려고 얼굴 한 번 본 적 없는 절대자에게 복종하는 일도 없었을 것 아닌가.

하지만 누군가는 태어나야 했고, 태어나지 않았어도 아무런 상관없을 내가 태어났다. 그리고 지금까지 살아왔고, 앞으로도 당분간은 살아갈 것이다. 그리고 언젠가는 나와 내 삶 전체가 죽음 앞에서 스러질 것이다. 이것으로 간단한 숫자 놀음을 해 보자. 죽음을 제로[0]라고 하자. 그러면 내 삶도 제로인가? 하긴 제로(죽음)에 무엇(삶)을 곱하더라도 제로다. 그러나 왜 계산이 곱하기로만 되어야 하는가. 그리고 보면 〈전도서〉 필자는 삶을 '제로 곱하기 삶'으로 여기는 것이 분명하다. 그러나 나는 덧셈 놀이를 하고 싶다. 그러면 우리 삶은 제로 위에 얹힌 잉여(+)라는 결론을 얻을 수 있다.

여기서 나는 〈전도서〉 필자와 전혀 다른 결론에 이른다. 그는 죽음이 허무하므로 삶도 허무하다는 결론을 내렸다. 하지만 나는 죽음이 허무하므로, 삶은 축복이라는 결론을 내려 본다. 어차피 내가 태어나지 않았으면 이 세상이란 아무런 의미도 없는 것 아닌가. 그런데 정말 고맙게도 나는 세상에 던져졌고, 세상은 내게 주어졌다. 지금 죽는다 해도 손해 볼 것은 없다. 나는 세상에 덧붙여진 존재다. 어떻게 살 것인지는 전적으로 내 몫이다. 물론 나 혼자 사는 세상은 아니므로 이것저것 신경 써야 할 것도 많지만, 어차피 결정은 내가 하는 것이다. 죽음? 그것은 이미 정해진 이치 아닌가. 내가 어찌할 수도 없는 것에 그토록 많은 신경을 쓸 필요는 없다. 나는 내게 주어진 삶, 내가 어찌할 수 있는 영역에 최선을 다할 따름이다. 최대한 즐겁게 살기 위해 애쓸 뿐이다. 그 생을 사는 한계는 곧 죽음이다. 즉 나는 일정한 한계 속에서 살게 덧붙여진 존재인 것이다. 그렇다면 이 한계 속에서 최대한 생을 즐기는 것, 이것이 내가 할 수 있는 일이다. 이럴 수 있게 해 준 모든 것에 감사하면서.

삶 살기 = 죽음 살기

어떻게 하면 이렇게 덧붙여진 삶을 즐겁게 살 수 있을까? 역설적이지만 항상 죽음을, 내게 주어진 삶의 한계를 떠올리면서 사는 것이다. 우리는 어차피 죽음을 향해 나아가고 있는 중이기 때문이다. 이 사실을 잊지 않는 것, 그것이 즐거운 삶의 전제 조건이다.

오늘 사람들이 사는 걸 보면, 도무지 자기는 죽지 않을 것처럼 산다. 나이 들어 죽을 날이 얼마 남지 않은 사람조차 죽으면 들고 가지도 못할 것들에 집착한다. 그것은 차라리 물에 빠진 사람이 붙들고 버둥거리는 지푸라기라 할 만하다. 젊은이도 그렇다. 그가 오래오래 산다고 누가 보증서라도 써 줬는가? 우리는 '다이내믹 코리아', '스릴 만점의 대한민국'에 살고 있다는 사실을 기억하라. 젊다 해도 언제 어디서 어떻게 돌아가실지 모르는 세상이다. 그런데 뭘 믿고 그렇게 사는지 모르겠다. 그렇게 살다가 내일이라도 죽음이 닥치면, 그땐 후회해도 소용없다. 내일을 위해서 오늘 할 일을 잔뜩 미루는 사람도 마찬가지다. 내 나이 사십이 되면(나이가 들면서 숫자가 점점 커진다. 오십, 육십……), 그때 가서 자선 사업도 하고 세계 여행도 하고 좋은 일도 하고 시골로 가서 흙냄새 맡아야지, 이러면서 사람들은 온갖 것을 다 미뤄 둔다. 그들은 내일의 끝이 죽음이란 걸 모르나 보다. 죽음은 도둑처럼 스며든다는 간단한 사실을 말이다.

가급적 자주 초상집에 갈 일이다. 기왕이면 임종을 지켜보는 게 좋다. 그러면 느낀다. 처음에는 가까운 사람과 영영 이별하는 게

슬프다. 그러다가 나도 결국은 저 관 속에 들어갈 텐데, 하는 공포가 밀려온다. 초상집에서 나올 때 남는 생각은, '잘 살자'는 것이다. 초상집에서 유별난 사실 하나는 오랜만에 보는 사람들이 많다는 거다. 나는 이것을 '사자(死者)의 축복'이라 부른다. 그 축복은 오랜만의 만남만이 아니다. '나처럼 언제 죽을지 모르는 게 인생이다, 그러니 살았을 때 하고 싶은 걸 미루지 말고 하라.'는 사자의 말 없는 유언을 새기고, 산 사람들이 그것을 확인하는 것이야말로 최대의 축복이다. 그래서 다들 말없이 헤어지는 것일 게다.

죽음을 떠올리면 내 삶의 유한성이 확실히 느껴진다. 그럴 때 나는 유한한 삶에서 최대한 압축해서 해야 할 일이 무엇일까 생각하게 된다. 내일 죽는다면 오늘 무엇을 할 것인가, 죽을 때 후회하지 않으려면 지금 내가 할 일은 무언가를 떠올리는 것이다. 이것은 죽음에서 삶으로의 변화다. 죽음이 주는 가장 큰 효과는 곧 삶이다. 그러니 멋진 삶을 살려면 자주자주 죽음을 경험할 일이다.

교통사고를 만나 의식을 잃어본 적이 있는 사람은 이구동성으로 말한다. 부딪혀서 몸이 붕 나는 찰나에 한 평생이 파노라마처럼 스쳐 지나간다고. 이처럼 죽음을 경험하는 것은 내 전 생을 마주하는 것과 같다. 이런 생의 되새김질을 가급적 자주 할 수 있으면 참 좋은 일이다. 그렇다고 일부러 교통사고를 당할 것도 아니고, 허구한 날 누군가가 내 죽음 경험을 위해 죽을 수도 없는 노릇이다. 간단한 방법이 있다.

어느 회사에서는 신입 사원들에게 관에 들어가는 놀이를 강요한다고 들었다. 유쾌한 일은 아니지만, 의도는 좋다. 그렇게 죽음을 경험하게 하여 삶의 에너지를 끌어내겠다는 발상인 것이다. 나도 언젠가 비슷한 짓을 저지른 일이 있다. 가르치던 고3 학생들 담력을 키운답시고 공동묘지로 데려가 하나씩 혼자 묘역 안으로 집어넣었다. 근데 참 이상한 일이 생겼다. 처음엔 잔뜩 겁을 집어먹고 올라간 아이들이 환하게 밝아서 내려오는 것이다. 올라가서 뭘 했냐니까, 대성통곡하고 왔다는 아이까지 있었다. 그 아이들은 죽음을 만나고 온 것이다. 다름 아닌 자기 죽음을! 그 순간 낡은 자신이 떠올라 부끄러웠고, 그래서 울었고, 이제 최선의 삶을 발견한 기쁨에 들뜬 것이다.

  죽음을 경험한다는 것은 별 게 아니다. 홀로되기다, 고독하기다. 영원한 고독이 죽음이라면, 홀로되기는 죽음의 경험으로 꽤 좋다. 위대한 삶을 산 사람들의 일상은 늘 고독으로 마무리된다. 4복음서를 보면 예수의 하루 마감은 늘 '홀로 계시더라'다. 예수든 붓다든 니체의 차라투스트라든 홀로 있음으로 득도했다. 그 순간 그들은 죽음을 만났고, 그 영원한 죽음 위에 얹힌 삶의 축복을 발견한 것이다. 그래서 붓다도 열반 직전에 비구들에게 남긴 설법에서 사람들이 많은 곳을 피하여 홀로 한적한 곳에 살 것을 권유했다. 덕분에 산 좋고 물 좋은 곳을 절집이 독차지해 버렸지만.

  해탈, 죽음에서 얻는 대자유

  알베르 카뮈의 위대한 작품, 《이방인》은 참 난해하다. 도무지 이해할 수 없는 성격의 뫼르소가 이해할 수 없는 이유로 사람을 죽이고, 이해할 수 없는 재판 과정을 거친 후 사형선고를 받는다. 그 중에서도 가장 이해할 수 없는 대목이 마지막에 나오는 뫼르소의 깨달음에 관한 부분이다.

참으로 오래간만에 처음으로 나는 엄마를 생각했다. 엄마는 왜 인생이 다 끝나갈 때 '약혼자'를 만들어 가졌는지, 왜 생애를 다시 시작해 보는 놀음을 했는지 나는 이해할 수 있을 것 같았다. 거기, 뭇 생명들이 꺼져 가는 그 양로원 근처 거기에서도, 저녁은 우수가 깃든 휴식 시간 같았다. 그처럼 죽음 가까이에서 어머니는 해방감을 느꼈고, 모든 것을 다시 살아 볼 마음이 내켰을 것임에 틀림없다. 아무도 어머니의 죽음을 슬퍼할 권리는 없는 것이다. 그리고 나도 또한 모든 것을 다시 살아 볼 수 있을 것 같은 생각이 들었다.

뫼르소는 실로 어린아이와 똑같은 정서를 가진 순수한 사람이다. 아이가 그렇듯 그는 자기가 어떤 사람인지 모른다. 아니, 다른 사람들도 다 자기처럼 그렇게 생각하면서 사는 줄 안다. 이제 죽음에 임박하여 그는 비로소 자기 삶의 의미를 깨닫는다. 가장 자연스러운 삶이었음을. 그리고 죽음 직전에 연애 놀음을 한 엄마를 이해하게 된다.

죽음 앞에서는 모든 것이 열린다. 죽음을 직시한 사람은 그가 할 수 있는 한 최선의 것을, 어린아이처럼 누구의 시선도 의식하지 않으며 할 수 있다. 그로써 자기 생의 의미를 발견하기도 하고, 한 번도 살아본 적이 없는 생을 다시 시작하기도 하는 것이다.

　죽음은 모든 것을 연다고 했다. 세상을 열고, 나 자신을 연다. 지금까지 나를 채워 왔던 모든 것이 죽음 앞에서는 비워진다. 대신 지금까지 담지 못했던 것을 마음껏 담을 수 있게 된다. 쓸데없이 채운 것을 비우면 가장 아름다운 것, 가장 멋진 것들이 채워진다. 이것이 바로 내가 이해하는 해탈의 참의미다.

　해탈은 영원한 죽음으로 알려져 있다. 사람들은 불교가 죽음을 목표로 삼는다 하여 어려워한다. 그러나 내가 이해하는 것은 다르다. 해탈은 영원한 죽음을 발견함이자 영원한 죽음을 발견한 자로서 살아감이다. 영원한 죽음 앞에서 무엇에 집착할 것인가! 모든 것을 비울 수 있다. 나 자신마저도(無住相)! 그 빈 자리를 우주 만물이, 이웃이 채우는 것이다. 가장 나다운 삶, 가장 즐거운 삶, 무엇에도 얽매이지 않는 삶, 모든 것을 긍정할 수 있는 삶, 누구와도 더불어 노닐 수 있는 대자유인의 삶은 이렇게 열린다.

　이제 왜 그렇게 성인들이 어린아이를 찬양했는지 알 것 같다. 그들이 발견한 공통점은 죽음이었다. 그 영원한 죽음을 직시하자, 가장 자연스러운 삶, 어떤 것에도 집착하지 않는 삶, 즉 어린아이의 삶이 떠오른 것이다. 그것이 곧 하나님 나라, 불국토를 사는 비결이다. 모든 것을 비움으로써 모든 것을 채울 수 있다는 이치는 이처럼 죽음을 직시한 자에게 다가오는 깨달음인 것이다. 이것이 내가 이해하는 구원이자 해탈이다. 그것은 죽음을 직시함으로써 완성하는 삶이다. 괴테가 말했던, 죽고 되기! 물론 거듭남은 지속적이어야 한다. 그래서 자주 죽음을 겪어 보자고 말하는 거다.

amor mori

'죽음을 사랑하라.'는 말이다. 내 삶이 죽음 위에 얹힌 잉여라는 걸 안다면 죽음을 두려워할 이유는 없다. 나아가 죽음이 나를 열고 세계를 열어 해방의 삶을 누리게 해 주는 것임을 깨닫는다면 그것은 참 고마운 사건이다.

그러면 죽음을 목전에 둔 사람들이 가장 하고 싶어 하는 게 뭘까? 사람마다 다르겠지만, 크게는 두 부류로 나눌 수 있다. 늘 하던 일을 하는 사람과 생전 안 하던 일을 하는 사람이다. 이것을 잘 보여 주는 게 카뮈의 《페스트》다. 평화롭던 오랑 시(市)에 페스트가 음습한다. 이윽고 도시가 폐쇄되기에 이른다. 모두가 똑같이 죽음 앞에 놓인 가운데, 대다수 사람들은 평소에 안 하던 짓을 하기 시작한다. 안 나가던 교회를 다니기도 하고, 어울리지 않는 가족 사랑을 하고, 어떤 놈은 거리에서 총질을 한다. 그 도시에서 멀쩡한 사람은 딱 몇 안 된다. 의사 리유와 시청 서기 그랑, 그리고 이 모든 사건을 지켜보고 기록하는 타루야가 대표적이다. 리유는 도저히 치료할 수 없을 상황인데도, 평소대로 환자를 치료한다. 그랑도 압권이다. 그는 하던 대로 낮에는 상황을 기록하고 밤에는 되지도 않을 소설을 쓴다.

당신은 내일 죽는다면 오늘 무엇을 할 것인가? 그것이 평소에 하던 일이라면 나는 '당신은 참 잘 살았다.'고 장담할 것이다. 만약 안 하던 짓을 한다면 '당신은 참 못 살았다.'고 장담할 것이다. 그렇다고 절망할 것은 없다. 지금부터라도 그 안 하던 짓을 하면 되니까. 스피노자가 '내일 지구의 종말이 오더라도 나는 오늘 한 그루 사과나무를 심겠다.'고 한 말은 예사롭지 않다. 과수원 집 아들이어서가 아니라 어떠한 경우에도 평소대로 살겠다는, 자기 생에 대한 자부심에서 나온 말이다.

 이렇게 내 생을 돌아보게 하고, 무엇에도 얽매이지 않는 나다운 삶을 보장해 주는 게 죽음이다. 멋진 생을 살고자 하는가? 그러면 당장 하던 일을 멈추고 죽음을 경험해 보라! 죽음이 당신에게 가장 사랑할 만한 삶을 선사해 줄 것이다. 삶을 사랑하는 자는 죽음을 사랑한다. 순서를 거꾸로 잡자. 죽음을 사랑하라, 그러면 삶을 사랑하게 될 것이다!

기출문제 둘러보기

2001 서강대 정시

다음 제시문 (가), (나), (다)에는 죽음에 대해 인간이 가질 수 있는 태도가 각기 다르게 드러나 있다. 이들의 다른 점을 기술하고, 이를 논거로 활용하여 인간이 죽음에 대해 가져야 할 태도가 무엇인지 논술하라.

제시문 (가) "오오 심미아스, 참 철인(哲人)은 늘 죽는 일에 마음을 쓰고, 따라서 모든 사람 가운데 죽음을 가장 덜 무서워하는 자일세. 이렇게 생각해 보세. 그들이 늘 육체와 싸우고, 영혼과 더불어 순수하게 되기를 원했다면 말일세. 그들의 소원이 성취되어 하데스[死後 世界]에 도착하면 그들이 이 세상에서 바라던 지혜를 얻게 될 희망이 있고 동시에 그들의 원수와 함께 있지 않게 될 걸세. 그런 곳으로 떠나려 할 즈음에 기뻐하지 않고 도리어 떨고 싫어하는 것처럼 모순된 일이 또 어디 있겠는가? 많은 사람이 거기에 가면 지상에서 사랑하던 이나 아내나 자식을 만나 그들과 함께 지내게 되리라는 희망에서 죽기를 원했던 것이 사실이야. 그렇다면 참으로 지혜를 사랑하는 이로서, 그리고 저 하데스에서만 지혜를 보람 있게 향유할 수 있다고 확신하는 사람으로서 어떻게 죽음을 싫어하겠는가? 오히려 큰 환희 속에 저승으로 떠날 것이 아니겠는가? 오오 나의 벗이여, 만일 그가 참 철학자라고 하면 그럴 것일세. 그는 저 세상에서, 그리고 거기에서만 순수하게 지혜를 발견할 수 있다는 굳은 확신을 가지고 있으니 말일세. 사리가 이렇다고 하면, 내가 말한 것처럼, 그가 죽음을 두려워한다는 것은 당치 않은 소리일 거야." (중략)

이것은 그의 최후의 말이었습니다. "오오 크리톤, 아스클레피오스(의학의 신. 병이 나으면 감사하는 뜻에서 이 신에게 닭을 바치는 것이 관례였음.)에게 내가 닭 한 마리를 빚지고 있네. 기억해 두었다가 갚아 주게."

— 플라톤, 《파이돈》

제시문 (나) 장자의 아내가 죽어서 혜자가 문상을 갔다. 장자는 마침 두 다리를 뻗고 앉아 질그릇을 두들기며 노래를 부르고 있었다. 혜자가 "아내와 함께 살고 자식을 키워 함께 늙은 처지에 이제 그 아내가 죽었는데 곡조차 하지 않는다면 그것도 무정하다 하겠는데, 하물며 질그릇을 두들기고 노래를 하다니 이거 심하지 않소!" 하고 말했다. 그러자 장자가 대답했다. "아니, 그렇지가 않소. 아내가 죽은 당초에는 나라고 어찌 슬퍼하는 마음이 없었겠소. 그러나 그 태어나기 이전의 근원을 살펴보면 본래 삶이란 없었던 거요. 그저 삶이란 없었을 뿐만 아니라 본래 형체도 없었소. 비단 형체가 없었을 뿐만 아니라 본시 기(氣)도 없었소. 그저 흐릿하고 어두운 속에 섞여 있다가 변해서 기가 생기고, 기가 변해서 형체가 생기며, 형체가 변해서 삶을 갖추게 된 거요. 이제 다시 변해서 죽어 가는 거요. 이는 춘하추동이 되풀이하여 운행함과 같소. 아내는 지금 천지라는 커다란 방에 편안히 누워 있소. 그런데 내가 소리를 질러 따라 울고불고 한다면 하늘의 운명을 모르는 거라 생각되어 곡(哭)을 그쳤단 말이오."

— 《장자》

제시문 (다) 눈을 뜨니 낯선 방이었다. 옆에서 손자가 곤히 자고 있었다. 꿈이었으면 하는 몽롱한 착각을 즐길 새도 없이 아들이 이 세상에 존재하지 않는다는 사실이 무서운 괴물처럼 가차없이 육박해왔다. 집에서 같으면 설마 꿈이겠지 하고 현실감을 피할 수 있는 시간이 꽤 길었으련만.

아쉬운 건 그뿐이 아니었다. 아들이 이 세상에 살아 있지 않다는 걸 인정하게 되면 그 다음은 가슴을 쥐어뜯으며 미친 듯이 몸을 솟구치면서 울부짖을 차례였다. 그 일이 나에게 얼마나 중요한 의식인지 아무도 모른다. 목청껏 아들의 이름을 부르면서 통곡하면 소리와 함께 고통이 발산되면서 곧 환장을 하거나 무당 같은 게 되어서 죽은 영혼과 교감할 수 있을 것 같은 예감에 사로잡히곤 했다. 그러나 한 번도 실지로 그런 경지까지 도달한 적은 없다. 번번이 그 직전까지 갔다가 되돌아오곤 했다. 환장은 아무나 하는 게 아니었다. 나는 미치는 것조차 여의치 않은 내 강철 같은 신경이 싫고 창피스럽다. (중략)

원태야, 원태야, 우리 원태야, 내 아들아. 이 세상에 네가 없다니 그게 정말이냐? 하느님도 너무하십니다. 그 아이는 이 세상에 태어난 지 25년 5개월밖에 안 됐습니다. 병 한 번 치른 적이 없고, 청동기처럼 단단한 다리와 매달리고 싶은 든든한 어깨와 짙은 눈썹과 우뚝한 코와 익살부리는 입을 가진 준수한 청년입니다. 걔는 또 앞으로 할 일이 많은 젊은 의사였습니다. 그 아이를 데려가시다니요. 하느님 당신도 실수를 하는군요. 그럼 하느님도 아니지요. (중략)

창창한 나이에 죽임을 당하는 건 가장 잔인한 최악의 벌이거늘 그애가 무슨 죄가 있다고 그런 벌을 받는단 말인가. 이 에미에게 죽음보다 무서운 벌을 주는 데 이용하려고 그 아이를 그토록 준수하고 사랑 깊은 아이로 점지하셨더란 말인가. 하느님이란 그럴 수도 있는 분인가. 사랑 그 자체라는 하느님이 그것밖에 안 되는 분이라니. 차라리 없는 게 낫다. 아니 없는 것과 마찬가지다. 다시금 맹렬한 포악이 치밀었다. 신은 죽여도 죽여도 가장 큰 문젯거리로 되살아난다. 사생결단 죽이고 또 죽여 골백번 고쳐 죽여도 아직 다 죽일 여지가 남아 있는 신, 증오의 최대의 극치인 살의(殺意), 나의 살의를 위해서도 당신은 있어야 돼. 암 있어야 하구말구.

— 박완서, 《한 말씀만 하소서》

더 생각해 봅시다

언제 어떻게 죽을 것인가?

 지금까지 나는 죽음 경험을 얘기했을 뿐, 죽음 자체를 다루진 않았다. 그렇게 죽음을 앎으로써 삶을 완성한 사람은 자기 죽음을 어떻게 대할까? 멋진 죽음은 어떤 것일까? 이 대답은 성현들의 죽음을 떠올리면 어느 정도 짐작할 수 있다. 붓다와 예수가 멋진 죽음의 대표 선수들이다. 그 양반들은 신이 아닌가, 어찌 사람이 신의 흉내를 낼 수 있단 말인가, 라고 항의할 수도 있겠다. 그러나 내 보기에 그들은 인간이다. 설사 신이라 하더라도 인간의 탈을 쓰고 살았으니, 신이 보여 준 모범 인간상이라 할 만하다. 괜히 신으로 띄워 놓고 자기가 흉내조차 내지 못하는 걸 변명할 생각은 마시길. 말로만 믿는다고 떠들지 말고 말없이 그이의 삶을 본받는 게 진짜 그이를 영접하는 삶이라고 나는 확신한다.
 붓다는 해탈하고서 사십여 년을 제자들과 더불어 살았다. 그의 생은 영원한 죽음을 깨달은 자로서의 삶이 어떠한가를 보여 준다. 붓다가 죽기 직전에 수바드라라는 현인이 찾아와 누가 진짜 사문(沙門, 지도자)이냐고 묻는다. 붓다 왈, "해탈 없이는 일체지(一切智, 모든 것을 앎)도 없다." 결국 우주 만물의 이치는 영원한 죽음에 이른 자만이 깨달을 수 있다는 말이다. 해탈한 자만이 무엇에도 걸림 없이 천지와 더불어 노니는 삶을 누릴 수 있다는 말이다.

그가 죽기 직전에 기근이 들어 제자들이 한 군데서 탁발할 수 없게 되었다. 이에 붓다는 제자들을 다른 데로 뿔뿔이 흩어 놓을 수밖에 없었다. 그 와중에 심각한 병에 걸린다. 시중들던 아난이 크게 걱정하자, 붓다는 제자들에게 마지막 설법을 할 때까지 죽을 수 없다고 한다. 그렇게 석 달을 더 버틴 후 다시 모인 제자들 앞에서 설법을 하고 열반에 든다. 그의 열반송은 이렇다.

모든 것이 변하니 이는 나고 죽음의 이치니라.(諸行無常 是生滅法)
생명이 멸하여 다하니 적멸(열반)을 즐기노라.(生滅滅已 寂滅爲樂)

죽음을 깨달은 자로서의 삶을 즐긴 후 원래 있던 곳으로 되돌아가는 것이 붓다의 죽음관이다. 내가 여기서 주목하는 것은, 그가 기어이 살아서 제자들과 마지막 만남을 가진 대목이다. 그는 죽기 직전까지도 새로운 제자(춘다)를 맞이했고, 그 힘든 상태에서도 수바드라와 대화를 나누었으며, 있는 힘을 다하여 제자들에게 설법했다. 한마디로 죽는 그 순간까지 원래 하던 대로 했다는 것이다.

붓다에 비하면 예수의 삶은 참 비참한 것이었다. 붓다야 살아서 세존(世尊)의 칭호를 들었으니 죽었어도 일종의 호상(好喪)이라 할 만하다. 반면 예수는 죽는 그 순간에 제자들도 다 도망가고, 십자가 밑에서 울어 주는 이라곤 어머니 마리아와 막달라 마리아뿐이었다. 상식적으로 볼 때, 이처럼 형편없는 죽음의 순간은 더 이상 없을 것이다. 그런데도 그는 십자가 위에서 참 많은 말을 한다. 개중 유명한 말이 몇 있다.

"아버지, 저 사람들을 용서하여 주십시오. 그들은 자기가 하는 일을 모르고 있습니다."

"엘리 엘리 라마 사박다니."(나의 아버지 나의 아버지 어찌하여 나를 버리시나이까.)

"내 영혼을 아버지 손에 맡깁니다."

"다 이루었다."

그는 죽는 순간까지 자기를 죽인 자들, 특히 스승을 팔아 자기 목숨을 구걸하고 죽음의 현장에 코빼기도 비치지 않은 제자들을 용서한다. 논란거리는 '엘리 엘리 라마 사박다니.'다. 예수가 하나님을 원망하는 듯한 말을 한 것인데, 이게 인간적인 연약함을 드러낸 것이라는 등의 말이 많다. 나는《예수의 생애》를 쓴 엔도 슈사쿠의 설명에 따른다. "엘리 엘리……"는 〈시편〉 22편의 시작인데, 이 시는 여호와를 찬양하는 것으로 끝맺는 찬양시로서 예수가 이것 전부를 암송했다는 것이다. 당시 유태인들은 시편 전체를 외고 있었으므로 굳이 기록자가 전체를 다 쓸 필요는 없었으리라는 것이다. 또 '내 영혼을 아버지 손에 맡깁니다.'는 〈시편〉 31편에 나오는 말인데, 이걸 앞의 22편과 이어 보면 예수가 고통 속에서도 시편의 구절들로 하나님을 찬양했다는 말이 성립된다.

예수의 유언 중 내가 가장 주목하는 것은 '다 이루었다.'는 말이다. 대체 무엇을 이루었다는 건가? 이런 오만한 유언을, 그렇게 비참하게 죽는 이가 어떻게 할 수 있단 말인가? 이런 유언을 남길 만큼 그렇게 완전한 삶을 살았다고 자부할 이가 과연 얼마나 있을까?

죽음 앞에서도 굴하지 않고 평소 자신의 신념을 지켜 낸 사람이 아니라면 결코 이런 유언을 남길 수 없으리라.

　이 양반들의 죽음은 이 글 맨 앞에 인용한 니체의 말로 설명할 수 있다. 이들 죽음이야말로 '삶을 완성하는 죽음'이다. 그의 생애 전체를 완성하는 결정판이 곧 그의 죽음이었던 것이다. 또 '살아 있는 자에게는 가시바늘이 되고 굳은 언약이 될 죽음'이다. 붓다야 그렇다 치더라도 예수는 좀 아닌 것 같기도 하다. 제자들이 다 도망친 상태니까. 그러나 그가 죽은 후 그 약해빠진 제자들이 몽땅 다 순교자가 되었다는 사실은 어떻게 설명할 수 있을까? 제자들은 무서워서 숨긴 했어도 다들 한 군데서 예수의 죽음 소식을 접하고 있었다. 그런 그들에게 들려온 예수의 유언은 그들의 죄를 용서한다는 말, 죽는 순간까지 하나님을 찬양했다는 말, 다 이루었다는 말이다. 그 순간 그들은 어땠을까? 울며불며 난리가 났을 것이다. 그러면서 스승이 살아생전 했던 말을 더듬었고, 그제야 비로소 스승이 했던 말의 참뜻을 깨달았다. 회상하고 통곡하고 스승의 이름을 부르짖는 중에 홀연히 스승의 모습이 나타났다. 그들은 그것을 부활한 예수라 확신했다. 이렇게 예수는 죽음의 순간에 굳게 언약을 하는 제자를 되찾았고, 그렇게 제자들의 삶으로 되살아났다. 이것이 내가 믿는 부활이다.

　죽음은 하나의 죽음일 수밖에 없다. 동반 자살이 아닌 바에야 나만의 죽음이다. 그러나 죽음은 결코 나만의 죽음이 아니다. 내 죽음은 그것을 지켜보는 자의 삶에 어떻게든 영향을 미칠 수밖에 없다. 따라서 죽음은 늘 '홀로, 여럿이'다. 밀실에서 죽지만, 그것은 광장에서 되살아나게 되어 있다. 아울러 죽음은 언제나 내 광장에서의 삶을 반영한다. 내가 어떻게 광장에서 살았느냐가 죽음의 순간에 고스란히 드러난다는 말이다. 그러므로 가장 바람직한 죽음은 스스로 선택하는 죽음, 가장 적당한 때의 죽음이다. 내 생에 부끄러움이 없을 때, 완성된 상태일 때 죽을 수 있다면 그보다 더 큰 축복은 없으리라. 그것은 내가 의도하든 않든 결국 다른 이에게서 부활하는 죽음이 될 것이다.

06 _____ 신은 죽었는가?

"의심할 여지없이
그리스도는 우리가 있는 그대로
우리를 사랑할 수 없었다.
그는 우리를 참고 견뎠다.
그는 우리를 용서했지만
물론 우리를 경멸했다……."
- 얀코 라브린, 《도스토예프스키》

사람들의 말에 따르면 그날 광인은
몇몇 교회에 뛰어들어
신의 영원진혼곡을 불렀다고 한다.
바깥으로 끌려나와
심문을 받을 때,
그는 오직 이런 말만 되풀이했다.
"이 교회들이 신의 무덤과
묘비들이 아니라면
도대체 무엇이란 말인가?"
- 니체, 《즐거운 지식》

니체를 위한 변명

'신은 죽었다!' 니체의 유명한 말이다.

니체는 이 한 마디로 많은 구설수에 올랐다. 평생을 질병에 시달리다가 급기야 아예 정신도 차리지 못한 채 죽음에 이른 그의 마지막 10년이 이 한 마디의 대가였다고 말하는 기독교 지도자의 글을 본 적도 있다. 물론 그의 사생활(누이와 근친상간)도 빠뜨리지 않는다. 니체에 대한 이런 기독교계의 발언들은 사실상 저주다. 그러나 니체를 공격한 이들은 이러한 니체의 고통이야말로 니체 철학의 계기였음을, 그것이 그나 우리에게 일종의 축복이었음을 모른다. 니체 스스로도 이를 축복으로 여겼다. "오직 거대한 고통만이 영혼의 최종적인 해방자인 것이다."(니체, 《즐거운 지식》)

니체는 예수를 엄청 씹어 댔다. 오죽했으면 책 제목이 '안티 크리스트'였을까. 그러나 제목에 주목하라. '반-그리스도'지, '반-예수'가 아니다. 나는, 니체가 비판한 것이 '인간 예수'가 아니라 신격화된 '그리스도'라 확신한다. 그는 '그리스도'를 죽여 '예수'를 살리고자 했고, '신'을 죽여 '신들'을 살리고자 했다. 그가 죽인 것은 '삶을 거부하는 진리', '죽음 뒤에 찾아오는 구원', '경멸과 연민의 십자가' 따위였고, 살린 것은 '삶인 진리', '대지에서 이루는 구원',

'자기 십자가'들이었다. 그리고 이것이 '인간 예수'가 선포한 '천국', 즉 '하나님 나라'다. 그의 '차라투스트라'는 차라리 그의 '예수'다.

이 글을 니체 옹호로 채우고 싶지는 않다. 대신 나는 '신의 죽음'을 둘러싼 여러 가지 얘기들을 하나하나 살피면서 '나의 하나님', '나의 예수'를 소개하고자 한다.

본격적으로 시작하기 전에 한 가지 변명부터 해야겠다. 여기서 다루려는 신은 '하나님'이다. 수많은 신들이 있지만, '신의 죽음' 소문은 유일하게 하나님과 연관되어 있기 때문이다. 그러다 보니 불가피하게 기독교 쪽 얘기를 많이 하게 될 것 같다. 물론 필요할 때는 다른 신들을 모실 테지만.

일단은 고전적인 질문과 내 대답을 늘어놓고 시작하자.

하나님을 믿는가? 믿는다.
신께서 우주 만물과 인간을 창조하셨는가? 그렇다.
그분은 무소불위이신가? 그렇다.
그분은 스스로 계시는 분인가? 그렇다.
구원을 믿는가? 믿는다.
예수는 하나님의 아들인가? 그렇다. 그리고 나도!
내세는? 최후의 심판은? 천당은? 지옥은? 사탄아, 물러가라!!

《성경》, 열린 책

교회 다니는 사람들은 《성경》을 일점일획도 틀림이 없는 진리라 믿는다. 이 '진리'라는 말에는 나도 동의한다. 그러나 일점일획도 틀림이 없다는 말에는 동의하지 않는다. 《성경》에 나오는 모든 내용이 다 '사실'이라고는 생각하지 않기 때문이다. 《성경》에서 최장수 인물인 므두셀라가 969년을 살았다는 것, 홍해가 두 쪽으로 쩍 갈라졌다는 것, 예수가 죽은 자를 살리고, 물 위를 걷고, 죽은 지 사흘 만에 부활했다는 것 따위는 사실로 받아들이지 않는다. 사실로 받아들이기엔 모순이 너무 많다. 아담과 하와가 에덴동산에서 추방된 후 카인과 아벨을 낳았다. 그러면 인류는 모두 넷이다. 카인이 아벨을 죽였다. 그러면 모두 셋이다. 그런데 카인이 추방당할 때 하나님은 이방인에게서 카인을 보호할 징표를 준다. 아니, 지상에 사람이라곤 고작 셋인데, 누가 누구를 죽인단 말인가! 이런 게 한둘이 아니다.

그러나 나는 《성경》이 '진리'라는 점은 인정한다. 진리는 두 가지다. 사실인 진리가 있는가 하면, 체험 또는 믿음인 진리가 있다. 《성경》의 기록들은 기록자들 저마다가 체험하고 믿어 의심치 않는 진리를 담고 있다. 이런 점에서는 성경에 나오는 기적을 인정할 수 있다. 그들이 그렇게 믿는다는 점에서 그렇다. 예수의 부활을 예로 들자. 성경에 기록된 바에 따르면 부활한 예수를 만난 사람들은 모두 예수를 믿는 이들이다. 부활 예수는, 믿지 않는 자에게는 전혀 나타나지 않았다. 그 만남의 방식도 각기 다르다. 예수 생전에 예수를 본 적이 있는 사람들은 육신을 가진 예수를 만난다. 반면 사도 바울처럼 생전에 예수를 본 적이 없는 사람들은 빛이나 말씀 같은 형체로 만난다. 그들은 예수의 부활을 믿었던 것이고, 그 믿음이 그런 체험을 가능하게 했다. 나는 그 체험의 진정성을 믿는다.

《성경》이 체험이나 믿음으로서의 진리를 기록한 것이라면 거기에는 체험자의 주관이 개입될 수밖에 없다. 이를테면 똑같이 예수의 행적을 기록한 4복음서의 내용도 각각인 경우가 많다. 〈마태복음〉은 예수의 족보로 시작한다. 그것도 유다 지파, 즉 왕족의 후손으로 예수를 소개한다. 그것은 마태가 예수를 〈구약〉에서 늘 예언했던 메시아로 봤기 때문이리라. 반면, 〈요한복음〉은 이런저런 것 모두 빼고 '태초에 말씀이 계시니라.'로 시작한다. 그 말씀이 곧 빛이다. 요한은 예수를 '진리는 나의 빛'(VERI TAS LUX MEA)으로 믿은 것이다. 〈구약〉에서도 귀족 출신인 이사야와 직공 출신인 미가의 예언은 판이하다. 그들의 관심사가 다른 만큼 체험한 하나님도 다를 수밖에 없다. 따라서 《성경》에서 '예수께서 가라사대'로 시작하는 말은 불경의 '여시아문(如是我聞)', 곧 '나는 이렇게 들었다'와 같은 의미이다. 들은 얘기 그대로가 아니라, 내 귀에는 그렇게 들렸다는 뜻이다. 따라서 《성경》의 기록은 기록자의 해석이다.

《성경》이 기록자의 해석이라면, 그 말씀을 받아들이는 데도 당연히 해석이 필요하다. 이 점을 인정하는 것은 매우 중요하다. 그렇지 않으면 자칫 '하나님을 독점'하는 잘못을 저지를 수 있다. 자기 해석만 옳다고 여기며 함부로 남더러 '이단'이니 '사이비'니 하는 것이다. 교회에서 듣는 《성경》 말씀만이 절대적으로 옳다면,

《성경》은 왜 있는가? 목회자에게 다 떠맡기면 그만인 것을. 종교개혁은 《성경》 번역에서 비롯되었다. 말씀이 널리 퍼졌을 때, 비로소 사람들은 예수를 독점하여 권세를 누리는 자에게 속았다는 것을 깨달았다.

《성경》이든 불경이든 다 마찬가지다. 그것의 목적은 깨달음에 있지, 말씀을 외는 데 있지 않다. 《금강경》에 나오는 말처럼 그 말씀은 '뗏목'이다. 뗏목을 타고 강을 건넜으면 뗏목은 버린다. 이고 가는 것은 미친 짓이다. 말씀도 마찬가지다. 깨달음을 얻었으면 그 깨달은 바대로 실천하는 것, 곧 예수(붓다)를 내 속에 영접하고 나 자신이 예수(붓다)로 사는 것이 중요하다.

《성경》은 열린 책이다. 나와 예수가 나누는 대화다. 내가 남이 아닌 이상, 나는 내 삶에서 예수를 만나고 내 의문을 던지고 내게 필요한 답을 얻는다. 《성경》 기록자들의 체험은 그들의 체험이기에 내 체험일 수 없다. 혹시 잘못 읽으면? 다시 읽으면 된다. 다만, 그 깨달음의 바탕은 《성경》이므로 《성경》 자체에 충실하고자 하는 자세만큼은 지켜야 한다. 적어도 억지로 끌어대어 '맹구 시리즈'로 만드는 짓만큼은 하지 말아야 한다.

하나님

하나님이 사람을 창조할 때 이런 말을 한다.

> 우리의 형상을 따라 우리의 모양대로 우리가 사람을 만들고
> —〈창세기〉 1장 26절

선악과를 따 먹은 아담과 하와를 에덴동산에서 추방할 때도 이렇게 말한다.

> 보라 이 사람이 선악을 아는 일에 우리 중 하나같이 되었으니
> —〈창세기〉 3장 22절

이렇게 하나님은 스스로를 일컬어 '우리'라고 한다. 이를 근거로 교회에서는 '삼위일체'설을 주장한다. 그러나 힌두교에서도 브라흐만, 비슈누, 시바가 삼위일체를 이루기 때문에 삼위일체가 꼭 기독교의 전유물이라고 할 수 없다. 그런데 교회에서는 〈구약〉의 하나님을 '성부'로, 〈신약〉의 예수를 '성자'로, 그리고 예수 이후를 '성령'의 시대로 본다. 여기서 예수 이후를 성령의 시대로 보는 것은 〈요한복음〉에서 예수가 말했다는 보혜사(保惠師, counselor 또는 paraclete) 성령에 근거한 것이다. 보혜사는 예수가 죽은 다음에 하나님이 예수의 이름으로 보낼 성령으로, 그가 인류에게 예수의 말씀을 생각나게 할 것이라 한다. 그런데 이것이 이후 교회가 예수를 독점하는 데 모종의 기여를 한 건 아닌가. 나는 이렇게 시대순으로 짜맞춘 삼위일체설은 받아들이지 않는다.

이 삼위일체는 '하나이자 셋, 셋이자 하나'라 할 수 있다. 하나인데 그 드러나는 모습, 즉 우리 인간이 체험하는 모습이 셋이라는 것

이다. 그런데 단지 셋뿐일까? 가령 누구는 떠오르는 해를 보면서 신을 발견하고, 누구는 뾰족이 내미는 새싹에서 신을 만난다.《성경》에서도 신의 모습은 아주 다양하게 나타난다. 말씀으로, 사람으로, 불타는 떨기나무로, 불의 혀 같은 모양으로 나타나기도 한다. 어떨 때는 물의 심판으로, 어떨 때는 불의 심판으로 그 권능을 발휘하기도 한다. 이것을 범주로 묶어서 셋으로 나누었다고 볼 수 있다는 말이다. 이것은 또 인간이 신을 체험하는 방식이기도 하다. 모세가 체험한 하나님과 노아가 체험한 하나님, 사도 바울이 체험한 하나님은 각기 다르지만, 그것을 묶어서 공히 하나님을 만났다고 말하는 것이다. 그렇다면 삼위일체는 우주 만물 가운데 어떤 모습으로도 나타날 수 있는 신의 무한함의 표현이라 할 수 있다. 한마디로 삼위일체는 '무한위일체(無限位一體)', 즉 '모두이자 하나, 하나이자 모두'다.

이런 생각은 동양 사상에서 힌트를 얻은 것이다.《도덕경》제42장에 이런 말이 있다.

'道生一 一生二 二生三 三生萬物'(도는 하나를 낳고 하나는 둘을 낳고 둘은 셋을 낳고 셋은 만물을 낳는다)

이 말을 둘러싸고 수많은 해석들이 있지만, 나는 우주 만물의 이치를 보여 주는 말로 받아들인다. 무한대의 것이 뒤엉킨 하나에서 음과 양이, 그리고 그것이 만나서 이루는 생성으로 삼위일체를 이해할 수 있다는 말이다. 이 생성은 또다른 생성을 낳아 무한대로 반복·확산된다. 이처럼 우주 만물은 무한대로 연결되어 있다는 뜻에서 '모두이자 하나'다. 그 하나에서 무한대의 것이 생성된다는 점에서는 '하나이자 모두'다. 이 '하나이자 모두, 모두이자 하나'인 우주 만물이야말로 '하나님' 아닐까? 이로써 하나님은 인격신이라기보다는 우주 만물의 이치인 것이다.

　이렇게 하나님을 우주 만물의 이치라고 본다면, 그 하나님은 무한대의 모습으로 현현하신다. 그이는 '하나님'이라는 이름조차 초월한다. '야훼', '하나님', '알라', '크리슈나' 등으로 불리는 것은 사람들이 자기들 언어로 그렇게 표현한 것일 뿐이다. 벼락으로 나타난 신을 '제우스'라 부르든, 아이를 점지하는 하나님을 '삼신할미'라 부르든 그 때문에 신이 화를 낼 까닭이 없다. 《성경》은 이스라엘 사람들이 자기 처지에서 체험한 신에 대한 기록일 뿐이다.

　기독교는 그들의 하나님을 절대화한다. 바로 여기서 문제가 생긴다. 하나님은 어디에도 계시고 무엇으로도 나타나신다. 그이는 시공간을 초월한 하나의 이치이지만 시공간 속에서 여러 모습으로 우리 안에 거하신다. 달리 말하면, 그이는 우리의 생각·관념·개념을 초월하는 존재이지만, 우리가 체험할 때는 우리의 생각·관념·개념으로 제약할 수밖에 없다는 것이다. 한마디로 하나님은 '열린 하나님'이다. 따라서 이스라엘의 하나님은 인디언들의 하나님과 다르고, 현대인이 경험하는 하나님이 삼국 시대 사람들이 경험한 하나님과 같을 리 없다. 그런데 왜 기독교의 하나님만 절대자인가? 이것이야말로 신에 대한 모독이다. '하나님'이라는 이름만을 고집함으로써 무한한 하나님을 형편없이 축소한다. '아버지'라 부름으로써 그이를 성별로 제약한다. '사람의 형상'과 비슷하다 함으로써 그이의 모습마저 결정한다.

기독교인들은 그들의 유일신 사상이 하나님을 수많은 신 가운데 하나로 축소시키고 있다는 사실을 깨달아야 한다. 그노시스파, 일명 영지주의자들에게 전해 내려오는 유명한 이야기가 있다. 야훼가 "나는 스스로 있는 자(야훼)다." 했을 때, 문득 "사마엘이여, 그건 오해니라." 하는 소리가 들렸다는 것이다. '사마엘'이라는 말은 '장님 신'이라는 뜻이다(조셉 캠벨, 《신화의 힘》). 이 음성이 야훼에게 알려 준 사실은, 야훼란 하나님이 구체적인 역사 속에 드러난 하나의 모습일 뿐이라는 점이다. 따라서 하나님을 만나려면 구체적으로 나타나는 '하나님'을 넘어서야 한다. 이것이 붓다의 가르침, 곧 깨달음을 얻었으면 '말', 곧 '이름'을 버리라는 참이치다.

하나님을 축소시킨 결과는 무엇인가? 그것은 인간 중심, 남성 중심, 이스라엘 중심, 서구 중심적인 발상을 정당화한다. 신을 초월적 인격체로 받아들인 기독교는 신이 자기 형상대로 인간을 지었다고 한다. 이리하여 만물 위에 군림하는 인간 중심주의가 등장했다. 여기에는 심각한 독단이 있다. 신이 인간을 창조했다는데(신 → 인간) 그 신의 형상은 인간을 통해 알 수 있다(인간 → 신)고 한다. 그러면서 신이 인간에게 '땅을 정복하라.'는 축복을 내렸다 한다. 이것이 〈창세기〉 1장의 논리다. 〈창세기〉 1장에 나오는 최초의 세계는 하나님이 '보시기에 좋았'던 세계다. 이 좋은 세계를 다 창조해 놓고 마지막에 인간을 창조하여 세계를 다스리라고 했으니, 인간이야말로 신의 축복을 한 몸에 받은 존재다. 이 논리는 이렇게 뒤집어 해석할 수 있다. 인간이 자기를 닮은 신을 창조한다, 그 신은 모든 보기 좋은 것들을 창조하여 자기의 주인인 인간에게 선사한다. 따라서 신을 닮은 인간이 세계의 주인이다. 그 인간 중에서도 이 신을 믿는 자들이야말로 세계의 주인이다.

그러나 2장은 다르다. 인간을 창조하기 전세계는 땅과 안개뿐인 황폐한 곳이었다. 초목도 없었다. 사막이다. 이스라엘 사람들이 살던 곳과 일치한다. 이곳을 경작하여 채소가 자라게 하는 것이 인간의 몫이었다. 그래서 하나님은 흙으로 빚어 (자기 형상대로가 아닌) 남자를 만들었다. 그런 다음에 흙으로 동물을 빚고, 마지막으로 아담의 갈비뼈로 여자를 만들었다. 그들이 살던 원형적 세계, 즉 에덴동산은 세계 자체가 아니고, 하나님이 따로 만든 공간일 뿐이다. 적어도 〈창세기〉 2장에 따르는 한 인간 중심주의는 발붙일 틈이 없다. 거꾸로 인간은 흙에서 났으니 흙으로 돌아가리라는 말이 더 눈에 띈다. 그것은 인간의 기원을 보여 주는 것으로서, 자연이야말로 인간 존재의 근원이라는 것이다. 인간뿐만이 아니다. 동물도 흙으로 빚은 존재다(19절). 초목은 인간이 땅을 경작한 산물이다. 이로써 인간은 다른 만물과 더불어 자연 속 존재, 우주 만물이신 하나님이 빚어낸 존재라는 말이 성립되는 것이다. 그래서 예수는 스스로를 일컬어 '하나님의 아들'이라 했던 것이고, 붓다도 '천상천하유아독존'을 외친 것이다. 그이들만 그런 게 아니다. 우리 모두가 하나님의 아들이요, 딸이다.

(참고로, 〈창세기〉 1장은 기원전 4세기쯤에 성립된 신화이고, 2장은 기원전 8세기쯤 성립된 수메르 신화에서 차용한 신화라는 점을 지적해 둔다(조셉 캠벨, 《신화의 힘》). 둘 중 2장의 내용이 훨씬 원형에 가깝다. 기독교에서는 이 둘의 시간 간격을 무시하고 1장과 2장을 합쳐서 '맹구

시리즈'로 만들었다.)

예수? 그리스도?

나는 예수를 '인간'으로 본다. 예수 스스로도 늘 '인자', 즉 '사람의 아들'이라 칭했다. 예수를 신이라 본다면 솔직히 별로 감동받을 건 없을지 모른다. 동정녀 마리아에게 나서서 잠시 말씀을 전하시다가 십자가에 못 박혀 죽으시고 장사한 지 사흘 만에 부활·승천하여 하나님 우편에 앉아 계시다가 산 자와 죽은 자를 심판하러 오신다는 '사도신경'의 메시지에 따르면, 우리가 굳이 예수의 수난과 죽음 앞에 눈물 흘릴 까닭이 없다. 예수의 일대기는 전지전능한 신이 그야말로 눈 깜작할 새도 안 되는 시간 동안 겪은 고초일 뿐이니. 그러나 우리는 그가 '인간'이기에 감동을 느낀다. 그것도 지독히 가난한 목수 집안에 사생아로 태어나서 제대로 교육도 받지 못한 채 젊은 날을 목수 일로 보내다가, 홀연 깨달음을 얻어 비천하고 가난하고 병든 이웃들과 함께 살면서 수많은 오해를 무릅쓰고 그것을 전파하다가, 사랑했던 사람들에게 저주받으면서 지독한 고통 속에서 죽기까지 한 사내이기에 그토록 사무치는 것이다.

예수의 일대기를 정리한 엔도 슈사쿠의 《예수의 일생》에 따르면, 당시 이스라엘에는 '예수'라는 이름이 아주 흔했다 한다. 마치 우리나라에 '김씨'처럼 흔했던 모양이다. 영국 BBS가 복원한 예수

BBS가 복원한 예수

의 얼굴은 그간 우리가 성화에서 접했던 모습이 아니라, 아주 평범한 팔레스타인 사람의 모습이다. 이처럼 평범한 이름에 평범한 얼굴, 게다가 배운 것 하나 없는 무지렁이 예수를 우리는 '하나님의 아들'로, '신'으로 섬기는 것이다.

여기서 우리는 근원적 초월자를 만나는 것이 붓다처럼 신분이 고귀한 사람만의 특권이 아님을 알 수 있다. 지극히 낮은 천민(암하레츠, am-ha-arez, '땅의 사람들'이란 뜻) 출신에게 임한 하나님, 이것이야말로 인류 역사를 통틀어 가장 귀중한 사건이다. 예수 덕분에 누구나 하나님을 만날 수 있음을, 나도 그럴 수 있음을 깨달을 수 있기 때문이다.

예수는 두 개의 이름을 자칭했다. '사람의 아들'과 '하나님의 아들'이 그것이다. 사실, 이 둘은 별개의 이름이 아니다. 그가 육신에 속한 자로서 자기를 부를 때는 '사람의 아들'이다. 그리고 영, 곧 하나님 나라에 속한 자로서는 '하나님의 아들'이다. 이 이름에서 우리는 이 이름보다 훨씬 소중한 그의 깨달음을 엿볼 수 있다. 그것은 그가 진실로 하나님을 발견했다는 점이다. 그가 발견한 하나님은 〈구약〉의 하나님이 아니다. 이스라엘에만 임하는 하나님은 하나님이 드러나는 수많은 방식 가운데 하나일 뿐이다. 더구나 그 하나님은 심판하시는 엄격한 신이다. 반면 예수가 만난 하나님은 '사랑의 하나님'이요, 온 인류의 하나님이었다. 그 하나님은 어떤 이름으로도 제한될 수 없는 분이며, 언제 어디서나 우리가 진실로 원한다면 내 속에 임하시는 하나님이다. 마치 부처의 임함을 '월인천강(月印千江)', 즉 '천 개의 강물에 비친 달'이라 표현하듯이 그렇게 저마다의 삶에 깃들이는 하나님이다. 그러기에 예수는 끊임없이 '아버지가 내 안에, 내가 아버지 안에'라고 말씀하신 거다.

  앞서도 말했듯이, 예수가 그 자신을 '독생자'라고 한 것은 붓다가 '천상천하유아독존'이라 한 것과 같은 깨달음에서 나온 말이다. 말 그대로 '일체중생실유불성(一切衆生悉有佛性)'의 깨달음이다. 즉 천지 만물 모든 것에 하나님[불성(佛性)]이 계시다는 말이다. 그분들은 먼저 그것을 깨달았고, 내가 하나님의 아들(딸)이듯 너희도 역시 그러하다는 것을 가르치고자 그렇게 자기를 칭했을 따름이다. 이는 예수 자신의 말에서도 잘 드러난다. 예수는 〈요한복음〉에서 '나와 아버지는 하나'라는 말을 수없이 한다. 이 아버지가 우주 만물을 초월하면서 우주 만물로 드러나는 신이라면, 그이와 하나 된 우리 역시 '신'이다. 이에 예수는 '하나님의 아들'이라 일컬는 자기를 죽이려는 바리새 인 앞에서 '하나님의 말씀을 받은 자는 신'이라 선언한다(〈요한복음〉 10장 35절). 이때 신은 유일신 God이 아니라, 그 신이 드러나는 다양한 모습으로서의 '신들(gods)'이다. 여기서 예수가 붓다와 많이 닮았다는 것을, 진리는 이렇게 서로 통한다는 점을 볼 수 있다.

당시 유대 인들은 이런 예수를 오해했다. 그들은 〈구약〉이 예언했던 그리스도(메시아, 곧 구세주)를 갈망했고, 예수에게 그것을 기대했다. 수백 년간 강대국의 식민지 상태에 놓였던 그들은 당시 지배자인 로마에서 해방되기를 갈망했던 것이다. 예수에 앞서 등장한 세례자 요한은 이 메시아 사상을 견지했던 에세네파의 핵심 지도자였다. 그런 그가 헤롯왕의 음모에 걸려 죽자, 인민의 눈길은 예수에게로 향했다. 예수는 세례자 요한에게 세례를 받았고, 요한이 예수를 크게 칭송하기까지 했기 때문이다. 그러나 예수가 발견한 하나님은 그에게 지상의 메시아가 되라고 하지 않았다. 이스라엘의 해방보다 더 큰 해방, 곧 지상에 하나님 나라를 만들라는 명령을 받은 것이다. 이 갈등을 잘 보여 주는 것이 광야에서 있었던 악마의 유혹이다.

악마의 유혹은 한마디로 지상의 권세를 가지라는 것으로 요약된다. '빵과 기적을 베풀라, 그러면 지상의 권세를 가질 수 있을 것이다, 그 힘으로 로마의 학정에서 이스라엘을 해방시켜라.' 그러나 예수는 이를 거부했다. 그것은 사람들이 스스로 자기 속에 계시는 하나님을 발견하게 하는 것이 아니기 때문이다. 해방은 메시아가 대신 이루는 것이 아니라, 스스로 자기 하나님을 발견하여 스스로 이루는 것이다.

물론 기독교에서는 예수를 그리스도라 부르면서, 그것을 '영혼의 구원자'로 해석한다. 그렇게 해석하더라도 별 문제는 없어 보인다. 그런데 왜 나는 그것을 이렇게까지 극구 부인하는가? 그 이유는 간단하다. 예수는 자기를 통해서만 구원을 이룰 수 있다고 생각지 않았기 때문이다. 시쳇말로 '예수 천당, 불신 지옥'이라는 발상 자체가 예수에게는 없었다는 말이다. 이렇게 말하면, '내가 곧 길이요, 진리요, 생명이니, 나로 말미암지 않고는 아버지께로 올 자가 없느니라.'(〈요한복음〉 14장 6절)는 말씀으로 반박하는 사람들이 있을 줄 안다. 그러나 그 말만 따로 떼어내지 말고, 그 말이 나온 맥락을 보라. 예수가 죽음을 앞두고 먼저 가서 처소를 준비하겠다고 했을 때, 제자들이 도대체 어디를 가느냐며 아버지를 보여 달라고 매달린다. 이 얼마나 답답한 노릇인가. 그렇게 가르쳤는데도 도대체가 알아먹지를 못한다. 이에 예수는 나를 봤으면 곧 아버지를 본 것이라고, 내가 한 말은 내가 한 말이 아니고 아버지께서 하신 말씀이라고, 그러니 내가 하는 것을 따르면 아버지를 만날 수 있다고 말한 것이다. 그리고 이어서 '내가 아버지 안에, 너희가 내 안에, 내가 너희 안에 있는 것을 너희가 알'(20절) 날이 곧 올 것이라고 말한다. 결국 그는 우리 각자의 내면에 하나님이 계시다는 것을 알게 하려 스스로 죽음을 선택한 것이다. 그래서 내가 내 십자가를 지듯이 각자 '자기 십자가'를 지고 따르라고 말씀하신 거다. 이런 맥락에서 나는, 예수가 가르친 것은 그리스도에게 일방적으로 기대는 구원이 아니라, 스스로 이루는 구원이었음을 확신한다.

도스토예프스키는 이렇게 말했다.

의심할 여지없이 그리스도는 우리가 있는 그대로 우리를 사랑할 수 없었다. 그는 우리를 참고 견뎠다. 그는 우리를 용서했지만 물론 우리를 경멸했다……

—얀코 라브린, 《도스토예프스키》

내가 '그리스도'를 부정하는 가장 큰 이유가 바로 이것이다. 예수를 그리스도라 하는 순간, 우리는 스스로의 힘으로는 결코 구원을 이룰 수 없는 존재가 되고 만다. 이것은 결코 예수의 뜻이 아니다. 그렇게 되면, 도스토예프스키의 말대로, 우리는 전적으로 예수에게 기대는 불쌍하고 가련한 존재다. 예수는 아무리 가르쳐도 도무지 무슨 말인지 알아듣지도 못하는, 각자의 마음속에 계시는 하나님을 전혀 만나지 못하는 자들을 구원해야만 하는 처지에 내몰리게 된다. 우리는 우리대로 나 대신 죽은 십자가만 붙들고 매달리는 불쌍한 존재로 전락할 것이다.

그러나 예수는 우리에게 '자기 십자가'를 지라고 권유했다. 시련이 아무리 클지라도 그것을 꿋꿋이 견디면 누구나 이 땅에서 자기 구원을 이룰 수 있다고 했다. 그는 스스로 이루는 구원, 지상의 삶에서 성취하는 하나님 나라를 선포하신 분이다. 따라서 그는 자기를 그리스도라 여기지 않았다. 우리 모두가 자신의 그리스도다!

하나님 나라

예수의 가르침 가운데 가장 큰 것이 바로 이 천국, '하나님 나라'다. 예수가 가르친 하나님 나라는, 많은 기독교인들이 오해하듯이, 죽어서 가는 어딘가가 아니다. 그것은 지상에서 나와 이웃과 만물이 어울려 이루는 낙원이다.

예수는 하나님 나라를 수많은 비유로써 들려주었다. 아무리 설명해도 알아듣지 못하기에 그랬을 것이다. 그 가운데 대표적인 예를 들어 보겠다. 가장 유명한 비유는 '달란트 비유'다. 주인이 먼 길을 떠나면서 종들에게 각각 5달란트, 2달란트, 1달란트 씩을 맡겼다. 나중에 돌아와서 셈을 해 보니 5달란트를 받았던 종은 10달란트를, 2달란트 받았던 종은 4달란트를 내놓았다. 그런데 나머지 한 종은 1달란트를 고이 파묻었다가 그대로 내놓았다. 이에 주인은 앞의 두 종을 칭찬하고 더 많은 일을 맡기겠다고 말한다. 반면 그대로 내놓은 종은 저주와 함께 내쫓는다(〈마태복음〉 25장 14~30절). 이것이 왜 하나님 나라 비유일까?

예수가 우리에게 들려 주는 천국은 자기의 재능, 재주, 취향, 욕망을 맘껏 쓰는 것이다. 그것은 하나님이 주신 것이므로, 그것을 세상에서 기꺼이 사용하고 누리는 것이 곧 천국의 삶이라는 뜻이다. 반면, 주신 재주를 제대로 써먹지 못하는 것, 이것이 곧 지옥이다. 그런데 왜 처음부터 5달란트, 2달란트, 1달란트 씩 나누어 차별을 하였을까? 때문에 1달란트를 받은 종은 무슨 일을 하고 싶어도 하지 못한 건 아닐까? 그러나 다섯이든 둘이든 하나든, 그것은 스스로가 자기 능력을 평가하는 방식일 뿐이다. 저마다 자기에게 가장 어울리는 재능을 얻었는데, 그걸 제대로 알아채지 못한 거다. 그래서 스스로 못났다고, 이까짓 것으로 도대체 뭘 하냐고 불평, 불만하며 사는 것, 이것이 바로 지옥의 삶이다. 공자의 '我未見力不足者, 女今劃(아미견역부족자, 여금획)'(《논어》,〈이인〉6.)이라는 말은 '나는 아직까지 힘이 부족한 자를 보지 못했다. (그런데) 너는 지금 스스로 금을 긋고 있다'다. 이것이다. 어느 누구도 힘이 부족하지 않건만 스스로 못났다 여겨 나아가지 못하는 거다. 천국의 삶은 자기를 누리는 삶이고, 지옥의 삶은 자기를 웅크리는 삶이다.

또 하나의 비유는 '밭에 숨겨 놓은 보물'이다. 어떤 사람이 밭에 일을 나갔다가 보물을 발견한다. 그는 그 보물을 밭에 숨겨 둔 채 집으로 돌아와 가진 것을 다 팔아서 그 밭을 산다(〈마태복음〉14장 44절). 천국은 이처럼 하나님이 주신 보물을 발견했을 때, 그동안 소중히 여겼던 모든 것을 다 팔아서 그 보물을 차지하는 삶이다. 내 속의 보물, 곧 나만의 능력과 욕망을 발견했다면 지금껏 소중하게 생각했던 모든 것을 버리고 그것을 취하라는 것이다. 이것이 예수가 들려준 천국의 삶이다.

결국 천국은 세상 밖에, 삶 밖에 있는 그 무엇이 아니다. 그것은 온전히 내 속에, 내 삶에, 내 이웃 속에, 내가 살아가는 이 세상에 있는 것이다. 그래서 하나님 나라는 이미(already)와 있는 것이다 (천국이 가까웠느니라. The kingdom of heaven has come). 다만 아직(yet) 내가 그것을 발견하지 못했을 뿐이다. 도둑처럼 스미는 천국이 임할 때, 나는 그것을 곧장 움켜쥐어야 한다. 그래서 예수는

'늘 깨어 있으라.'고 강조한 것이다. 그럼, 깨어 있는 모습은 어떠한가? 그것은 '비움'이다. 이것이, 문득 찾아오는 천국의 삶, 나만의 삶, 진실로 원하는 삶이 찾아왔을 때, 냉큼 그것을 붙들기 위한 유일한 방책이다. 물욕이나 명예욕, 권세욕 같은 게 내 속에 들어차 있으면, 설사 천국이 찾아오더라도 움켜쥐지를 못한다. 그래서 예수는 '부자가 천국 가는 것은 낙타가 바늘구멍 지나는 것보다 더 힘들다.'고 말씀하신 거다.

기출문제 둘러보기

1998 경희대(자연계) 정시 |

다음은 서로 다른 견해를 가진 두 사람의 대화이다. 두 가지 입장 중 하나를 택하여 상대방의 주장을 비판하면서 자신의 논리를 전개하라.

제시문

A: 한때 모든 종류의 물리 현상을 설명하는 데 신을 끌어들인 시기가 있었지. 바람, 비, 행성의 운동 그 모두가 신이 일으키는 현상이라고 생각한 거야. 그러나 과학이 발달하자 자연 현상을 설명하는 데 더 이상 초자연적인 요인들이 필요하지 않다는 것이 밝혀졌어. 그런데도 불구하고 자네가 빅뱅(우주의 대폭발)을 설명하는 데 신에게 도움을 청하는 이유는 무엇인가?

B: 그것은 자네가 신봉하는 과학으로는 모든 것을 설명할 수 없기 때문이네. 이 세계는 신비로 가득 차 있어. 아무리 낙관적인 생물학자라 하더라도 생명의 기원을 설명하는 문제에 부딪히면 당황하지 않을 수가 없을 거야. 자네는 아주 정교하고 멋지게 만들어진 시계를 보면서 그것이 누군가에 의해 만들어지지 않았다고 생각할 수 있겠는가? 물론 자네는 신이 우주 만물을 창조했다는 것을 증명할 과학적 증거가 없다고 주장하겠지만, 그렇지 않다는 증거도 없다고 보네.

A: 물론 과학이 모든 것을 설명할 수 있다는 것은 아니네. 그러나 자네의 주장보다는 내 주장이 더 과학적이고 논리적인 것만은 분명하네. 자네와 같은 사람들은 언제나 그래 왔던 것처럼 무엇인가 만족할 만한 과학적 설명이 제시되지 않으면 마치 기회를 만난 사람처럼 신의 필요성을 주장해 왔네. 그렇지만 과학의 발달은 신이 설자리를 점차 앗아 가고 있는 것이 사실이

네. 자네도 이제 '과학의 빈자리를 메워 주는 신'이라는 고리타분한 생각이 기껏해야 불확실한 가설에 불과하다는 교훈을 배워야 하네. 시간이 흐를수록 신의 입지는 좁아져만 갈 것이네. 사실 과학은 생명의 기원을 포함한 어떤 자연 현상을 설명하는 데 있어서도 부족하지 않다고 보네. 과학적으로 설명할 수 없는 문제라고는 기껏해야 빅뱅밖에 남지 않은 오늘날에 이르러서도 이미 퇴물이 다 되어 버린 초자연적인 개념에 여전히 의지하려는 자네를 솔직히 이해할 수 없네.

B: 이해할 수 없는 것으로 말하자면 나도 마찬가지야. 논의를 위해서 자네의 말처럼 신의 물리적 세계에 직접적으로 관여하는 것은 아니라고 가정해 보세, 과연 그렇다고 해서 이 세계의 궁극적인 기원이 존재하지 않는다고 말할 수 있겠는가? 한번 더 양보해서 자네의 말처럼 제1원인으로서의 신의 존재를 증명하는 것이 과학적으로는 불가능하다고 가정하세. 그렇다고 해도 그것은 신의 존재를 부정할 수 있는 결정적 증거가 될 수 없네. 신의 존재를 과학적으로 설명할 수 없는 것은 어찌 보면 당연한 것일세. 신의 존재를 설명하는 것과 이미 존재하는 자연 현상을 설명하는 것은 전혀 다른 차원이 아닌가? 이 세상은 우연히 생겨난 것이라고 보기에는 너무도 오묘한 질서를 가지고 있네. 설사 현재의 과학이 설명할 수 없다고 할 지라도 신이 존재한다는 사실은 분명하네. 우리가 탐구해야 하는 것은 신의 존재 여부가 아니라 과연 신은 어떤 존재일까 하는 것뿐이네.

A: 자네는 지금 신은 존재할 수밖에 없기 때문에 존재한다고 주장하고 있네. 그러나 신 자체를 떠나 신의 존재를 믿을 어떤 다른 이유도 없다면, 신이 우주를 창조했다'로 부르짖는 것은 설득력을 가질 수 없네. 그것은 아무것도 설명하지 못하기 때문이네. 사실 그러한 주장은 무의미한 것일세. 다시 말해 자네는 신을 단지 우주를 창조한 작용 요인으로만 규정하고 있는데 그것은 마치 한 가지 수수께끼를 다른 수수께끼로 대체하는 일에 불과하네. 자네도 '오컴의 면도날'이라 불리는 원리를 잘 알

고 있을 것이네. 이 원리에 따르면 현상을 설명함에 있어 아무런 기능도 하지 못하는 것은 존재하지 않는다고 보는 것이 당연하네. 자네는 신의 존재를 가정함으로써 자연과학이 설명할 수 없는 그 무엇을 과연 설명할 수 있다고 생각하나? 아무것도 없을 것이네.

B: 자네 말은 마치 우주의 기원에 대한 종교적 설명이 공허한 것이 아니냐고 묻는 것처럼 들리는구만. 그러나 그와 같은 관점에서 보자면 과학자들의 설명도 순환적이고 공허하기는 마찬가지 아닌가? 문제가 떨어지는 이유는 뭔가? 중력장이 있기 때문이라고 말하네. 그러면 왜 중력장이 존재하는가? 시공이 휘어 있기 때문이라고 말하네. 이러한 설명은 끊임없이 이어지는 것처럼 보여도 언젠가는 종착점이 있게 마련이네. 그러면 그 종착점은 어떻게 설명할 수 있겠는가? 결국 위에서 언급한 이론이 될 수밖에 없지 않은가? 자네가 말하는 과학적 설명이란 기껏해야 한 가지 기술을 다른 기술로, 점차 정교하고 심층적인 것처럼 보이지만 그 성격에 있어서는 결국 순환적일 수밖에 없는 기술로 대체시키는 것에 불과하네. 그럼에도 불구하고 과학적 설명이 믿을 만한 것이라고 주장한다면 우주의 원인에 대한 종교적 설명도 그에 못지않은 신뢰성을 가질 수 있을 게 아닌가?

더 생각해 봅시다

과학의 발견은 종교를 거부하는가?

해묵은 문제다. 유명한 갈릴레오의 재판이 있었지만, 이 문제는 여전히 풀리지 않는다. 과학 편에 서는 사람들은 쉽게 종교를 부정하는 편이다. 반면, 종교인들은 과학의 성과를 인정하지 않을 수 없으므로 안타까워한다. 이들의 공통점은 과학과 종교가 대립된다고 여긴다는 데 있다. 과연 그럴까? 필연적으로 하나는 다른 하나를 부정해야만 하는 걸까?

과학이 기반하고 있는 것은 '사실'이다. 반면 종교는 '믿음'에 토대를 두고 있다. 따라서 이 문제는 사실과 믿음의 대립인 것처럼 보인다. 그런 한, 종교 쪽이 참 불리하다. 유일한 해결책은 신의 뜻을 인간이 어찌 알 수 있는가? 그 정도다. 그러나 이 대답은 참 군색하다.

우선 지적할 것은, 종교인이 과학의 성과를 애써 무시하면 할수록 스스로 더욱 초라해질 뿐이라는 점이다. 과학 역시 완전한 것이 아니라 늘 변화하는 과정에 있다. 뉴턴의 발견이 운동 법칙 전부를 설명할 것처럼 나섰지만, 아인슈타인의 등장으로 깨어졌다. 게다가 양자역학이니 하는 첨단 물리학의 등장으로 더 이상 설명의 독점권조차 완전히 잃어버렸다. 그렇다고 과학의 성과를 함부로 무시할 수는 없다. 과학은 사실 아닌 것을 물리침으로써 늘 새로이 나아가는 중이므로. 또 적어도 지금-여기의 성과가 있는 한 과학을 함부로 폄훼해서는 안 된다. 따라서 종교는 과학의 성과를 수용하는 것이 바람직하다. 아울러 성경에 나오는 비과학적인 사실들에 대해서도 인정하는 것이 옳다.

그런데 종교가 이걸 못하는 가장 큰 이유는, 과학을 인정하는 것이 신의 권능을 깨뜨리는 것이라고 여기기 때문이다. 이 발상 자체가 문제다. 예수가 막달라 마리아의 남편이고, 그들에게는 자식도 있었다는 걸 왜 인정하면 안 되는가? 물론 이것을 인정할 때, 지금까지의 기독교가 엉터리였음을 인정하는 꼴이 될 수도 있을 것이다. 내내 그걸로 밥 벌어먹었으니까. 그러나 그렇다고 해서 예수를 믿는 믿음 자체가 깨어지는 것은 아니다. 예수를 인간으로, 새로운 하나님을 발견하여 우리에게 소개해 준 고마운 분으로, 그이를 모시느라 목숨까지 내던진 분으로, 그 속에 하나님을 온전히 영접한 분으로, 지금도 내 속에서 하나님의 아들딸다운 삶을 살도록 격려하시는 분으로, 그리하여 오롯이 나와 하나가 되시는 분으로 내가 섬기고 있는데, 예수가 결혼한 것이 뭐가 문제가 된단 말인가!

문제는 과학에 있지 않다. 과학이 종교가 무서워서 할 일을 못해서야 쓰겠는가! 문제는 과학의 성과를 두려워하는 종교에 있다. 그들은 전혀 두려워할 것이 아닌 것을 두려워한다. 오히려 과학의 성과를 받아들임으로 전지전능하신 하나님을 더 잘 받아들이도록 할 수 있는데 말이다.

움베르토 에코는 《장미의 이름》에서 윌리엄의 입을 빌려 하나님을 '무한한 소용돌이 속에서 무엇이든 이루는 분'으로 소개한다.

이 말이 옳다. 하나님의 창조 작업은 지금도 진행형이다. 따라서 과학의 성과는 그이의 창조 작업의 비밀을 하나씩 발견해 나가는 것이고, 그 비밀이 하나씩 드러날 때마다 우리는 이 무한하고 지속적인 창조에 경이를 느낀다. 내 삶 역시 이처럼 고정되지 않고 무한히 변화할 수 있음을 깨닫고, 늘 기뻐하고 범사에 감사하는 삶을 살고 있다.

한편, 과학의 성과를 빌려 종교를 무시하는 발상에도 심각한 문제가 있다. 이들은 자기가 철저하게 '사실'에 입각하고 있다 여긴다. 그러나 그들이 그토록 신주 단지처럼 모시는 과학이란 도대체 무엇인가? 원자니, 전자니, 핵이니, 쿼크니 하는 것을 그들 자신이 한 번이라도 본 적이 있는가? 다만 과학자들이 설명의 편리를 위해 만들어 놓은 모델을 받아들였을 뿐이다. 그런데 과학자들은 그걸 마치 절대적 '사실'인 양 내세운다. 물론 그 모델 덕분에 우주의 운동을 예측할 수 있다는 점은 인정한다. 그러나 과학이라는 것도 결국은 '믿음'의 범주에 포함된다는 사실 또한 잊어선 안 된다. '지구는 둥글다.'는 것은 절대적 진리일까? 그것이 사실인지 여부를 떠나서 우리는 일단 그렇다고 믿는다. 비트겐슈타인의 유명한 예시가 있다. 손을 흔들어 보여 준 다음 그 손을 교탁 뒤로 숨기면서, '이 교탁 뒤에 뭐가 있지?'라고 물으면, 모두가 '손'이라고 대답한다. 그런데 막상 숨긴 것을 빼냈을 때, '손이 없다!'면 당신은 뭐라 할 것인가? 그새 손을 잘라 버렸을 수도 있는 일이다. 이처럼 우리가 객관적 사실이라고 하는 것도 사실은 '믿음'의 영역에 포함된다는 점을 알아야 한다.

중요한 것은 상대방의 믿음을 인정하는 전제 하에서 토론을 벌이는 것이다. 그랬을 때, 비로소 우리는 서로의 공통점과 차이점을 발견하려는 진지한 탐색을 할 수 있다. 그럴 때 상대방이 믿는 것이 우리 모두의 삶에 어떤 기여를 하는지 들을 수 있는 귀가 열린다. 차이를 인정하지 않으려는 자세는 쓸데없는 갈등을 빚는 원인임을 기억하자.

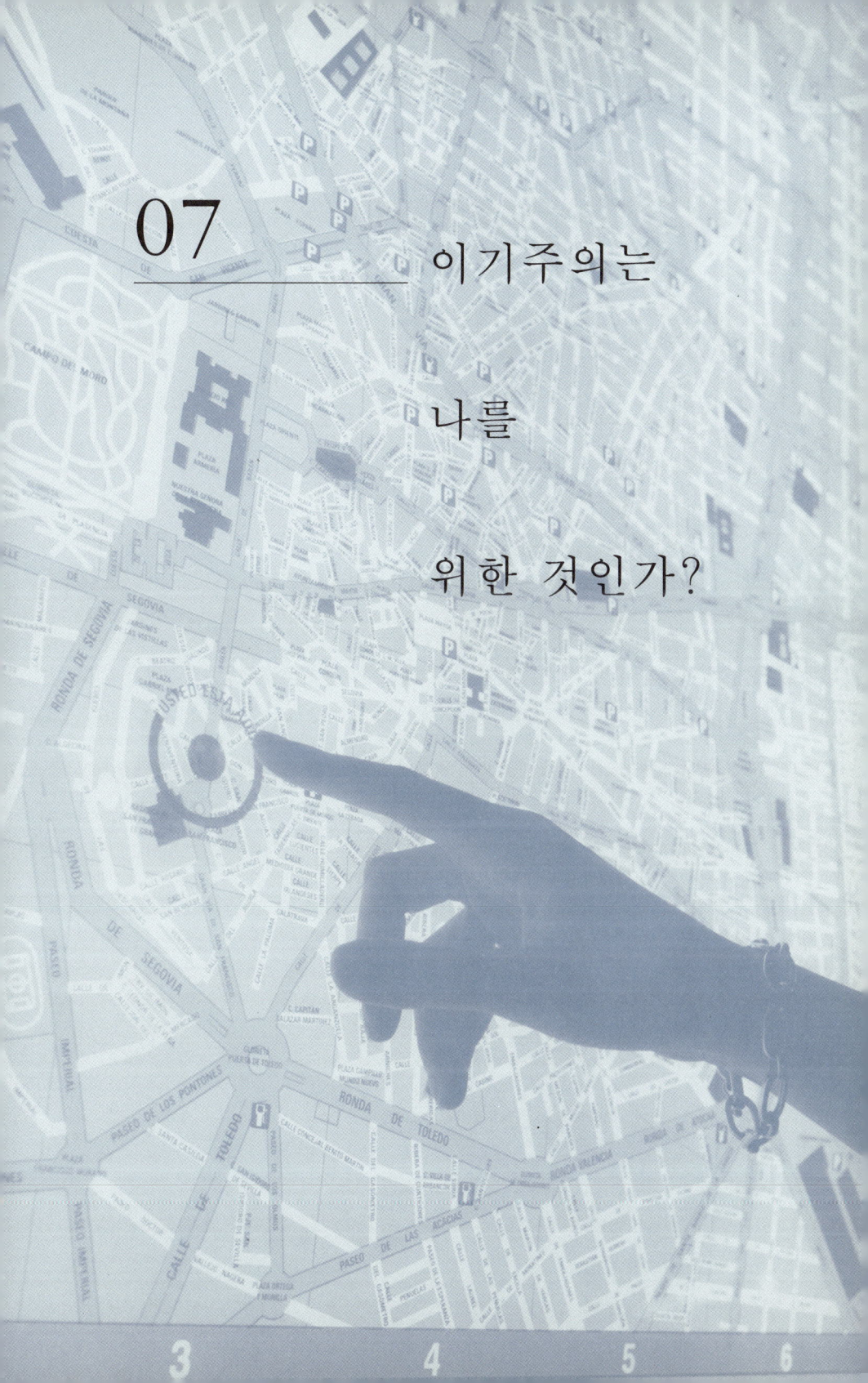

07 이기주의는 나를 위한 것인가?

이기주의는 바로 자기 자신을 좋아하는
마음이 결여되어 있는 데 근거하고 있다.
자기 자신을 좋아하지 않는 인간
혹은 자기 자신을 인정하지 않는 인간은
자기 자신에 대한 부단한 불안 속에 있다.
그는 오로지 순수한 호의와
긍정의 기반 위에서만 존재할 수 있는
내면적 안정감을 갖지 못하고 있다.
그는 근본적으로 안정감과 만족감이
결여되어 있기 때문에 자기 자신을 위해
모든 것을 얻기 위하여
탐욕스러워지지 않으면 안 된다. ……
그들의 자기 도취증은 자애심의 근본적 결여를
메우기 위한 지나친 보상 행위다.
자기 도취적인 인간은 남도 자기 자신도
사랑하지 않는다.

- 에리히 프롬, 〈자유로부터의 도피〉

개인주의를 유보함

나는 한때 개인주의자를 자처한 적이 있다. 그때만 하더라도 충분히 '나로서', '나답게' 살고 있다고 자부했다. 개인주의는 나만 '분리할 수 없는 존재(individual)'가 아니라, 다른 사람도 나와 마찬가지로 그러하다는 신념이다. 그러므로, 내가 나답게 살듯이, 너도 너답게 살고, 그런 나와 너가 어울려 멋진 공동체를 이룰 수 있을 것이라 믿었다. 개인주의는 이처럼 상호 작용을 전제로 해서 성립되는 이념이다.

그러나 지금 나는 이 이념을 유보한다. 지금 우리는 개인으로 사는 것이 아니라, '개인이라고 착각한 기능인'으로 전락해 버렸기 때문이다. 나라고 예외는 아니다. 나의 '개인'을 위하여 너의 '개인'을 억압하는 경우가 얼마나 많은가. 거꾸로 내 '개인'을 위하여 남의 '개인'에 비굴하게 굽실대는 경우는 또 얼마인가! 더욱이 내가 개인주의를 외치는 것이 혹시 내 강의를 듣는 학생들을 왜곡된 길로 이끄는지도 모른다는 생각에 더욱 경계심이 커졌다. 자칫 저밖에 모르는 천둥벌거숭이가 될 지도 모르니까. 개념의 원뜻이 훼손됐을 때는, 개념을 고집하기보다는 거꾸로 개념을 폐기 또는 유보하는 게 더 나을지도 모른다.

이기주의로 전락한 개인주의

　자유주의자들은 개인주의를 크게 옹호한다. 그러나 '개인은 사회나 국가에 우선한다.'는 말은 그 자체로서 틀렸다. 개인은 원천적으로 분리할 수 없는 존재가 아니다. 아니, 도무지 그렇게 될 수 없다. 나는 언제나 관계 속에서만 존재할 수 있다. 그렇지 않은 경우는 언제 어디서도 없다. 다시 확인하건대, 개인은 언제나 관계에서 비롯된다. 따라서 굳이 원천을 따진다면 관계가 먼저다. 우리는 태어나는 순간 '관계 속 존재'로서 세상에 던져진 것이다.
　그렇더라도 개인주의가 매력적인 건 사실이다. 우리가 국가나 사회에 일방적으로 종속될 수 없는 존재, 곧 법적 계약의 외부에 있는 존재라는 것이다. 이것이 인간 존엄성의 토대가 되었다. 그런 점에서 근대 사회에서 개인이 등장한 것은 얼마나 다행한 일인가.
　그러나 행운은 언제나 불행을 동반한다. 그 고상한 발상은 이론적으로만 그렇다. 그렇지만 현실의 구체적 개인은 이론에서 사는 게 아니다. 구체적 개인은 불행히도 시장 속 개인이다. 딜레마다. 이론적으로 볼 때 개인은 사회 밖 존재이지만, 구체적 개인은 사회적 존재일 수밖에 없다. 개인은 시장 속에서 살아남아야 진실로 개인일 수 있다. 이처럼 모든 개인은 '사회적 개인'이다.
　시장 속에서 살아남은 개인은 누구인가? 그것은 소유권을 통해 구체화된다. 소유권을 행사할 수 있는 자가 진정한 개인이다. 그런데 소유권을 얻으려면 시장 사회 속에서 어느 정도는 타인의 소유를 박탈하거나 적어도 타인의 소유를 노려야 한다. 이것은 원천적으로 반개인주의적 삶이다. '나-개인'을 위하여 '남-개인'을 부정해야만 하니까. 이처럼 소유적 개인주의는 순수한 의미의 개인주의를 파괴한다.

소유적·시장적 개인주의의 위험성은 이에 그치지 않는다. 우리는 '남-개인'과의 무한 경쟁에 돌입하는 순간부터 '나-개인'의 고유성을 스스로 깨뜨린다. 경쟁에 도움이 되지 않는 나의 능력, 취향, 특기, 재주 같은 것은 싸그리 무시된다. 오로지 살아남기 위한, 기어오르기 위한 능력만을 기형적으로 키워 낸다. 내 능력을 사 줄 만한 이가 나타날라치면 여지없이 그에게 목을 매단다. 나보다 더 큰 남 앞에 굴종하는 개인이 도대체 어떻게 '개인'일 수 있단 말인가!

이리하여 우리는 '사도-마조히스트'들이다. 더 큰 남에게 굴종(마조히즘)하여, 남 위에 군림(사디즘)하려는 자. 오로지 내 소유만을 위하여 남을 꺾고, 나를 잃는 존재. 이로써 개인주의에는 나도 남도 없다. '개인'은 소멸되었다. 남은 것은 '개인'임을 자처하는 '생산된 개인'뿐이다. 이렇게 개인주의는 이기주의로 전락해 버렸다.

오늘 우리 사회를 뒤덮고 있는 것은 '적자생존'의 원칙뿐이다. 강한 자가 살아남는다! 이 말을 바꾸면 이렇다. 진정한 개인이 되고 싶으면 살아남으라! 그러나 그렇게 살아남은 자는 더 이상 개인이 아니다. 거대한 타자(시장)의 노예로 전락한 자일 뿐.

우리는 언제 존재감을 확인하는가. 소비할 때다. 남보다 더 많은 돈으로 더 많은 물건과 사람을 사들일 때, 나는 비로소 뿌듯하다. 이것을 자유라 착각하고 있진 않은가! 이른바 톨레랑스라는 것도 이렇게 읽을 수 있다. 왜 유독 미국 사회에서 '기부 문화'가 발달했을까? 그 나라가 가진 자의 나라이기 때문이다. 돈으로 베푸는 관용이 통용되는 나라다. 세금을 많이 내는 건 거부한다. 그건 베풂이 아니라 의무를 준수하는 것일 뿐이기 때문이다. 이런 톨레랑스에는 무서운 논리가 숨어 있다. '일단 강자가 돼라!'

이제 개인주의가 탐욕스러운 이기주의로 읽히는 이유를 알 것 같다. 나다움이 오직 돈으로만 계산되는 한, 나는 결코 나일 수 없다. 이 수렁에서 벗어나고자 한다면, 결국 소유권으로 자존감을 확인하려는 발상을 벗어던질 일이다. 돈으로 환산할 수 없는 나만의 가치를 발견하지 못하면, 언제나 나는 이기주의자로 전락하게 된다. 그리고 성공하든 실패하든 언제나 수단일 뿐인 삶으로 떨어지고 만다.

'이기주의자'를 위한 변명?

이런 항변이 들린다. '이기주의(利己主義)', 말인즉슨, '자기를 이롭게 하는 것을 최고의 가치로 삼는 이념'이란 건데, 이게 왜 나쁘지? 그거야말로 우리 같은 소시민들에겐 가장 중요한 것 아닌가? 아무리 아니라고 해 봤자 어차피 그걸 위해서 사는 건데, 그럴 거라면 차라리 솔직하게 그렇다고 말하는 게 더 낫지 않나? 더구나 우리 같은 소인배들이 이기적이면 얼마나 이기적이겠어? 우리가 전두환처럼 죄없는 시민들을 죽이길 했어, 김우중처럼 국민들 돈을 왕창 뜯어 먹기를 했어? 그저 나나 내 식구들 고생하지 않고 먹고 살 만큼 벌어 쓰겠다는 게 고작인데, 그게 왜 나쁘지? 남한테 해

코지하지 않고 내 몸뚱이 하나 챙기겠다는 것도 문제인가? 이 항변을 더 적극적으로 이끌면, 이런 말까지도 가능하다. 괜히 이기주의가 아닙네 하면서 위선 떨기보다는 차라리 이기주의자를 자처하면서, 우리의 솔직한 이기주의를 잘 북돋아 줄 사람을 잘 뽑는 게 중요해. 특히 정치인이나 기업인들이 우리 같은 소인배가 되면, 모두가 피곤해진단 말이지. 그래서 우리 같은 작은 이기주의자들이 정신 똑바로 차려야 하는 거야. 우리들의 소박한 이기주의를 위해서라도 말이지!¹⁾

이런 얘기에 뉘라서 반박하겠는가. 나 역시 썩 내키진 않더라도 애써 반박하고 싶진 않다. 다만, 이 '이기주의'라는 말에 좀 딴죽을 걸고 싶다. 이기주의라는 말만으로는 그렇게 나쁜 것 같진 않지만, 이것은 어디까지나 영어 'egoism'을 일본 사람들이 번역한 말이다. 그렇다면 우리는 우리 식으로 읽을 게 아니라, 이 말의 어원을 따져 보아야 한다. ego는 흔히 자아로 번역되는데, 이 '자아'를 둘러싸고 논란이 있었다(〈나는 나인가〉 참조). 이 ego가 어떻게 해석되건 egoism은 '개인의 선(善 : 이익)이라는 목적을 행동의 의무, 올바름의 유일한 기준으로 삼는' 이념이다. 그런데 앞서도 말했듯이, 나는 혼자 살아가는 게 아니므로, 내 이익만을 기준으로 삼는

---

1) 이것은 김시천의 《이기주의를 위한 변명》(웅진지식하우스, 2006.)의 요지다. 굳이 '이기주의'라는 용어를 택하여 시선을 끄는 데는 꽤 성공한 듯싶지만, 나는 이것에 좀 불만이 있다. '위아(爲我)'와 '이기(利己)'에는 넘을 수 없는 장벽이 있다고 보기 때문이다. 그러나 이 제목 덕분에 많은 사람들이 이 책을 보게 된다면, 그건 나쁜 일이 아니다. 전체적으로 참신한 내용을 담고 있고, 무엇보다 쉽게 읽힌다.

이상 남의 이익과 충돌하게 된다. 그런데 그럴 때조차 내 이익을 유일한 기준으로 삼는다는 게 바로 이기주의의 문제점이다.

그러면 누가 이기주의자가 되는가? 달리 말하면, 누가 자기 이익만을 탐욕스럽게 챙기려 하는가? 에리히 프롬에 따르면, 자기를 믿지 못하여 늘 불안한 사람이 그렇다. 내면이 불안하고, 속이 텅 비어 있으니까 겉을 채워서라도 자기를 드러내려는 것이다. 한마디로, 소유욕에 사로잡힌 사람이다. 따라서 이기주의자는 근본적으로 자기를 사랑하지 못하는 사람이다. 결국 그는 남도 자기도 사랑할 수 없다(에리히 프롬, 《자유로부터의 도피》).

따라서 위에서 소개한 항변은 이기주의자의 항변이 아니다. 굳이 개념어를 사용한다면, 그것은 개인주의자의 항변이다. 개인주의자는 자기를 챙기려 하지만, 그것에만 머무르는 게 아니라 남도 배려할 줄 안다. 남을 배려해야 결과적으로 자기도 위하는 것이라는 걸 알기 때문이다. 그러나 서론에서 이미 밝혔듯이, 현실에서는 나와 남의 관계가 이미 시장 속 관계이고, 그런 한 나와 너의 개인성을 강조하는 것은 낭만적인 발상에 그치는 경우가 허다하다. 실제로 그 관계는 배타적 무한경쟁 속에 던져진 것이기에, 개인주의는 불가피하게 이기주의로 전락해 버리기 일쑤다. 따라서 진정 개인을 위하는 이념을 달성하려 한다면, 현실 사회의 구조적 모순을 깊이 연구하고, 나아가 이를 해결하기 위한 구체적 실천을 해야만 한다. 이를 외면한 채 외치는 '개인'이든 '이기'든 그것은 공염불이 될 확률이 크고, 자칫 자기만의 틀에 갇힌 홀로 고상한 이기주의자로 전락하기 쉽다.

이기주의의 시작과 끝 – 나르키소스

이제 이기주의를 좀더 구체적으로 살펴보자. 이를 가장 잘 이해하게 해주는 건 그리스 신화에 나오는 나르키소스 이야기다. 나르키소스의 어머니는 '이 아이가 자기 얼굴을 보면 죽는다.'는 신탁을 듣는다. 그래서 그녀는 요정들을 시켜 나르키소스가 제 얼굴을 절대 볼 수 없도록 수면을 흔들어 버린다. 그런데 나르키소스는 워낙 잘생겼던가 보다. 숱한 요정들이 그에게 사랑을 고백하는데, 에코도 그 가운데 한 명이었다. 그러나 나르키소스는 잘난 만큼 콧대도 세서 에코의 간절한 사랑 고백을 매몰차게 뿌리친다. 거절당한 에코는 목소리만 남고 사라진다. 이에 열받은 여신의 저주로 드디어 나르키소스는 샘물에 비친 제 얼굴을 보게 된다. 이렇게 잘생길 수가. 제 얼굴에 반한 우리의 나르키소스는 도무지 그 샘을 떠나지 못한다. 그저 바라볼 수밖에 없는 자기에 도취한 채 결국 나르키소스는 말라 죽고 만다.

흔히들 이 신화를 '자아도취'의 위험성을 경고하는 것으로 해석한다. 그래도 문제 될 건 없지만, 내가 보기엔 나르키소스야말로 이기주의자의 처음과 끝을 보여 주는 것 같다. 나르키소스가 죽게 된 근본 원인은 무엇일까? 그것은 '제 얼굴을 보지 못한 것'이다. 그는 자신의 평소 모습이 어떤지를 도무지 알지 못한다. 그렇게 '자기 본모습을 모르는 자가 빠지는 자기 사랑', 이것이 나르키소스의 비극, 나아가 자아도취의 위험이다.

이 이야기는 전혀 남 얘기가 아니다. 우리가 살아온 과정도 거의 비슷하다. 우리 역시 내 본모습을 잃은 채 부모님이 나를 사랑한답시고 내놓은 처방에 따라 살아왔다. 나르키소스의 어머니가 수면을 흔들어 버렸듯이, 우리네 부모들도 나를 들여다볼 기회를 빼앗아 갔다. 제가 무엇을 원하는지, 무엇을 잘할 수 있는지, 어떤 것이 내게 가장 잘 어울리는 건지 생각지도 않은 채 오로지 남과 똑같은 한길로 매진해 왔다. 그러면서도 자기 자신은 끔찍이 챙긴다. 자, 무엇이 다른가? 나 역시 '내 본모습을 잃은 채 나를 사랑하는' 꼴 아닌가! 그 삶의 과정은 또 어떤가? 나르키소스가 수많은 요정들을 신음하게 한 것과 마찬가지다. 나 역시 더불어 삶의 가치를 잃은 채 누군지도 모르는 나만 챙기면서 달려왔다. 그리하여 나도 잃고 너도 잃는, 껍데기만 남은 기능인으로 전락해 버렸다.

나르키소스 이야기는 비단 개인에게만 적용되는 게 아니다. 이른바 집단 이기주의도 마찬가지다. 모두들 제게 이익이 된다면 더 큰 집단에 빌붙으려 한다. 지연, 학연, 혈연 따위에 선을 대려 하고, 자기 집단에 이익이 되는 것이라면 물불을 가리지 않는다. 이른바 '민족주의'니 '국가주의'니 하는 것도 마찬가지다. 그러면서 자기 집단의 본모습을 들여다보는 데는 무척 게으르다. 아니, 그럴 필요조차 느끼지 않는다. 우리 집단은 무조건 옳아야 한다. 뭉치면 살고 흩어지면 죽는다! 행여 집단에 손해가 되는 발언이 들릴라치면 맹폭을 퍼붓는다. 졸지에 배신자로, 매국노로, 반민족주의자로 찍히고 만다.

언젠가 학생에게 이런 얘기를 들었다. '선생님, 우리 아버지가 그러는데요, 서울대 나오면 선배들이 잘 끌어 준다던대요. 그래서 서울대 가야 한대요.' 이것이 서울대 가는 이유다. 내 적성에 맞는지 어떤지는 뒷전이다. 유일한 판단 기준은 이익이 되느냐 않느냐다. 물론 그 아이에게 잘못이 있는 건 아니다. 난 웃으면서 이렇게 말했다. '네가 개냐? 끌려 다니게.' 마찬가지다. '대기업에 들어가면 좋다던대요.', '의사(판검사)가 되면 어떻다던대요.' 따위들. 내게 어울려서 가는 게 아니라, 남들이 좋다기에, 먹고 살기 편하다기에 갈 따름이다. 내면의 욕망은 거들떠볼 필요가 없다. 내면을 잃어버렸기 때문이다. 그렇게 길러졌다. 남은 선택은 단 하나, 껍데기를 치장하는 것뿐이다. 그걸로 만족하며 그런 자신을 자랑스러워 한다. 나라서 자랑스러운 게 아니다. '~사'로 불리기에 그렇다. 학벌 뜯어먹고, 명함 팔아먹고 사는 꼴이다.

한마디로 나르시시즘은 관계의 단절이다. 나와 너를 끊고, 나와 나를 끊는다. 나아가 그것은 나와 세상의 관계를 깨뜨린다. 게다가 이것은 나와 후손의 관계마저 끊기에 이른다. 그 대표적인 예가 새만금 간척과 같은 자연 파괴다. 이것은 전적으로 '지금-여기' 살아가는 사람들의 이익을 위한 사업이다. 여기에 동원된 논리가 무엇인가. 현재를 살아가는 사람들의 이익 우선이다. 예상되는 폐해보다는 얻을 수 있는 이익이 더 크다는 게 대법원 판결문이다. 그들은 어찌 그리 현명한가. 그들의 귀에는 갯벌 속 무수한 생명들의 비명소리가 들리지 않는다. 자연과 인간의 유대가 깨졌을 때 생기는 문제점이 보이지 않는다. 그들은 살아 보지도 않고서 후손들이 입을 손해가 없다고 말한다. 늘 문제가 터지고 나서야 반성하지만, 언제나 때는 늦었다. 이런 걸 보면 이기주의는 정작 이익도 제대로 챙기질 못한다는 걸 알 수 있다.

'체己'에서 '爲己'로 — 꽃들에게 희망을

여기까지 말하자 이런 질문이 들린다. 그렇다면 당신은 '자기'를 포기하자는 건가? 그럼, '이타주의'인가? 아니다. 나는 '남을 위하는' 삶을 별로 좋아하지 않는다. 그렇게 사는 분들을 존경하지 않는 건 아니지만, 그런 걸 하려면 어깨에 힘이 들어가고 어딘지 어색하다. 대신 나는 '나를 위해서' 살고 싶다. 언제 어디서든 나를 포기할 생각이 전혀 없다. 내가 이기주의를 경계하는 이유는 딱 하나, 거기에는 '나'가 없기 때문이다(게다가 별로 이익을 얻지도 못한다). 지금의 개인주의도 마찬가지다. 그것이 시장과 합쳐지는 한, 개인을 시장 속에서만 구현하려는 한, '개인'은 없다. 나는 진실로 '나'를 살리길 원한다. '나로서', '나답게' 살고 싶다. 그것이 의도하지 않았지만 결과적으로 '더불어' 살 수 있는 길이다. 어차피 나는 관계 속 존재이므로.

어린 시절 누구나 다 읽었을 《꽃들에게 희망을》으로 얘기를 풀어보자. 갓 태어난 줄무늬애벌레는 먹기에만 급급한 삶에서 벗어나 의미 있는 삶을 살고 싶어 한다. 그런 그의 눈앞에 거대한 기둥이 펼쳐진다. 모두가 맹렬히 그 기둥을 기어오른다. 꼭대기에 뭐가 있냐는 그의 질문에 돌아오는 대답은 이렇다. "모두들 그곳으로 서둘러 가는 것을 보면 틀림없이 매우 훌륭한 것이 있을 거야." 무슨 이런 논리가 있는가. '모두가 가니까, 훌륭한 것이 있다?' 그렇게 기어오르기 시작한 기둥은 아수라장이다. 밟고 밟히는 배타적 무한경쟁! 한때 노랑애벌레와 나누는 사랑의 가치가 더 커 보여 잠시 내려온 적도 있었지만, 결국 의미 있는 삶을 추구하는 게 인지상정인지라, 사랑마저 뿌리친 줄무늬애벌레는 작심하고 다시 기둥을 기어오른다. 기어이 꼭대기에 오르고 말겠다는 집념으로. 그런데 정작 꼭대기 근처에 이르자, 꼭대기에 오른 애벌레의 소리가 들린다.

"제기랄, 꼭대기에 아무것도 없잖아!"

"바보야, 조용히 해! 저 밑에 있는 친구들이 듣잖아. 그들이 올라오고 싶어 하고 있는 곳에 우리가 와 있는 거야. 여기가 바로 그곳이야!"

아무것도 없는 곳이지만 모두가 오르고 싶어 하는 곳. 그러나 소수만이 오를 수 있는 곳. 이것을 향한 투쟁. 이래도 이기주의를 변명하겠는가!

한편, 줄무늬애벌레와 헤어지고 혼자 된 노랑애벌레는 나비가 되는 길을 택한다. 껍데기를 벗고서 나비가 된 늙은 애벌레에게 "나비가 된다는 게 뭔가요?"라고 묻자, 늙은 애벌레가 말한다.

"그것은 네가 되어야 하는 바로 그것을 뜻하는 거란다. 그것은 아름다운 날개로 하늘을 날며, 하늘과 땅을 이어 주기도 하지. 그것은 꽃에서 나오는 달콤한 꿀만을 마시면서 이 꽃에서 저 꽃으로 사랑의 씨앗을 운반해 주기도 한단다."

바로 이것이다. 진실로 자기를 위하는 길은 '내가 되어야 하는 바로 그것'이 되는 것이다. 그것은 나비의 모습이 제각각이듯, 저마다 자기 색깔과 자기 몸짓으로 자기 삶을 사는 거다. 내 속에 감추어진 재능, 재주, 취향, 욕망을 길어 올리는 거다. 샘솟는 샘물을 길어 마시는 거다(슈바이처). 내 속에 가둬 놓은 두 마리 늑대를 풀어주는 거다, 그러면 그것이 내 천사가 될 것이다(니체). '내 안에 계시는 하나님'을 만나서 그의 말씀에 따르는 거다(예수).

나비는 자기가 의도한 것이 아닌데도 '이 꽃에서 저 꽃으로 사랑의 씨앗을 운반'하는 삶을 산다. '나만의 나'로 살고자 하는 자는 스스로 세상을 구제하려 하지 않지만, 결과적으로 세상에 생명을 낳고 기르고 키우고 보살피고 가꾸는 삶이 된다. 진정으로 자기를 사랑하는 삶은 이렇게 전염되는 거다. 멋진 나비의 날갯짓을 보면서 뉘라서 흉내 내고 싶지 않겠는가. 그가 즐기는 삶 자체가 세상에 빛이 되는 거다.

이런 삶에 굳이 이름을 붙이자면, '이기'가 아니라 '위기'다. '자기 이익만'을 위하는 삶이 아니라, '자기'를 위하는 삶이다. 공자는 이렇게 말했다.

"옛 사람들은 제 몸을 위해[爲己] 공부하였는데, 요즘 사람들은 남을 위해[爲人] 공부한다."(《논어》, 〈헌문〉편)

위기지학(爲己之學)은 나를 가꾸고 나를 돌보고 나를 기르고 나를 닦는 공부다. 진실한 나를 발견하기 위한 삶이다. 내가 얻은 것이 옳은지, 정말 내게 어울리는 건지 끊임없이 확인하는 삶이다[學而時習之]. 이렇게 얻은 진실한 나로 세상에 나아가는 거다[己所不欲勿施於人]. 이런 삶을 산다면 진실한 벗을 만나게 되고[有朋自遠方來], 남이 알아 주지 않더라도 화내지 않는[人不知而不慍] 기쁘고

〔不亦說乎〕 즐거운〔不亦樂乎〕 군자의 삶〔不亦君子乎〕을 살 수 있다. 반드시 큰 인물이 되어야 군자인 것은 아니다. 진실로 기쁘고 즐거운 삶을 살 수 있다면 그것이 곧 군자다. 한마디로 군자는 '열락에 빠진 자'다〔悅＋樂＝君子〕.

위인지학(爲人之學)은 남과 세상을 위하는 공부다. 이 얼마나 멋진가. 그러나 세상을 구제하려는 공부를 하노라면, 남에게 인정받고자 하는 마음이 절로 생긴다. 자칫 말로만 떠벌일 수 있다. 이 정도면 그나마 다행이다. 쓸데없이 어깨에 힘이 들어가 세상을 이리저리 호령하려 하고, 사람과 세상을 배치하고 통제하고 개조하려는 유혹에 휩쓸리기 십상이다. 나와 세상을 따로 떼어 놓고 세상을 과학적으로 계산할 수 있다는 헛된 망상에 빠지기 딱 좋다. 남을 위해 희생·헌신·봉사한다는 사명감에 불타 세상에 너무 많은 것을 기대하기 일쑤다. 이것이 과연 세상을, 이웃을 위하는 삶인가.

남들이 다 독립운동하겠다며 만주 벌판으로 달려가 말 달린다고, 눈 나쁘고 다리 짧은 나마저 그래야 하는가. 자칫 말 타다가 떨어져 죽기라도 하면? 안경이 깨져 보이지도 않는 눈으로 적을 섬멸했는데, 알고 보니 다 우리 편이었다면? 아무리 좋더라도 내게 이건 안 어울리는 거다. 대신 다행히 얻은 좋은 머리를 살려 시골 마을에서 선생 노릇 하는 게 훨씬 어울린다. 그게 내가 할 수 있는 독립운동이다. 내게 어울리는 세상살이를 하는 것이 나와 세상을 위하는 길, 곧 위기지학이다. '홀로, 더불어'의 삶이야말로 진실로 나를 위하고, 세상을 위하는 길이다.

기출문제 둘러보기

2007년 동국대 정시 |

다음 글을 읽고 물음에 답하시오.

1. 제시문 (가)와 (나)에 나타난 행위의 성격을 비교하시오.
2. 제시문 (가)와 (나)의 내용을 바탕으로, 제시문 (다)에 드러난 행위 유형들과 그 정당화의 근거를 서술하시오.

제시문 (가) 현재로서의 우선순위 1번은 긴급구호활동이다. 이런 일을 한다고 하면 마치 내가 드높은 박애정신이나 인류애의 소유자라고 생각할지도 모른다. 나는 정말 그런 거 없다. 어렸을 때부터 봉사나 희생정신과는 거리가 먼 사람이다. 오히려 이기적인 쪽이다. 무슨 일이든 내가 좋아야 한다. 내가 하나도 기쁘거나 행복하지 않은데 남에게 좋다는 이유로 무슨 일을 하는 법은 없다. 긴급구호도 그렇다. '괴롭고 힘들고 목숨의 위협을 느낄 만큼 두렵지만 인류 평화라는 거룩한 뜻을 위해 이 한 몸 기꺼이 바치겠다'가 절대 아니다. 이 일을 하면 내가 얼마나 행복할까를 생각한다. 벼랑 끝에 선 사람들의 손을 잡아끌어 주는 것이 나에게 얼마나 큰 보람과 기쁨을 줄까를 생각한다. 내가 행복할 것 같아서 하는 일이 너무나 다행히 다른 사람들을 위해서도 좋은 일이니 더욱 잘 되었을 뿐이다. 이 일을 하다가 죽어도 할 수 없다. 나라고 목숨이 아깝지 않을까마는 어차피 한 번 죽을 목숨이라면 하고 싶은 일을 하는 현장에서 죽고 싶다. 아니, 그게 바로 내 소원이다.

— 한비야, 《중국 견문록》

제시문 (나) 중증장애인이 전동 휠체어를 타고 있는데, 리프트가 고장 난 모양이었다. 역무원이 리프트 조종 장치를 조작해 보았지만 소용이 없었다. 장애인은 안타까운 눈으로 고장난 리프트 장치를 바라보고 있었다. 누군가 말했다. "엘리베이터는 공사중이고, 이거 참……. 우리가 힘을 합쳐서 옮겨 드립시다. 괜찮지요?" 장애인이 고개를 갸웃거리며 의사 표시를 했지만 알아들을 수가 없었다. "자, 왼쪽에서 그렇게 세 분이 잡고, 오른쪽도 준비 됐지요? 하나 둘 셋, 영차." 위 차장은 왼손으로 휠체어 아래 모서리를 잡고 오른손으로 등받이를 지탱했다. 그리고 다른 사람들과 걸음을 맞춰서 올라가기 시작했다. 전동 휠체어 무게는 굉장했다. 남자 여섯 명이 젖 먹던 힘까지 짜내자 간신히 들어 올릴 수 있었다. 휠체어가 계단을 오르자 두 사람이 새로 달려 들어 뒤에서 등받이를 밀어 주었다.(중략)

"이제 반밖에 안 남았습니다. 자, 힘을 냅시다. 하나 둘 셋. 영차." 이번에는 위 차장이 오른쪽으로 가서 휠체어를 들었다. 위 차장은 평소에 남의 처지에 신경을 쓰는 사람이 아니었다. 만일 이런 일을 과거에 보았더라면 무심히 지나쳤을 것이다. "하나 둘. 하나 둘." 휠체어의 의자 부분을 잡은 오른손에 따뜻한 온기가 느껴졌다. 고개를 드는 순간 장애인의 눈과 위 차장의 눈이 서로 마주쳤다. 장애인의 눈은 그에게 '고맙다'고 말하고 있었다. 마침내 계단을 모두 올랐다. 사람들이 조심스럽게 휠체어를 내려놓자 그들을 호위하듯 뒤따라온 사람들이 와! 하고 환호성을 지르며 박수를 쳤다. 위 차장은 함께 나른 사람들과 하이파이브를 했다.

그리고 악수를 나누었다. "수고하셨습니다." 모두가 오늘 처음 보는 낯선 사람들이었다. 그런데 왜 이렇게 기분이 하늘을 나는 것처럼 좋은 것일까? 시계를 보니 벌써 8시 40분을 넘어서고 있었다. 꼼짝없이 지각이다.

- 한상복,《배려》

제시문 (다) "너 때문에 동생 귄터가 죽었다." 등산계의 살아 있는 전설 라인홀트 메스너가 1970년 히말라야에서 혼자 돌아오자 아버지와 동료들은 냉대했다. 그는 "아우가 눈사태로 죽었다."고 했을 뿐 변명하지 않았다. 묵묵히 산에만 올랐다. 1986년까지 최초로 히말라야 14호봉을 모두 정복했다. 그는 작년 낭가파르바트 봉을 뒤져 눈 속에서 시신을 찾아냈다. 발가락뼈를 가져와 DNA 검사를 했다. 귄터의 것이었다. 그는 35년 '멍에'를 비로소 벗었다.

메스너는 자서전 《벌거벗은 산》에서 아우의 마지막 순간을 돌이켰다. "하산 길에 우박과 돌풍이 몰아쳤다. 모든 감각이 마비되기 시작했다. 이틀 동안 텐트도 없이 야영했다. 동생은 자꾸 처졌다. 어느 순간 돌아보니 아우가 없었다. 미친 듯 울부짖으며 온밤을 찾아다녔다." 죄의식이 그를 내내 괴롭혔다. "귄터의 꿈을 꾸고 또 꾸었다. 그렇게 해서 귄터를 붙들어 두려 했다."

한왕용은 히말라야 14봉을 모두 오른 한국인 세 명 중 한 사람이다. 그는 2000년 히말라야 K2 봉 등반길에 고통을 호소하는 선배에게 산소 장비를 넘겨주고도 정상에 올랐다. 그 후유증으로 뇌혈관이 막히는 바람에 네 번이나 수술을 받았다. 말도 어눌해졌다. 그는 정상 정복을 코앞에 두고도 조난자를 외면하지 않았다. 1995년엔 에베레스트 정상 100m 못미처, 1998년엔 안나푸르나 490m 아래에서 다른 산악인을 구조했다.

두 다리가 없는 뉴질랜드 장애인 잉글리스가 보름 전 에베레스트에 오른 뒤 "하산 때 죽어 가는 사람을 만났지만 도와주지 못했다."고 고백했다. 그날 정상을 오른 40여 명도 그냥 지나쳤다. 반면, 지난 주말 동료들이 죽은 줄 알고 에베레스트 150m 아래에 두고 온 호주 산악인은 등정을 포기한 미국인에게 구조됐다. 이 두 사건으로 8000m 이상 '죽음의 지대'에서의 구조를 둘러싼 윤리 논란이 한창이라고 《뉴욕타임스》가 보도했다.

― 주용중, 〈히말라야의 딜레마〉(《조선일보》, 2006. 5. 30.)

더 생각해 봅시다 ❶

인간에게 선하거나 악한 본성이 있을까?

　본성론을 펼치는 사람들은 '성선설'과 '성악설' 따위를 주장한다. 이 문제를 다룰 때 특히 주의해야 할 게 있다. 과연 인간의 본성이란 게 있을까? 그렇게 선하거나 악한 본성을 타고 나는 걸까? 그걸 어떻게 입증할 수 있는가? 가령, 본성이 선하다고 보는 사람들, 이를테면 맹자는 이른바 '사단설(四端說)'을 내세운다. 사단설은 '4가지 끄트머리'란 뜻인데, 그렇게 대다수 사람들에게 드러나는 모습을 보면 본성을 짐작할 수 있다는 말일 게다. '딱한 이를 보면 측은한 마음이 절로 생기고[측은지심(惻隱之心)]……' 운운하는 건데, 이건 해석하기 나름이다. 이런 마음도 결국은 사회 생활의 산물일 테니까. 가장 본성에 가까운 상태는 아무래도 어린아이일 게다. 성선설을 주장하는 사람들은 아마 '천사 같은 아이'라 할 거다. 그런데 진짜로 어린아이가 '천사' 같은가? 아이를 길러 본 사람이라면 결코 동의하지 않는다. 그야말로 아이는 '악마'다. 가끔씩 '천사' 흉내를 내긴 해도. 이렇게 보면 '본성'이란 걸 확정 지으려는 시도 자체가 어불성설이다.

　그런데 왜 유명한 사람들이 별 근거도 없는 이런 주장을 폈을까? 그들이라고 본성을 확정 지을 자격이 없다는 걸 모를 리는 없다. 그런데도 '성선', '성악' 운운하는 데는 다른 의도가 있다. 가령 인간의 본성, 즉 사람의 자연적 상태가 악하다고 치자. 그러면 바람직한 사회는 가능한 한 자연에서 멀어진 상태, 즉 문명 상태가 될 거다. 그 문명은 자연 상태를 최대한 억누르는 것이겠고. 각종 법적·제도적 장치를 마련하여 사람의 사악한 본성이 힘을 못 쓰게 만드는 상태가 최선이라는 거다. 그러므로 성악설은 공권력을 긍정하든가, 아니면 이기적 본성이 합리적으로 발휘될 수 있다는 시장에 주목하게 된다. 반대로 성선설이라면 어떨까? 성선설을 주장하는 이들은 당연히 사람의 자연 상태를 긍정할 거다. 무엇이 사람의 선한 본성을 훼손했을까? 당연히 인간 문명이 그렇게 했을 터다. 이들은 문명을 '인위적 장치'로 보고, 그 인위가 사람의 자연 상태를 오염시켰다고 본다. 따라서 이들은 반문명적 발상에서 원래의 자연 상태를 회복하는 방안을 모색한다. 선한 본성을 일깨울 교육을 강조한다거나, 아니면 아예 '무지무욕'을 강조하기까지 한다.

  여기서 우리는 인간 본성론이 도출되는 경로를 추적할 수 있다. 본성론을 펼치는 사람들의 설명은 인간 본성에서 출발한다(본성 → 사회). 그러나 그들의 탐구는 정반대다(사회 → 본성). 그들 자신이 살고 있는 사회를 먼저 염두에 두고 그것을 역추적해서 인간 본성에까지 거슬러 올라간다는 거다. 만약 그들이 현 질서를 긍정하고 지금의 상태가 더 정교해져야 한다고 생각하면, 대체로 인간 본성을 악하다고 할 거다. 반대로 현재를 부정적으로 보는 사람은 대체로 인간 본성을 선하다고 볼 거다. 이제 머릿속에 그림이 그려지는가? 인간 본성론은, 사람의 본성이란 게 원래부터 있어서 나온 이론이 아니라, 현재 상태에 대한 자신의 판단, 자기가 사회를 보는 눈을 반영하는 이론이라는 거다.

더 생각해 봅시다 ❷

'성악설'의 장단점은?
─홉스의 '만인과 만인의 투쟁'

　인간관이란, 사회 상황을 설명하고 자기가 그리는 사회를 정당화하기 위해 사상가들이 '창조'한 거라고 말했다. 따라서 인간관을 비판할 때는 상대방의 인간관을 일단 인정한 뒤 그 인간관을 따를 때 어떤 문제가 생기는지, 그 문제를 그의 인간관이 해결할 수 있는지 등을 논리적으로 따져야 한다.

　홉스에게서 사람의 본성은 '자기보존욕'이다. 식욕과 수면욕은 현실의 자기를 보존하려는 것이고, 성욕은 종족을 번식함으로써 종을 보존하려는 것이다. 그런데 사람이라는 종은 이성을 갖고 있다. 즉 머리를 써서 자기를 더 잘 보존하는 방법을 모색한다는 거다. 홉스가 말한 '만인을 향한 만인의 투쟁'은 남보다 더 빨리, 더 많이 보존하는 방법을 모색하는 과정에서 나온다.

　그런데 이 투쟁이 지속되는 한 사회는 항구 불안 상태에 빠지고 만다. 이런 상태에서라면 어느 누구도 안정적으로 자신을 보존하기는 힘들 것이다. 그래서 나온 것이 '사회 계약'이다. 계약의 내용은, '가장 힘센 자에게 힘 몰아주기'다. 힘센 자에게 힘을 몰아주고 약자는 그에 복종함으로써 자기를 보존할 수 있다는 거다. 그 힘센 자는 자신의 힘을 법과 제도적 장치, 즉 공권력을 통해 행사한다.

힘을 곧장 행사하면 반발을 불러일으키기에 법이라는 장치를 통해 행사한다. 결국 법의 정당성은 그 법의 올바름에 있는 것이 아니라 바로 힘에 있다.

'불신에 기초한 통치'라는 발상은 민주주의의 확립에 큰 보탬이 되었다. 삼권분립, 법치, 지방자치제 등과 같은 제도적 장치의 근원에는 바로 이 인간 불신이 깔려 있다. 인간의 선한 의도를 신뢰하지 않으므로 각종 제도적 장치를 마련해 투명한 미래를 기약할 수 있게 해 줬다는 게 이 이론의 장점이다. 무엇보다 현실의 이기적인 인간들이 만들어 내는 사회의 모습을 잘 설명할 수 있다는 장점이다.

하지만 홉스의 이론에는 치명적인 약점이 있다. 그가 사람의 본성을 이기적이라 보는 이상, 사람들은 법의 빈틈을 노려서 자신의 이익을 도모하기 마련이다. 나아가 강자의 힘이 더 이상 발휘되지 않는 상황이 오면, 사람들은 필연적으로 도발한다. 왜? 홉스의 생각대로 인간은 이기적일 테니까. 그렇다면 계약 뒤의 세계도 항구적 불안 상태이기는 마찬가지다.

이를 막는 유일한 방안은 인민들이 자발적으로 복종하게 만드는 것이다. 그 자발적 복종은 어떻게 가능할까? 우선 법이 정당성을 가져야 하고, 그에 복종하려는 인간의 자발성이 있어야 한다. 홉스에게서 법은 곧 힘이다. 힘 이외의 어떤 것도 법을 정당화해주지 못한다. 그런데 그의 주장에 따르면, 무엇보다도 인간 본성은 악하기 때문에 자발적 복종이란 건 원천적으로 나올 수 없는 대안이라고 한다. 따라서 홉스의 인간관은 영원한 불안 상태를 초래할 수밖에 없는 이론으로 굳어지고 마는 것이다.

더 생각해 봅시다 ❸

그렇다면 인간 본성론에 어떤 태도를 취해야 하는가?

　이기적 인간관은 뭐가 문제일까? 가장 큰 문제는 그것이 인간을 닫힌 존재로 생각한다는 점이다. 여기서 '닫는다'는 건 두 가지를 의미한다. 하나는 나와 이웃의 관계를 차단한다는 거다. 사람이 이기적이라면 우리가 이웃과 관계를 맺는 이유도 간단하다. 나한테 이익이 되기 때문이다. 결국 서로가 서로를 이용한다는 결론밖에 나올 게 없다. 이렇게 겉보기엔 이웃에게 열린 것처럼 보이지만 사실은 닫아 놓은 게 오늘 이기적 인간의 실상이다. 또 하나는 사람의 변화를 인정하지 않는다는 거다. 이것은 이기적 인간관의 필연적 귀결이다. 생각해 보라. 사람이 어떻게 변할 수 있을까? 그건 이웃, 자연과 맺는 관계 때문에 가능하다. 이 관계에서 싹트는 믿음 같은 게 우리를 변화하게끔 한다. 그런데 이 관계를 끊어 놓은 인간관을 받아들이면? 당연히 변화 자체가 없어진다. 이처럼 사람의 변화 가능성을 봉쇄해 놓은 인간관을 받아들이니까 불신만 남는다.
　최근 과학이라는 이름으로 닫힌 인간관을 부추기는 이론이 등장했다. 이른바 '생물학적 결정론' 또는 '유전자 결정론'이다. 생명체의 근원에서 작용하는 유전자가 사람의 성향과 능력, 그리하여 삶을 결정한다는 거다. 이들의 대표 선수인 도킨스의 이론은 간단 명쾌하다. "사람이라는 생명체는 유전자의 명령에 따르는 존재다. 그런데 그 유전자는 자신의 유지와 번식을 목표로 한다. 즉 이기적이다. 따라서 인간은 이기적일 수밖에 없다." 이 강력한 '과학적' 의견은 실상 허술하기 짝이 없다. 그것은 사람을 고정된 존재, 다른 무엇과의 관계에도 불구하고 그럴 수밖에 없는 존재로 만들어 버린다. 이런 문제는 유전자조차 다른 유전자, 몸, 그리고 자연과 문화와 맺는 관계 속에서만 살 수 있다는 이치를 무시하기 때문에 생긴다.

이 유전자 결정론을 꺾는답시고 나온 게 '문화적 또는 사회적 결정론'이다. 이것은 인간의 성향을 결정하는 건 유전자가 아니라 사회 환경이라고 주장한다. 그러나 나는 이것이든 저것이든 '결정론'이라는 이름표를 달고 나온 거라면 어느 것도 받아들이지 않는다. 예를 들어, 히틀러가 사람들을 마구 죽이고 나서 이렇게 말한다. "사람을 죽인 건 내 탓이 아니다. 내 유전자가 그렇게 시킨 거다." 또 이렇게도 말한다. "내 환경이 날 그렇게 만든 거다. 난 아무 잘못도 없다." 결정론은 인간을 설명하는 것처럼 보이지만, 사실은 인간을 배제시킨 이론일 뿐이다.

"그럼 너는 성선설이냐?"라고 물을 수도 있겠다. 아니! 난 그렇게 인간을 딱 고정시키는 이론들이 더 문제라고 본다. 사람은 자연과 이웃, 즉 나 아닌 것과 무한대로 관계를 맺으며 살아가는 존재다. 물론 유전자도 그 관계 가운데 일부다. 문제는 그 일부분만으로 사람을 규정하려는 시도에 있다. 그러다 보니 어떤 결론을 미리 내려놓고 자꾸 그것에 끼워 맞추기식으로 사람을 설명한다.

내 주장은, 있는 그대로의 인간, 무한 관계 속의 인간, 따라서 무한 가능성으로서의 인간을 생각하자는 것이다. 그럴 때 인간은 나 아닌 것들과 더불어 늘 무언가를 만들어 나가는 존재가 될 수 있다. 이렇게 어울려서 어딘가로 나아간다는 자체가 무엇보다 소중한 것 아닐까?

08 무엇에 복종할 것인가?

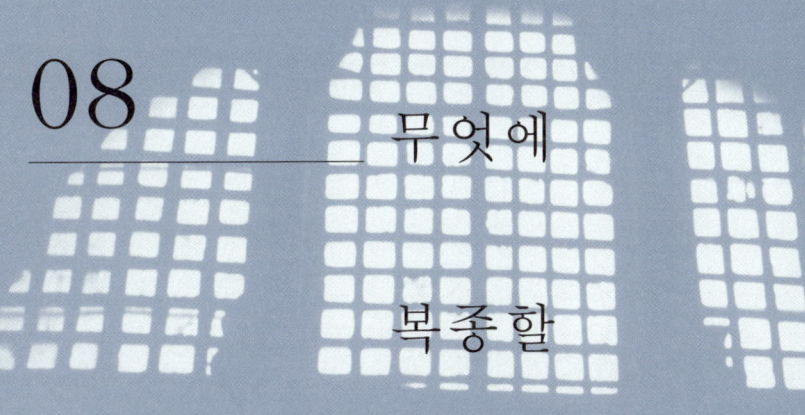

남들은 자유를 사랑한다지마는, 나는 복종을
좋아해요.
자유를 모르는 것은 아니지만, 당신에게는 복종만
하고 싶어요.
복종하고 싶은데 복종하는 것은 아름다운 자유보다 더
달콤합니다. 그것이 나의 행복입니다.
그러나 당신이 나더러 다른 사람을 복종하라면,
그것만은 복종할 수가 없습니다.
다른 사람을 복종하려면
당신에게 복종할 수가 없는 까닭입니다.

― 한용운, 〈복종〉

적과의 동침, 자유와 구속의 기묘한 동거

 이럴 때 우리는 자유를 느낀다. 나를 억누르는 어떤 것, 이를 테면 질서나 가정의 굴레에서 벗어날 때. 컴퓨터, 오락, 마약, 술, 담배에 찌들다가 이윽고 그것을 극복할 때. 질식할 것 같은 일상에서 벗어나 탁 트인 바다나 들판을 마주했을 때. 크게는 독재의 억압에서 해방될 때. 이 자유들의 공통점은 '벗어남'이다. 벗어남은 그 자체가 목적이 아니다. 잘 다니던 직장을 그만두려는 것은 어릴 적부터 꿈꾸던 무언가를 하기 위해서고 중독을 극복하는 것은 더 좋은 것, 이를테면 독서 같은 데 몰입하기 위해서다. 독재와 맞서 싸우는 것은 민주주의를 누리기 위해서다. 이처럼 무언가를 하는 데서 얻는 자유의 특징은 다른 대상으로의 '빠져듦'이다. 따라서 '벗어남'은 '빠져듦'을 동반한다고 볼 수 있다.
 여기서 좀 기묘한 도식이 나온다. 무엇에서 벗어나려고 했나? 굴레, 중독, 일상 따위다. 중독을 예로 들면, 그건 나도 모르게 빠져든 무언가다. 이 빠져든 것에서 벗어나 정말 하고 싶은 것으로 또다시 '빠져'든다. 도식화하면, '빠져듦 → 벗어남 → 빠져듦'이다. '자유'라고 하면, 흔히들 '구속에서 벗어남'으로 해석한다. 그런데 그 구속에서 벗어나서 얻는 자유는 또다시 무언가에 '기꺼이' 구속됨,

즉 복종함이다. 이처럼 구속과 자유는 가장 먼 것처럼 보이지만, 사실은 가장 가까운 관계다.

　이것이 이 주제를 선정한 내 문제의식이다. 구속을 배제한 자유가 과연 가능한가? 자유가 원천적으로 구속을 전제로 한 개념인 것은, 비단 그것이 반대말이라서가 아니라, 가장 가까운 사이여서가 아닐까? 자유와 구속이 진정 동반 관계라면, '참 자유'란 곧 '참 복종'과 통하는 게 아닐까?

왜 자유에서는 피 냄새가 날까

　인류사는 실로 자유를 향한 투쟁의 역사라 해도 과언이 아니다. 우리의 근현대사를 보더라도 '자유'라는 가치보다 더 큰 가치는 없는 듯싶다. 자유를 위해 흘린 피와 땀과 눈물이 얼마나 많았던가. 거창하게 인류사를 들먹이지 않더라도, 한 개인이 자유를 얻으려고만 해도 참 많은 걸 희생해야 한다.

　내 어린 시절을 되돌아보면 좀 끔찍했던 것 같다. 부모님이 이 말 들으면 무척 섭섭해 하시겠지만, 당시 나의 어린 심정이 그랬다. 왜 그리 벗어나고 싶어했는지는 지금도 이해가 잘 되질 않는다. 단칸방에서 다섯 식구가 옹기종기 모여 살았던 가난 탓만은 아니었다. 불편하긴 해도 공부할 여건은 어느 누구보다 풍족했다. 그것 하나만을 위해 부모님은 부산으로 이사를 하셨으니까. 내 경우에는 아무래도 교회 생활과 연관이 큰 것 같다. 20여 년간 교회를 관리하는 일('사찰'이라 불렀다)을 한 아버지 덕분에 어린 나는 무의식적으로 교회가 위선 덩어리라는 선입견을 가졌던 것 같다. 그건 세상의 '돈' 질서가 그대로 반영된 피라미드 질서의 결정판이랄 만했다. 나는 마치 대단한 신앙심을 가진 듯 나를 포장했다. 내 학생기록부 장래 희망란에는 언제나 '목사'가 적혀 있었다. '목사'가 되는 것은 부모님의 희망이기도 했지만, 어린 나를 남모르게 짓눌렀던 질서에서 살아남기 위한 내 나름의 방안이었던 것 같다. 거대한 집단에서는 모두가 추구하는 것을 선점하는 게 가장 유리하니까. 나중에야 깨달았지만 그건 위선이었다. 대학에 오자마자 아무런 미련 없이 교회를 끊은 걸 보면 알 수 있다.

그때 서울로 올라오는 열차에서 누렸던 해방감은 지금까지도 생생하다. '구름 밟는 느낌'이 어떤 건지 처음 느꼈을 정도였다. 대학에 들어와서 전공 공부보다는 이런저런 다른 공부나 다른 일(80년대에는 젊은이가 해야 할 일이 따로 있었던 듯하다)을 하면서 느낀 해방감은 이루 헤아릴 수 없었다. 어린 나를 짓눌렀던 질서를 타파할 수 있을 것 같았다. 그러나 내 해방감이 커질수록 부모님의 고통은 커져만 갔다. 일종의 '배신감' 때문이었으리라. 그러나 나는 그걸 치러야 할 당연한 대가쯤으로 해석했다. '기회비용'(정확히 이렇다)이 커질수록 성취도 크다는 생각에서였다.

이 별것 아닌 개인사에서도 자유의 한 얼굴을 찾아낼 수 있다. 나는 내 자유를 추구할 뿐이었는데 그것은 나만의 문제로 끝나지 않았다. 나의 자유는 타인의 희망이나 기대를 여지없이 꺾어 버리는 것이기도 했다. 사르트르의 말마따나 나의 자유는 남의 자유를 욕망한다. 부모님의 사랑이 자유를 추구하는 나에게는 굴레가 되고, 내가 그 굴레에서 벗어나는 자유를 원할수록 부모님의 삶은 의미를 잃는다. 이렇게 내가 받아들인, 우리가 흔히 생각하는 자유에는 '배타성'이 짙게 드리워 있다.

이청준의 소설《당신들의 천국》은 이 자유를 잘 보여 준다. 한센병 환자들의 사는 섬에 새로 부임한 조백헌 원장은 섬사람들을 위해 진심으로 노력한다. 그러나 이상욱 과장의 생각은 다르다. 그는 조 원장의 노력이 진심이라 할지라도, 아니 오히려 그러기에, 섬사람들이 가슴 속에 조 원장에 대한 보이지 않는 동상을 세울까 봐 우려한다. 섬 사람들은 모두 나약한 양떼처럼 목자의 인도만 따랐기 때문이다. 그는 스스로 이루는 자유가 아니고서는 결코 당당한 주체가 될 수 없다고 생각한다. 천국이든 지옥이든 그것은 스스로가 선택한 것이라야만 비로소 진정한 자유다. 개인이든, 집단이든 간에 스스로 자유를 이루고자 할 때는 주어진 무언가를 거부해야 한다.

인류가 꿈꿔 온 자유를 돌이켜보면, 크게 두 가지 방향을 지닌다. 하나는 '자연에서 해방'되는 것이고, 다른 하나는 '집단에서 해방'되는 것이다. 둘을 관통하는 원리는 '~에서 벗어나는 자유' (freedom from ~), 이른바 '소극적 자유'다. 사실 이 둘은 하나다. 애써 일군 농사를 태풍이나 홍수가 여지없이 휩쓸어 버리는 것을 지켜본 사람들은 '자연의 폭력'에서 벗어나고자 했다. 그래서 사회를 이루었다. 그런데 이번에는 그 사회가 개인을 억압한다. 개인은 집단에서 벗어나서는 자연의 폭력을 이겨낼 도리가 없기에 어쩔 수 없이 그 억압을 수용할 수밖에 없다. 마침내 이 억압에서 벗어나게 된 것은 근대 과학 기술 문명이 발달한 덕분이었다. 이로써 개인은 자연을 극복하고 나아가 자연을 맘껏 이용할 수도 있게 되었다. '자연에서 해방'을 이룬 것이다. 자연을 정복하게 된 이상 사회의 억압을 용인할 필요가 없게 되었다. 이리하여 사람들은 사회적 속박에서 벗어나기 위한 투쟁을 시작한다. 이것이 '사회에서 해방', 곧 '개인주의'의 등장 배경이다.

《당신들의 천국》에서 이상욱의 편지는 이 일련의 과정에서 형성된 '자유'의 관념을 대변한다.

진정한 천국이라면 전 그것을 누리고자 하는 사람에게 먼저 선택이 행해져야 할 것이고, 적어도 어느 땐가는 더 나은 자기 생의 실현을 위해 그 천국을 버릴 수도 있어야 하는 것으로 믿고 싶습니다. 천국이란 실상 그 설계나 내용이 얼마나 행복스러워 보이느냐보다 그것을 누리고자 하는 사람들의 선택 여부와 내일의 변화에 대한 희망이 어느 정도까지 허용될 수 있느냐에 더욱 큰 뜻이 실릴 수가 있기 때문입니다.

얼마나 멋진 말인가. 그러나 그러한 자유를 실현하려면 조 원장의 진실성조차 거부해야만 했다. 사르트르가 옳았다. 나의 자유는 너의 자유를 침해할 수밖에 없다.

자유의 감옥

사르트르는 "우리는 이미 자유라는 선고를 받은 셈"이라고 했다. 그토록 피 흘려 이룬 자유인데, 왜 그것이 '선고'라는 말까지 듣는 처지가 되어 버렸을까? 선고란 죄를 지은 사람에게 적용되는 말이다. 우리가 도대체 무슨 죄를 지었단 말인가? 내막은 이렇다. 태어남을 스스로 선택하는 사람은 없다. 나는 내 의사와 무관하게 세상에 던져졌다. 형의 집행은 무언가를 스스로 선택하면서부터 시작된다. 공부하는 것, 대학 가는 것, 취직하는 것, 결혼하는 것, 이 모든 것이 선택의 연속이다. 이리로 갈까 저리로 갈까, 놀까 공부할까, 만날까 말까, 어느 하나 선택 아닌 게 없다. 내가 원하든 원치 않든 뭔가를 선택해야만 한다. 심지어 선택하지 않는 것도 선택이다. 그러고 보면 자유라는 건 처음부터 인간인 이상 무조건 지닐 수밖에 없는 것이다. 그런데 이게 왜 부정적 의미의 '선고'라는 말을 들어야 하는 걸까? 선택에는 언제나 결과가 따른다. 그런데 그 결과가 내 의도대로 되지 않는다. 하지만 그 결과에 대해 책임져야 한다. 차라리 선택하지 않았더라면 좋았을 텐데, 선택을 피할 도리가 없지 않은가! 이래서 자유가 선고와 같다고 한 것이다.

햄릿의 유명한 대사인 "To be or not to be"는 선택의 결과가 두려워 끊임없이 회의하는 인류의 고뇌를 대변한다. 흔히 '사느냐, 죽느냐'로 해석하지만, 꼭 그렇게만 볼 것은 아니다. 햄릿의 고민은 '주어진 운명에 굴복할 것인가, 아니면 운명과 맞서 싸울 것인가'에서 출발한다. 자유롭게 살고자 하면 당연히 운명과 맞서야 한다.

그러나 운명과 맞서는 일 뒤에는 죽음과 맞닿는 위험이 도사리고 있다. 여기서 비로소 '사느냐, 죽느냐' 하는 고민이 나오는 것이다. 그러면 차라리 죽을 것인가? 햄릿은 죽음을 선택한 이후의 결과가 두려워서 죽음을 선택하지도 못한다. 죽음 이후의 세계를 부정하는 사람이라 하더라도, 죽음을 선택하는 경우는 거의 없다. 그렇다면 '사느냐, 죽느냐' 하는 고민에는 이미 답이 있다. '살아야' 한다. 자, 이제 운명에 맞서는 일을 선택하기란 거의 불가능해 보인다. 이리하여 사람들은 수많은 부조리 앞에서도 제대로 선택하지 못하고 운명에 굴복하고 마는 것이다. 아니, 굴복하는 '선택'을 하는 것이다. 그리고 그 결과는 고스란히 자신의 몫으로 돌아온다.

《모모》로 유명한 미하엘 엔데는 또다른 작품인 《자유의 감옥》에서 선택을 놓고 끊임없이 망설이는 한 사람을 소개한다. 그 사람은 수많은 문이 있는 방에 놓인다. 그는 어떤 문이든 열 수 있다. 물론 문 뒤에 무엇이 있는지는 모른다. 그리고 그 문을 열면 나머지 문들 뒤에 무엇이 있는지를 아는 것은 포기해야 한다. 다른 문들은 잠겨버리기 때문이다. 그는 자신이 연 문 뒤에 기다리고 있는 것에 온전히 책임을 져야 한다. 그가 항변한다.

"하지만 어떻게 해야 할지를 나 자신도 모른다면 어떤 결정도 할 수 없는 것 아니야?"

그러자 형체 없는 웃음의 울림이 바스락거리는 소음으로 들려왔다.

"그럼 몰랐단 말이야? 하긴……. 너는 지금까지 살아오면서 이것 아니면 저것을 결정하는 데에는 이유가 있어야 한다고 믿어 왔겠지. 하지만 실제로 네가 기대하는 일이 진짜 일어나게 될지는 전혀 예상할 수 없었을 거야. 너의 그 훌륭한 이유라는 것은 언제나 꿈과 망상에 지나지 않았어. …… 인간은 장님이나 마찬가지. 그래서 그의 모든 행동은 어둠 속에서 이루어질 수밖에 없어."

무엇이든 열 수 있는 자유를 누리는 것처럼 보이지만, 사실상 그것은 '자유의 감옥'이다. 이 자유로운 선택 앞에 홀로 던져진 가련한 인물은 과연 어떤 문을 열었을까? 대답을 듣기 전에 먼저 스스로에게 물어 보라. 나는 과연 어떤 문을 열 것인가? 이 문을 여는 데 도움을 줄 사람은 없는 걸까? 모두가 열었다는 그 문이 과연 정답일까?

앞서 우리는, '개인'이 '자유인'으로서 등장했다는 걸 보았다. 얼마나 멋진 일인가. 그런데 정작 매력적인 개인 앞에 놓인 것은 바로 이 '자유의 감옥'이다. 눈에 보이는 감옥을 박차고 뛰쳐나온 개인들을 눈에 보이지 않는 감옥이 맞이한 꼴이다. 이제 왜 사르트르가 자유를 '선고'라 했는지, 미하엘 엔데가 '감옥'이라고 했는지, 하이데거가 인간을 일컬어 '던져진 존재'라 했는지 알 만하다.

궁금하시리라, 자유의 감옥에 갇힌 사내가 어떤 문을 선택했는지. 그는 결국 아무것도 열지 못했다. 어쩌면 그것이 최상의 선택이었는지도 모른다. 뒤에 천천히 그의 (선택 아닌) 선택을 평가해 보자.

자유에서의 도피

기껏 얻은 자유 가운데 새로운 감옥을 맞이한 것은 소설 속 주인공의 상황만은 아니다. 현대를 살아가는 우리 '자유인'들의 처지라고 해서 다를 것이 없다. 우리는 그 사내와는 달리 자신 있게 문을 열기는 한다. 그러나 그것은 꼭 맞는 선택을 한다기보다는 모두들 열어젖히는 그 문을 나도 여는 것에 불과하다. 언론의 자유니 사상의 자유니 종교의 자유니 하지만, 자기 말 하는 사람, 자기 생각 가진 사람, 자기 신 섬기는 사람을 만나기는 사실 얼마나 어려운가. 하긴, 누구나 선택하는 걸 선택하는 것도 선택이긴 하다.

왜 이렇게 우리는 남들 다하는 선택을 할까? 그것은 공포심 때문이다. 리처드 바크의 《갈매기의 꿈》에 보면 이런 말이 나온다.

> 갈매기의 일생이 그토록 짧은 것은 권태와 공포와 분노 때문이다.

수명이 짧다는 말을 명줄이 짧다고 해석하면 곤란하다. 이 말은 삶이 참 앙상하다는 말로 풍요롭지가 않다는 거다. 그렇다면 왜 앙상할까? '권태'롭기 때문이다. 매일매일이 똑같은 나날 아닌가. 이것이 우리의 선택이 낳은 결과다. 기껏 얻은 자유로 왜 이렇게 권태로운 나날을 선택했을까? 공포심 때문이다. 남다른 선택을 하여 행여 낙오자가 되지는 않을까. 햄릿처럼 결과가 두려운 거다. 그래서 자주 분노한다. 내 이익이 조금 줄어들어도, 상대가 내 말을 들어주지 않아도 내 말 안 듣는다고도 분노한다. 아이에게 어른들은 걸

핏하면 소리 지른다. 왜? 기대가 좌절되었기 때문이다. 도대체 어른들은 아이에게 뭘 기대하는가? 별다른 걸 기대하지 않는다. 똑같은 걸 기대하고 똑같이 분노한다. 안타깝게도 어른들의 기대는, 자기들의 권태로운 나날을 아이들에게도 똑같이 살게 하는 데 머무른다. 이러니 대를 이어 앙상한 삶을 살 수밖에.

도대체 현대인이 하나같이 두려워하는 게 뭘까? 그건 한마디로 '시장'이다. 시장의 신 '물신'에게 버림받는 것이 두려워 제대로 된 선택을 하지 못한다. 우리 모두는 피 흘려 얻은 자유를 내팽개친 채 스스로의 결정을 내리지 못하고 '큰 타자', 곧 시장의 노예로 전락해 버렸다. 그렇다면 시인 김수영이 〈사령(死靈)〉에서 "활자(活字)는 반짝거리면서 하늘 아래에서 / 간간이 / 자유를 말하는데 / 나의 영(靈)은 죽어 있는 것이 아니냐."고 한 탄식은 오늘 우리의 탄식일 수밖에 없다.

어쩌 돌아가는 상황이 좀 비참하다. 그토록 고귀한 가치로 떠받든 우리의 자유는 안팎으로 많은 문제를 낳고 있다. 그것은 안으로는 자유의 굴레에 나를 가두고, 밖으로는 타인의 자유를 침해한다. 어쩌 이런 일이? 과연 대안은 없는 걸까?

적극적 자유에 도사린 함정

지금까지 본 바로는 '소극적 자유'에 문제가 도사리고 있는 것 같다. 개인으로서 독립하여 자기만의 자유를 누리려는 발상 말이다. 여기서 나오는 대안 가운데 하나가 '적극적 자유', 즉 '~을 향한 자유'(freedom to ~)다.

현대인들은 적극적 자유에 대해 오해를 하고 있다. '~을 향한 자유'라고 하니까, 내가 주체가 되어 어딘가로 향해 나아가기만 하면 진정한 자유를 실현한다고 생각한다. 나는 백화점이나 할인마트에서 물건을 자유롭게 고를 수 있다. 자유롭게 이웃을 도울 수도 있다. 선거철이면 내 맘에 드는 후보를 뽑을 수 있다. 그러면 나는 적극적으로 자유를 누리고 있는 것인가?

시장에서의 소비 행위를 살펴보자. 형식적으로는 '나 → 상품'이다. 그 선택이 진정으로 자발적인가? 혹시 무언가가 내 선택을 좌우하고 있지는 않은가? 이웃 돕기도 좀 따져 보자. 정말 자발성에서 비롯된 건가? 이기적인 발상이나 어떤 기대 같은 게 작용한 건 아닌가? 자본주의에 잘 적응하는 나를 과시하는 건 아닌가? 투표도 진짜로 자신이 선택했냐고 물어 보면 의외로 아닌 경우도 꽤 있다. 겉보기의 적극적 자유가 실제로는 '큰 타자'의 틀 안에서 이뤄지는 때가 많다는 것이다. 그것이 시장 논리라고 한다면, 우리의 적극적 선택은 대개 '소비 행위'의 일환이다(시장 → 나). 물건 고르듯이, 그렇게 자신의 선택을 이런저런 이기적인 맥락에서 결정한다. 이것은 '적극적 자유'를 크게 오해한 거다.

자유의 전도사, 에리히 프롬이 내놓은 적극적 자유는 '자발적 활동'이다.

자발적 활동은 인간이 자아의 완전성을 희생시킴 없이 고독의 공포를 극복하는 하나의 방법이다. 왜냐하면 사람은 자아를 자발적으로 실현함으로써 자기 자신을 외부 세계, 즉 인간과 자연, 그리고 자기 자신에 새롭게 결부시키기 때문이다.

—에리히 프롬, 《자유로부터의 도피》

'나 → 세계', 곧 내가 세계를 포용한다는 말이다. 적극적 자유란 이처럼 나와 외부 세계가 새롭게 관계 맺는 것이다. 그리고 그 핵심은 독특한 개인적 자아보다 더 높은 힘은 존재하지 않는다는 점, 개인은 그의 생활의 중심이자 목적이라는 것, 그리고 인간의 개성 실현 자체가 유일한 목적이라는 원리다. 내가 주체가 되어 스스로 선택한 것인 만큼 결과는 중요하지 않다. 세계와 관계 맺는 과정 자체가 소중하기 때문이다.

이것이 프롬이 말하는 진정한 개인주의다. 시장에 종속되어 자신의 이익만을 추구하는 개인주의는 이기주의일 뿐이다. 진정한 개인은 스스로의 삶을 일회적인 것으로 보고, 그 생에 의미를 부여함으로써 자신의 삶을 만들어 나간다. 그런데 그 삶이란 결국 세계와 이어진 것인 만큼 세계와의 제대로 된 관계 맺기야말로 진정한 개인을 창조하는 방법이다.

그러나 이 적극적 자유가 말처럼 쉬운 건 아니다. 가장 크게 걸리는 것은 바로 '자발성'의 문제다. 자유의 감옥에 갇힌 사내나 햄릿 역시 자발성을 가진 존재이지만, 그는 그 선택의 결과 때문에 망설이고 또 망설였다. 이런 질문을 던져 보자. 도대체 당신의 자발성이, 당신의 도덕이, 당신의 양심이 진리라는 보장은 어디 있는가? 확신할 수도, 확신할 기준도 없는 양심을 확고한 것으로 믿고 행동으로 밀어붙인다면 위험하지 않은가?

물론 논리적으로 반박할 수도 있다. 자발성에서 출발한 자유인이 무조건 자기 양심만을 진리라 생각하는 건 하나의 가정일 뿐이니까. 자기 양심과 그에 따른 선택이 무조건 진리라고 생각하지 않을 수도 있다. 또 그래야 한다. 자발성이 세계로 열려 있다면, 그 자발성의 내용 역시 열려야 한다. 내 생각이 틀릴 수 있다. 따라서 내 선택이 틀릴 수 있다는 생각은 아주 중요하다. 왜냐하면 함부로 남을 규정짓지 않고, 차이를 인정하면서 세계와 이웃과 어울릴 수 있을 테니까. 이 열린 자세로 자신을 늘 새롭게 만들어 가는 것이 바로 자유인의 삶이다. 이것이 지금까지 내가 살아오면서 내린 결론이다.

이 대답은 일상적인 삶에서는 꽤 유익하다. 그러나 결정적인 선택의 순간, 햄릿이나 자유의 감옥에 갇힌 사내처럼 목숨이 달린 문제 앞에서도 '틀릴 수 있다', '고치면 된다'는 식으로 밀어붙일 수 있을까? 꼭 목숨을 걸지 않더라도, 한 번의 선택이 새로운 선택으로 이어져 이윽고 끝간 데 모를 선택의 연속으로 이어지는 생에서 이런 대답은 너무 안이하지 않은가 이 말이다.

그러면 프롬은 무엇을 잘못 생각했는가? 이것이 제목에 '함정'이라는 말을 넣은 이유다. 이 함정은 '나 → 세계'라는 도식에 도사리고 있다. 이 도식은 '나'를 당연한 전제로 삼고 있다. 그러나 과연 모든 것은 '나'에게서 비롯되는가? 그렇다면 나는 어쩔 수 없이 모든 것을 선택하고 모든 것에 책임을 져야만 한다. '열린

'나'로서 세상으로 나아간다 할지라도 사정은 달라지지 않는다. 그 옳고 그름을 판단하는 것은 궁극적으로 나에게 귀결될 수밖에 없는 문제다.

'나'에서 비롯하는 자유의 한계

모든 것이 '나'에서 비롯된다는 발상은 끝없는 방황이나 결연한 선택으로 이어진다. 내가 판단과 선택의 기준인 한, 내 선택이 과연 옳은지, 이 선택이 어떤 결과를 낳을지를 둘러싼 고민은 끝이 없다. 그것이 생명이나 전 인생과 연관된 문제라면 더욱 비장한 각오를 필요로 한다. 이래서 실존주의자들의 글들은 대체로 비장미가 넘친다. 카뮈의 '시지프스'를 보라. 신들에게 저주받은 운명 앞에 굴하지 않고 당당히 자기 발로 기꺼이 내려가는 시지프스. 그의 싸늘한 얼굴, 팽팽하게 긴장한 근육, 뚜벅뚜벅 내딛는 한 걸음 한 걸음······. 굳건한 기상과 흔들리지 않는 용기는 말할 나위 없이 훌륭하지만, 거기에는 어떠한 즐거움도 기쁨도 없다. 오로지 굴하지 않겠다는 결의가 있을 뿐이다.

뉘라서 이런 비장한 선택을 한단 말인가. 카뮈가 '부조리의 영웅'이라 칭한 시지프스는 확실히 우리의 선택 바깥에 있다. 차라리 이게 낫다. 나 홀로 책임지면 되니까. '나'로 말미암은 자유가 낳을 가장 큰 위험은 자칫 나르시시즘으로 추락할 수 있다는 점이다.

그것은 자기 규정적이고 자기 목적적인 자기 관계에 갇혀 있다는 점에서 나르시스적일 뿐 아니라, 동시에 그것이 자기의 자유를 스스로 확립하지 못하는 타자들과 비교하여 자기 자신의 아름다움에 대해 확고한 긍지와 우월감을 느낀다는 점에서도 나르시스적이다. …… 아름다운 것은 어떤 다른 것 때문에 아름다운 것도 아니고 어떤 다른 것을 위하여 아름다운 것도 아니다.

—김상봉,《나르시스의 꿈》

이런 일은 '나'가 판단의 기준이기 때문에 생긴다. 내가 나를 규정하고 나 자신이 내 선택의 목적인 자유, 이 자유가 올바르다는 판단은 결국 남과 비교하는 데서 나온다. 자기 긍지, 우월감이 자유의 대가이겠지만, 그것은 남보다 더 낫다는 데서 얻을 수밖에 없다. 새겨 두시라. '어떤 다른 것 때문에 아름다운 것도 아니고, 어떤 다른 것을 위하여 아름다운 것도 아니다.' 오직 홀로 아름답고, 나만이 남보다 자유로울 뿐이다. 정말? 답은 없다. 내가 그렇다면 그런 거다.

'열린 나'에서 열린 세계로 향하는 선택의 과정도 사정은 마찬가지다. 그 기준은 어디까지나 나, 나의 정신일 테니까. 결국 "자유란 전적인 독립성, 아니 더 나아가 모든 '아닌-나'와의 전적인 양립 불가능성"(셸링)이 된다. 이처럼 그 기준을 '나'에 맞춰 놓은 자유는 언제나 '나'를 타자들의 세계에 던지는 꼴이 될 수밖에 없다. 그런 한, 자유는 남을 능가한다는 생각에 저 혼자 황홀한 나르시시즘이거나, 정답을 찾아 헤매는 방황 또는 답 없는 결단일 수밖에 없다.

나아가려면 물러서라

自由란 말 그대로 '스스로 말미암음'이다. 여기서 따져 보아야 할 것은 이 '스스로'가 뭐냐는 거다. 이 '스스로'는 원래부터 홀로 있었던 것인가? 그게 아니라 '스스로'가 '무엇인가'에서 비롯된 것이라면 사정이 달라진다. 자유는 그 '무엇인가'를 배제하고서는 결코 생각할 수 없다.

누차 말했듯, 우리는 실로 '관계-속-존재'다. 나 스스로에게서 비롯된 것 같은 생각이나 말, 행동 들도 사실은 다 주어진 관계 속에서 습득한 것이다. 설사 나 스스로 터득한 것처럼 보이는 것도 실은 누군가에게 배워서 쓰는 거다. 그렇기 때문에 우리의 몸과 정신 모두가 다 관계에서 나온 것이라 할 수 있다.

그렇다면 자유란 이 '관계로 돌아감'이라 할 수 있겠다. '관계'란 말이 그렇게 추상적인 건 아니다. 우리가 비롯된 곳은 다름 아닌 내 이웃이고 우리를 먹여 살리는 자연이니까. 결국 '세계-이웃 → 나 → 세계-이웃'의 그림이다. '나' 앞에 '세계-이웃'이 붙었다는 게 실존주의의 자유관과 다르다.

이 차이는 아주 크다. 출발점 자체가 '나'가 아니므로, '나' 자신이 기준이 될 수는 없다. 따라서 앞에서 경계했던 자유의 감옥이나 나르시시즘은 처음부터 생각할 필요가 없다. 기준 자체가 열려 있다. 나 자신이 만물과 원천적으로 관계를 맺는 존재이므로, 나와 '아닌-나'를 구별할 필요도 없다.

이제 이런 맥락에서 '진정한 자유'를 정리해 보자. 자유란 내 원래의 원천인 '관계-속-자유'다. 나에게서 비롯되는 자유가 아니라, 관계에서 비롯되는 자유라는 말이다.

　몸의 자유를 예로 들면, 내 몸은 이웃과 세계에 열려 있다. 내 눈과 입과 코와 귀와 손발은 각기 무한한 관계망을 형성하고 있다. 그렇다면 몸을 구속하는 건 뭘까? 바로 이 열린 관계망을 단 하나의 관계망으로 축소시키는 것이다. 이게 서론에서 말한 '중독', '빠져듦'이다. 중독은 단 하나의 것에 빠져들어 다른 무한한 것과 관계 맺을 수 있는 가능성이 단절된 상태다.

　정신의 자유도 설명할 수 있다. 내 정신은 수평적으로 이웃과 세계와 연결되어 있을 뿐 아니라, 수직적으로 저 먼 과거에서부터 아직 오지 않은 미래에까지 연결되어 있다. 성현이나 선조의 말씀 덕분에 이렇게 글을 쓸 수 있고, 내 정신을 가다듬을 수 있다. 또한 아직 태어나지 않은 후손들을 고려하는 선택까지도 생각할 수 있다. 정신을 구속한 건 중독이다. 중독은 이 무한대의 관계를 끊고 하나의 것에만 나를 얽어맨다.

　자유란, 일차적으로, 어딘가로 나아감이라기보다는 물러섬이다. 그러니까 내 몸과 정신을 얽어맨 중독, 나만 홀로 자유롭겠다고 어딘가에 얽어매 놓았던 나를 풀어서 원래의 내 기원으로 되돌리는 것이다. 그것은 보지 않던 것을 보고, 듣지 않던 것을 듣고, 만지지 않던 것을 만지고, 맡지 않던 것을 맡고, 맛보지 않던 것을 맛보고, 가지 않던 곳을 기꺼이 가는 것, 한 마디로 '몸을 해방'시키는 것이다. 그것은 생각하지 않던 것, 꿈꾸지 않던 것, 지레 포기해 버렸던 것, '악'이라 규정하여 아예 내팽개쳐 버렸던 것을 떠올리는 것, 한

마디로 '정신을 해방'시키는 것이다. 이렇게 몸과 정신을 해방시켜 원래의 기원과 전면적으로 만나게 하는 것이 바로 자유를 위한 첫걸음이다.

노자가 말한 '무위자연(無爲自然)'이란 아무것도 하지 않는 것을 말하는 게 아니다. 인위적인 무언가를 하지 않으며, 적극적이고 능동적으로 무위의 삶을 사는 것[爲無爲]이다. 이게 바로 물러섬이다. 자연으로, 이웃으로, 애써서 물러서라는 거다.

우리의 존재는 언제나 자기의 완성을 갈망한다. 그러나 우리가 자기 자신 속에 유폐되고 고립되어 있는 한, 우리는 결코 자신의 모자람을 뛰어넘을 수 없다. 나는 나에 비해 불완전하다. 그러나 나는 오직 나 아닌 너를 통해서만 나를 보존하고 완성할 수 있는 것이다. 그러므로 나 아닌 너 속에서 나를 상실하는 것을 두려워하거나 부끄러워해서는 안 된다. 우리는 타인 속에서 자기를 잃지 않고는 결코 나를 찾을 수 없다. 아니 보다 정확히 말하자면, 타인 속에서 끊임없이 자기를 상실하는 것, 바로 그 자체가 나의 가장 참된 존재 방식인 것이다.(김상봉, 같은 책)

복종하는 자유

물러서기만 하면 끝나는 게 아니다. 그렇게 중독에서 벗어나 기원을 만나서 이제 또다시 나아가야 한다. 어디로? 내게 가장 잘 어울리는 것, 나를 가장 원하는 누군가에게로 나아가는 것이다. 내가 기원으로 물러서는 것은, 바로 이것을 만나기 위함이다. 노자는 '후기신이신선, 외기신이신존(後其身而身先, 外其身而身存)'(그 몸을 뒤로 물리되 몸이 앞서고, 그 몸을 바깥에 두되 몸이 영원히 존재한다)이라고 했다. 원래의 곳으로 물러서야 비로소 진정한 나아감이 가능하다는 이치다. 정리하면, 나를 있게 한 원천인 무한관계망으로 '물러서기', 이웃과의 관계에서 나를 '비우기', 거기서 진실로 내가 원하는 것, 나를 원하는 것을 '만나기'다. 예수의 말처럼, '마음이 가난한 자'가 되는 것이다. 그래야 천국을 내 것으로 삼을 수 있고, 진정한 자유를 누릴 수 있다.

이제 엔데의 '자유의 감옥'에 갇힌 사내의 (선택 아닌) 선택을 이해할 것도 같다. 그는 선택을 멈추었다. 스스로의 판단을 버렸다. 나를 비웠다. 그리고 간절히 기다렸다, 나를 인도할 목소리를. 그러자 그 많던 문들이 하나 둘씩 사라지기 시작했다. 이윽고 문은 하나만 남았다. 목소리는 그 문을 열라고, 그 문으로 가라고 한다. 그 목소리가 바로 하나님이요, 부처님이요, 진실한 내면의 명령이다. 그 명령에 복종하는 것, 내면의 목소리에 굴복하는 것이다. 이것이 만해의 〈복종〉이 들려주는 메시지요, 내가 깨달은 진실한 자유다. '복종하고 싶은 데 복종하는 것', 이것이다.

역사에서나 현실에서 발견하는 큰 자유인의 삶은 실로 큰 복종인의 삶이다. 소크라테스가 그랬고, 붓다가 그랬고, 예수가 그랬다. 슈바이처, 간디, 마더 테레사가 그랬다. 함석헌, 장일순의 삶이 그랬다. 자유인은 복종한다, 그의 하나님의 명령에. 그리고 그 하나님은 나를 온전히 비우고 세상과 이웃으로 스며들 때만 만날 수 있다. 고로, 진실로 자유로운 삶을 살고자 한다면, 세상으로 스며들어 나를 이끌어 주는 목소리를 간절히 바라야 한다. 나를 흔드는 그 목소리를 들었을 때, 지체 없이 목소리가 지시하는 문을 열어야 한다. 이것이 바로 예수가 '깨어 있으라'고 한 참뜻이다.

기출문제 둘러보기

2006년 고려대 정시 |

다음 네 개의 제시문은 하나의 공통된 주제와 관련된 글이다. 그 주제를 말하고, 제시문 간의 연관 관계를 설명하시오. 그리고 그 주제에 관한 자신의 생각을 논술하시오.

제시문 (가) 원장님, 그러나 이제 탈출이 끊어진 섬은 어떻게 되어 가고 있습니까? 이 섬은 이제 생명의 증거를 잃어버린 죽음의 섬으로 변해가고 있습니다.
전 사실 원장님 부임 직후부터 이 섬의 선의의 지배자로서의 원장님과 그에 대한 피치자로서의 원생들과의 사이에 어느 정도까지 협의적인 지배 질서가 가능할 것인지에 대해 지극히 깊은 관심을 가져왔습니다. 하지만 전 마침내 원장님에게서마저도 저의 그런 기대가 얼마나 부질없는 환상이었는가를 확인할 수 있었을 뿐이었습니다. 도대체 어떤 절대 상황 안에 격리된 인간 집단 안에서는 그 지배자와 피지배자 사이의 협의 관계에 의한 지배 질서란 궁극적으로 그 상황의 벽을 무너뜨리는 순교자적 용기와 희생 없이는 가능할 수가 없는 것이었습니다. 다스리는 자의 선의나 정의와는 상관없이 그리고 그의 지배권이 어디에서 연유했든 그것만은 끝끝내 절대 전제가 되어 있는 한, 다스림을 받는 쪽은 항상 감당해 낼 수 없는 상황 자체의 압력 때문에 스스로가 무력해져 버리기 때문입니다. 그리고 그런 불행한 사회의 질서란 우리가 흔히 믿고 있듯이 다중의 희망이나 기도 같은 것과는 일단 상관이 없고, 우선은 그 지배자 한 사람의 책임과 각성에 의해 좌우될 수밖에 없다는 것이 저의 슬픈 결론입니다.

제시문 (나)　무릇 음양이 어울려 만물이 생겨나지만, 같은 것이 모여 있을 때에는 발전해 나갈 수 없습니다. 서로 다른 사물끼리 서로를 보충해 균형 있게 하는 것을 화(和)라고 합니다. 그렇게 하면 만물을 풍부하게 하고 커지게 할 수 있습니다. 만약 같은 것을 같은 것에 보탠다면 더 이상 지속되지 못하고 버려질 것입니다. 그러므로 선왕(先王)은 토(土)를 금(金)·목(木)·수(水)·화(火)와 섞어서 만물을 이루게 하였습니다. 다섯 가지 맛을 조화하여 입맛에 맞게 하고, 사지(四肢)를 튼튼히 하여 몸을 건강하게 하며, 여러 가지 음악 소리를 조절하여 귀를 밝게 하고, 눈·코·입·귀 등의 일곱 구멍을 바르게 하여 마음에 맞게 쓰이게 하며, 인체의 여덟 부위를 자기 기능을 다하게 하여 온전한 사람을 만들고, 아홉 가지 장기의 기능을 잘 발휘하여 순수한 품성을 세우며, 관리들의 열 가지 등급을 살펴서 각각의 직능과 업무를 이끌어 내었습니다.
　그러므로 왕은 천하의 넓은 땅을 경영하면서 수많은 세입들을 거두어들여 수많은 백성들을 먹여 살리며, 도의로 가르치고 등용하여 그 백성들이 한 집안처럼 화락하게 하였습니다. 이와 같아야 화(和)의 지극한 경지입니다.

제시문 (다)　아우구스티누스에게 수(數)는 매우 매혹적인 것이었다. 그는 「티마이오스」에 나타난 플라톤의 견해를 받아들여 수를 신의 천지창조의 근본 원리로 간주하였다. 모든 것은 수에 의존한다. 대상은 오로지 수의 속성을 통해서만 존재한다. 수는 존재와 아름다움 양자에 근본적인 것이다.
　아우구스티누스는 이렇게 말했다. "가령 특정한 의도나 목적 없이 단지 즐거움을 위해 팔을 움직인다고 가정해 보라. 그것은 춤이 될 것이다. 춤의 무엇이 당신을 즐겁게 하는지를 물어보라. 그러면 수가 이렇게 답할 것이다. '자, 나 여기 있소.' 신체 형태의 아름다움을 살펴보라. 그러면 당신은 모든 것이 수에 따라 자리잡고 있다는 사실을 알게 될 것이다. 신체 동작의 아름다움을 살펴보라. 그러면 당신은 모든 것이 수에 따라 적절한 시간대에 놓여 있음을 알게 될 것이다."
수는 질서의 근본 원리이며, 질서는 여러 부분들을 어떤 목적에 부합하게 하나의 통합된 복합체로 배열하는 것이다. 질서 있는 모든 것은 아름답다.

제시문 (라) 자유의 적들은 인간의 질서가 누군가에 의해 만들어지고 다른 사람들은 이에 복종해야 한다는 주장을 펼친다. 그러나 경제학자들은 개인 행위의 자발적 상호 조정이 시장을 통해서 효율적으로 이루어질 수 있다고 설명한다. 개인들 사이의 상호 조정 메커니즘에 대한 이해는 그들의 행동을 제한하는 일반 준칙을 수립하기 위해 필요한 가장 중요한 지식이다.

타인의 일정한 기여에 대한 기대에 기초해서 일관성 있는 행위 계획을 실행할 수 있다는 사실은 사회질서가 있음을 확인해 준다. 사회생활에 일종의 질서, 일관성 및 지속성이 존재한다는 점은 분명하다. 만일 그것이 없다면 우리 중 어느 누구도 자기 업무를 수행할 수 없고 가장 기본적인 욕구조차 충족시키지 못할 것이다. 본질적으로 사회적 질서가 있기에, 개인은 성공적인 예측에 의해 행동하고, 자신의 지식을 효율적으로 사용하며, 더 나아가 타인으로부터 기대할 수 있는 협력이 무엇인지에 대해 보다 더 정확하게 예측할 수 있다.

상황에 따라 조정이 이루어지는 분산적 질서는 중앙의 지침에 의해 확립될 수 없다. 그것은 개인들의 상호 작용과 개인들에게 영향을 미치는 상황에 대한 대응을 통해서만 나올 수 있다. 이것이 바로 폴라니가 '다중심적 질서'의 자생적 형성이라고 부른 것이다. 개인들이 자발적으로 상호 작용함으로써 인간들 사이에 질서가 확립될 때, 우리는 이를 자생적 질서 체계라 한다. 개인들의 노력에 의해 사회적 질서의 조정이 이루어지며, 이러한 자기 조정은 공적 토대 위에서 자유를 정당화한다. 이때 개인의 행동은 자유롭다고 할 수 있다. 그것은 우월하거나 공적인 권력의 명령에 의해 결정된 것이 아니기 때문이다.

물리적 대상을 체계화하는 방법에 친숙한 사람이라면 이러한 자생적 질서 형성을 이해하기 쉽지 않을 것이다. 하지만 물리적 질서의 형성도 많은 경우 개체들 간의 자생적 조정에 의존한다. 만일 우리가 각각의 분자나 원자들을 일일이 제자리에 놓아야 한다면 복잡한 유기 화합물을 만들 수 없었을 것이다. 우리는 일정한 조건 아래에서 개별 요소들이 스스로 배열되어 특정한 속성을 지닌 구조를 이루는 것을 관찰할 수 있다.

더 생각해 봅시다

자유와 평등은 언제나 충돌하는가?

자유와 평등 중 어느 하나를 버리기는 참 난감하다. 이래서 둘의 충돌은 늘 문제가 된다. 그러다 보니 자유와 평등에 관한 대부분의 설명들이 타협으로 귀결되는 경향을 보인다.

먼저, 이 두 개념이 제대로 사용되고 있는지를 따져 보아야 한다. 평등을 침해하는 자유라면, 이 자유에 문제가 있다고 볼 수 있다. 거꾸로 자유를 침해하는 평등이라면 이것에도 문제가 있다. 자기 자유만을 강조할 때 그것은 배타적 자유가 되어 평등을 침해할 수밖에 없다. 마찬가지로 개개인의 개성을 무시하고 무조건 결과가 같아야 한다는 식의 평등은 자유를 심각하게 침해한다.

나는 이 문제를 해결하는 데서도 '관계'에 주목한다. 무엇이 올바른 관계일까?

자유가 문제 되는 것은 관계를 무시할 때다. 바로 자기 자유를 위해 훨씬 많은 자유를 희생시키는 것이다. 대신 관계를 존중하고 관계에 충실한 자유는 타인을 배제하지 않는다. 물론 자기 자유가 타인의 자유를 침해할 수도 있다. 그러나 진정으로 자유로운 자라면, 그것을 감수하면서까지 얻어야 할 더 큰 관계를 염두에 둔 선택을 할 것이다. 결국 그의 자유는 '있어야 할 관계'를 위해 나머지 관계를 포기하는 것이라 할 수 있다.

평등이 문제 되는 것은 차이의 공존과 어울림을 무시할 때다. 각자가 다른 재능과 자질을 타고 나는 것이 자연의 이치다. 그런데 이 차이를 무시하고 무조건 같아져야 한다고 주장한다면, 그것은 타인의 자유를 침해하는 것이 된다. 만약 어떤 사회질서가 모두에게 같은 가치관을 요구한다면, 그것은 진정한 평등을 해친다. 따라서 진정한 평등은 가장 자연스러운 관계, 즉 차이들이 대등하게 어울리는 상태다.

오늘날 이 자유와 평등은 동시에 왜곡되어 있다. 시장의 신, 물신의 은총을 받는 자만이 자유로운 개인이라는 발상은 개인을 이기주의자로 내몬다. 여기선 성공하든 실패하든 다 시장의 노예이긴 마찬가지다. 그래서 현대 사회에서는 진정한 자유인을 만나기 힘들다. 이렇게 왜곡된 자유는 타인의 자유를 짓밟는다. 때문에 바람직한 관계 대신 소외된 관계가 형성된다. 평등도 시장 때문에 왜곡되긴 마찬가지다. 모두 똑같은 가치관에 젖어 그저 남과 물질적인 균형만 이루면 된다는 생각들에 빠져 있다. 이건 개성의 말살과 관계의 파괴를 낳을 뿐이다.

진정한 자유와 평등은 모순되지 않는다. 아니, 진정한 자유인들이야말로 진정으로 평등할 수 있다. 평등한 자유, 자유로운 평등은 가장 자연스러운 관계에서만 가능하다. 이제 우리가 할 일은 분명해 보인다. 자연스러운 관계를 깨뜨리는 실체를 깨달아 그것에 종속되지 않는 삶을 사는 것이다. 이런 삶의 추구 과정을 통해, 우리는 평등한 자유인, 자유로운 평등인이 될 수 있다. 사회적으로도 이런 차이를 인정하고 존중하는 풍토를 만들어야 한다. 특히, 최소한의 생계를 보장해야 한다. 그래야 먹고사는 문제 때문에 평등한 자유를 봉쇄당하는 일을 막을 수 있으니까. 이 문제는 복지나 제대로 된 정치 따위와도 연관되어 있다.

09 놀고먹을 순 없을까?

자유의 영역은
욕구와 외부적인
유용성에 의해
결정되는 노동이
끝나는 곳에서만
시작된다.
그래서
그 영역은,
그 영역의 속성상,
물질 생산의
저편에 위치한다.

- 마르크스, 《자본론 Ⅲ》

노동은 신성한가?

　집이 남원인 나는 일주일에 절반을 서울에서 지낸다. 개인적으로는 '돈' 때문에 그러는 게 아니라고 우기고 싶지만, 뭐, 어쨌든 서울에서 월급을 주니까 나도 별수 없이 노동을 하는 셈이다. 서울에 있던 어느 날 아내와 이런 통화를 했다. "여보, 나 취직할까 봐?" "뭐? 취직? 뜬금없이 웬 취직? 당신 하는 일은 어쩌고?" 아내는 생활협동조합에서 자원 봉사 활동을 하고 있다. 당연히 무보수다. 봉사하면서 재밌게 사는 게 늘 부러웠는데, 갑자기 취직 얘길 하는 거다. "응, 자원봉사 센터에 자리가 났는데, 그걸 하면 돈도 벌고 좋은 일도 하고, 좋지 않아?" "왜, 지금 하는 일이 재미 없어?" "아니, 그런 건 아니고……. 그냥, 우리 형편도 안 좋고, 일한 대가도 받아 보고 싶고 해서……." "무슨 말씀! 일단 월급을 받아 봐라, 그 일이 재밌는가. 지금 당신이 재밌게 일을 하는 이유가 뭔지 알아? 돈을 안 받으니까 그런 거야. 글고, 당신이 그 자릴 차지하면 딴 사람 일자리 하나 뺏는 꼴이 돼. 당신은 웬만큼 먹고살잖아!" 기어이 취직하지 않겠다는 다짐을 몇 번씩 받고서야 전화를 끊었다. 노동, 즉 돈 받기 위해 하는 일은 가급적 하지 않는 게 좋다는 게 내 생각이다. 돈벌이는 나 하나로 충분한데, 무엇하러 식구

수대로 그 짓을 한단 말인가. 물론 지금 하는 내 일이 재미 없단 말은 아니다. 다만, 돈벌이 차원에 머물면 곤란하다는 거다.

누구나 한 번쯤은 노동이 신성하다는 말을 들어 보았을 것이다. '직업에는 귀천이 없다.'는 말도 자주 듣는다. 이런저런 설명이 덧붙는다. 노동은 세상을 창조하고, 세상을 지속하고, 따라서 인류의 생존을 지속하고……. 말인즉슨 옳아 보인다. 그게 정말이라면 노동을 하는 사람들은 자기의 신성한 활동에 긍지를 가져야 할 게다. 아니나 다를까, 청년 실업이니 사오정이니 하는 말들이 들린다. 일하지 못하는 사람은 신의 영역에서 추방당한 자들이라서 그렇게 고개를 숙이나 보다.

그런데 좀 이상한 일이 있다. 그렇게 다들 일자리를 못 구해 안달인데, 정작 노동을 하는 사람들은 그리 즐거워 보이질 않는다. 신문에서 가끔 직업 만족도 조사를 해 놓은 걸 보면, 회사를 옮길 의사가 있는 사람이 태반이다. 일을 하는 이유를 물으면, 가장 첫째가는 이유가 '먹고살기 위해서'다. 그러니까, 먹고살 돈을 버는 게 노동의 가장 큰 목표라는 말이다. 신성한 노동을 하면서 돈벌이가 목표라니, 이 무슨 불경스런 말인가. 노동 자체가 신성한 게 아니라, 노동으로 버는 돈이 신성하단 말 아닌가! 이건, 먹고살 만큼의 돈이 있다면 노동을 하지 않을 수도 있다는 말이기도 하다. 실업자들이 고개를 숙이는 것도 신성한 노동을 하지 않아서가 아니라, 돈벌이를 못해서였다. 그런데도 노동은 신성한 걸까?

이렇게 묻고 보니, 평소에 당연하게 받아들였던 이야기들이 켕긴다. '일하지 않는 자여, 먹지도 말라!', '무노동 무임금', '노동한

만큼의 정당한 대가를!', '노동으로 창조한 세상', '노동할 권리' 등등. 이 모든 말들에 문제가 있었다는 말 아닌가. 혹시 내가 뭔가를 잘못 생각하고 있는 건 아닐까? 노동 자체에 문제가 있는 것이 아니라, 오늘날의 노동에 문제가 있는 건 아닐까? 소외된 노동을 극복하고, 일한 만큼 대가를 받는 사회를 만들면 올바른 노동 문화를 마련할 수 있는 것 아닐까? 정보화와 자동화가 계속 진행되면 가혹한 육체 노동에서 해방될 수 있을 텐데? 실업 문제나 비정규직, 이주 노동자 문제 같은 현실의 문제를 해결하는 게 중요한 것 아닐까? 그렇다면 노동을 통해 자기를 실현할 수 있는 사회를 만드는 게 중요한 과제 아닐까? 그런데 그렇게 되면 정말 노동이 신성해지는 걸까?

노동 찬양의 기원, 프로테스탄티즘

노동을 찬양하는 것은 이미 전 세계적 현상이다. 그것은 인간의 이기심을 공공연히 인정한 자본주의와 연관된다. 자본주의의 경이로운 생산성이야 대표적 반대자인 마르크스조차 인정한 바다. 자본주의의 두 축인 자본가와 노동자들이 바로 이 일을 해냈다. 그들의 후손인 우리가 그 대열에 뒤따르는 건 당연해 보인다. 그런데 이들은 어떻게 그토록 놀라운 일을 할 수 있었을까? 번 것을 쓰지도 않고 축적하고 재투자하는 데만 몰두하는 자본가도 그렇고, 초기 자본주의의 그 가혹한 노동을 버텨 낸 노동자도 그렇다. 가히 금욕주의라고 할 만한 투철한 직업의식이 없었다면, 이 놀라운 성취는 불가능했으리라.

이 놀랄 만한 금욕적인 직업의식이 프로테스탄티즘에서 비롯되었다는 막스 베버의 논리는 경청할 만하다. 이것은, 신의 저주로 가혹한 노동의 형벌을 받았다는 〈창세기〉 이야기를 떠올리면, 참 이해하기 힘들다.(물론 〈창세기〉가 무조건 노동을 경멸하는 건 아니다. 1장과 달리, 2장에서는 땅을 경작할 사람이 필요해서 인간을 창조했다고 하니까. 그렇다면 형벌로서 내린 것은 '노동'이 아니라, '가혹한' 노동이라 봐야 한다.) 고대 사회와 중세 내내 돈벌이를 위한 일은 경멸의 대상이었다. 프란시스코 파 수도사들은 '가난'을 숭배하기까지 했다. 예수도 부의 축적을 경멸하기는 마찬가지였다. '우리에게 일용할 양식을 주옵시고'라는 주기도문 구절에서도 알 수 있듯, 그에게는 생존할 정도의 일이면 충분했다. 더 많이는 좋지 않은 것으로 간주했다. 그래서 '부자가 천국에 들어가기란 낙타가 바늘구멍 지나기보다 더 어렵다.'고 한 것이다.

'직업'은 독일어로 'Beruf', 영어로 'Calling'이다. 이 말들을 보면 서양인의 직업관에 종교적인 의미가 담겨 있다는 걸 알 수 있다. 베버는, 이 말이 프로테스탄트 전통과 연관이 있다고 한다. 루터는 〈고린도전서〉 7장에 자주 나오는 '부르심'이라는 말을 '직업', '소명'의 의미로 해석했다. "하나님이 각 사람을 부르신 그대로 행하라."(17절)는 것을 "각자는 자신의 직업(Beruf)에 따라 행하라."로 번역한 것이다. 사도 바울이 이 말을 할 때는 예수의 재림이 임박했다는 상황을 전제로 했다. 그래서 각자가 부르심을 받은 그 위치에 그냥 머무르라고 한 것이다[Every one should remain in the state in which he was called. (20절)]. 여기서는 '부르심'이 직업과 아무런 상관이 없다. 그러나 예수는 오지 않았고, 사람들은 세속적 삶을 살게 되었다. 가톨릭에 반기를 든 루터는 속세 구석구석까지 미치는 (교회가 아니라) 신의 섭리를 떠올렸고, 그래서 직업도 신의 부르심, 곧 소명이라 여겼다. 각자 주어진 직업에 순종하는 것은 곧 신에게 무조건 복종하는 것과 같다고 생각한 것이다.

직업윤리에 가장 크게 영향을 미친 건 칼뱅주의다. 알다시피 칼뱅파 교리의 핵심은 '예정설'이다. 구원은 나의 어떤 노력으로도, 교회의 힘으로도, 심지어는 신조차도 어찌할 수 없다. 태초부터 구원은 정해졌다. 그러나 그 구원은 오직 나의 구원일 뿐이다. 가족조차 그 구원과 무관했다. 이 삭막하고 비인간적인 교리가 어떻게 현세와 가장 가까운 노동을 지지하게 됐을까? 그것은, 사람들이 자기가 구원받았다는 증표를 찾는다는 사실과 연관된다. 구원받았는지 여부는 누구도 확인할 수 없다. 남은 것은 자기 확신뿐이다. 구원받았다는 사실을 추호도 의심하지 않는 것이다. 그래서 교회에는 스스로 선택받았다고 확신하는 무리들이 모여든다. 그들은 스스로를 '성도'라 부른다. 이 자기 확신을 확인해 주는 것이 바로 '직업노동'이다. 노동만이 종교적 회의에서 벗어나 구원을 보장한다. 직업 세계에서의 성공, 이것이 선택받은 자의 모습이다. 그래서 교회에서는 물질적 은총을 비는 게 당연하고, 헌금 왕창 갖다 바치는 게 당당하다. 그들은 개인적 사치를 위해 돈을 버는 게 아니다. 그들의 선행조차도 구원받은 자의 모습을 드러내는 행위일 뿐이다. 결국 그들의 모든 행위는 선택받았음을 입증하기 위한 몸짓이다. 엄숙한 금욕, 투철한 합리성 따위는 바로 이 철저한 비합리성에서 기인한 것이다. 이 투철한 직업윤리가 그들을 성공의 길로 이끌었고, 그것은 자본주의의 가장 기본적인 덕목으로 자리 잡게 된다.

노동하는 인간(Laborem Exercens)

1981년 교황 요한 바오로 2세는 '노동하는 인간'이라는 회칙을 발표한다. 노동의 신성성을 입증하는 데 교황까지 몸소 나선 것이다. 그런데 아이러니한 것은, 이 회칙의 내용이 마르크스가 한 말과, 비슷한 정도가 아니라 아예 똑같다는 점이다. 종교를 인민의 아편이라고 외친 자와 그 '아편쟁이의 우두머리'가 같은 말을 하는 꼴이다. 하긴, 최인훈이 《광장》에서 분석한 것처럼 크리스트 교(예수가 아니다)와 마르크스주의(마르크스가 아니다)는 같은 뿌리, 같은 맥락을 갖는 것이기도 하니까. 또 절대적인 무언가를 추종하는 것도 닮기는 했다.

회칙이 설명하는 노동은 사람의 육체적이거나 정신적인 어떤 행위로서 사람의 본성이다. 하느님은 자기와 닮은 모습으로 사람을 창조하고 그에게 '땅을 다스리라.'고 명령했다. 고로 사람은 태초부터 노동을 하도록 부름 받은 존재다. 따라서 노동은 사람과 동물을 구별하는 특징이다. "오직 인간만이 노동을 할 능력이 있으며,

오직 인간만이 노동을 하며, 동시에 노동을 통하여 자신의 지상 생활을 영위하고 있다. 그래서 노동은 인간과 인간성을 나타내는 특별한 표시이며, 공동체 안에서 활동하는 개개의 인격체를 나타내는 표시이다. 그리고 이 표시는 인간의 내면적 특성을 결정하며, 어떤 의미에서는 인간의 본질 자체를 형성한다."

이 설명에 따르면, 사람이 자기 모습대로 세계를 개조하는 것이 노동이다. 그런데 사람은 하느님의 형상대로 지음 받았으므로, 인간의 모습대로 세계를 개조하는 것은 곧 하느님의 세계로 바꾸는 것이기도 하다. 따라서 노동은 하느님의 섭리에 가장 충실한 행위가 된다.

마르크스의 설명도 다르지 않다. 노동은 사람이 사람임을 입증하는 증거다. 사람은 노동을 통해 주어진 자연 세계를 뛰어넘어 인간 세계를 창조한다. 그냥 창조하는 게 아니라, 목적의식적으로 창조한다. "가장 서투른 건축가와 가장 숙련된 벌을 구별 짓는 것은, 건축가가 머릿속에 집을 미리 만들었다는 것이다." (마르크스, 《자본론 I》) 그런 점에서 노동은 그저 자연을 개조하는 것에 그치지 않고, 자연에 노동하는 사람을 집어넣는 행위이기도 하다. 그렇게 바꾼 자연이 이제 거꾸로 사람의 삶을 개선하는 데 기여한다. 따라서 노동은 사람 자신을 의식적으로 바꾸는 일이기도 하다. 결국 사람은 노동을 통해 더더욱 사람다워진다.

마르크스가 유토피아를 이룰 주체로 프롤레타리아를 꼽은 것도 바로 이 노동의 성격에 근거하고 있다. 세상을 창조하는 주역이 새로운 세계의 주인이 되는 것은 어찌 보면 당연하다. 물론 노동을 신의 섭리로 생각하는 기독교에서도 굳이 이를 부인할 까닭이 없다.

노동의 소외

이처럼 신성한 노동이 왜 그토록 고달픈 것으로 돌변해 버렸을까? 마르크스는 자본주의와 연관 지어 설명한다.

자본주의는 모든 것을 상품화한다. 상품 생산이 지속적으로 이어지려면 생산한 상품을 안정적으로 판매할 수 있어야 한다. 그 판매의 장소가 바로 시장이다. 또한 지속적으로 상품을 생산하려면 공장이나 토지, 기계가 있어야 하고, 원료나 재료, 연료 따위를 안정적으로 구매할 수 있어야 한다. 그 구매의 장소가 시장이다. 이로써 시장을 중심으로 하는 자본주의 순환 구조가 성립된다. 그런데, 한 가지가 빠졌다. 기계와 원료 따위가 있다 해서 상품이 절로 생산되지는 않는다. 그렇다! 노동자가 빠졌다. 그 노동자의 노동력이 노동으로 투입되어야만 상품 생산이 가능하다. 노동자의 노동력은 어디서 구할 수 있을까? 그 역시 시장에서 구매하는 수밖에 없다. 이로써 노동력까지 상품이 된다.

여기서 우리는 자본주의의 커다란 비밀 하나를 발견한다. 그것은 노동력의 원천인 인간과 토지, 기계, 원료 따위의 원천인 자연을 상품으로 삼아야만 비로소 자본주의가 굴러갈 수 있다는 사실이다. 그런데 인간과 자연이 상품인가? 그것이 '판매를 목적으로 생산된 물건'인가? 어느 부모가 아이를 낳으면서 '상품을 생산'했다고 여기는가? 물론 신이 자연을 상품으로 써먹으라고 창조한 것도 아닐 게다. 처음부터 인간과 자연은 상품일 수가 없다. 그런데도 자본주의는 그것을 상품으로 삼는다. 그렇게 하지 않고서는 시장 질서 자체가 유지될 수 없기 때문이다. 자본주의 질서란 결코 상품일 수 없는 것이 상품이 되어야만 유지되는 질서다. 따라서 자본주의는 원천적으로 '비인간적'이요, '반자연적'이다.

이런 비인간적인 질서에서 사람들은 무엇을 목표로 일하나? 자본가는 이윤 축적을 목표로 삼는다. 이윤은 상품을 판매하여 번 돈에서 구매할 때 든 비용을 뺀 것이다. 프로테스탄티즘의 윤리에서 봤듯이, 자본가가 그것을 개인적인 사치에 쓰는 것은 아니다. 그들은 그 이윤을 시장에서 새로운 생산요소를 구매하는 데 재투자한다. 이 '재투자한 이윤'이 바로 '자본'이다. 자본주의는 이렇게 움직이는 체제다. 그런데 이 이윤은 어디서 나오는가? 이윤의 원천은 다름 아닌 노동력이다. 자본가가 노동시장에서 노동력을 구매할 때 든 비용만큼만 일을 시키면 절대 이윤이 나오지 않는다. 노동자는 자기와 가족들을 먹여 살릴 수 있는 비용을 임금으로 받는 대신, 그보다 더 많이 일한다. 이 지불 받지 않은 노동, 즉 '잉여노동'이 이윤을 낳는다. 이제 노동자가 일하는 목표는 단 하나, 임금을 받기 위해서이다. 초기 자본주의는 이 지불한 임금보다 훨씬 더 많이 일을 시켜 급성장했다. 지독한 저임금에 장시간 노동이 성장의 동력이었던 것이다.

마르크스는 자본주의에서의 노동을 '소외된 노동'이라 부른다. 노동자는 자기가 생산한 상품을 가져갈 수 없다. 따라서 '생산물'

에서 소외됐다. 이게 왜 문제일까? 그 많은 물건을 가져다 어디에 쓰려고? 이렇게 반문할 수도 있겠지만, 이건 심각한 문제다. 하다못해 집에서 청소를 해도 그 성과물을 스스로 즐길 수 있다. 깨끗해진 방을 보면 뿌듯하다. 그 방에 자기가 개입한 것이다. 이렇게 노동은 노동 대상에 개입한 자기를 확인할 때 비로소 보람을 누릴 수 있다. 그런데 노동자는 노동의 성과를 누리지 못한다. 그가 얻는 것은 오로지 추상화된 가치, 즉 화폐뿐이다. 그러나 화폐는 어느 노동에서나 똑같이 얻는 목표다. 또, 노동자는 '생산 과정'에서도 소외된다. 자기가 지금 무슨 일을 하는지, 이 일이 전체 일정에서 어떤 위치를 차지하는지, 자기가 이 일에서 얼마만큼 중요한 자리에 있는지 따위를 전혀 알 수가 없다. 이것이 문제가 되는 것은, '목적의식성'이 파괴된다는 것이다. 꿀벌과 달리 건축가는 머릿속에다 이미 집을 짓는다. 그러나 노동자는 전혀 그렇지 않다. 그의 머릿속에는 어떤 집도 없다. 그는 그저 남의 명령에 따라 움직이는 도구에 불과하다. 더 이상 노동은 창조의 과정이 될 수 없고, 노동자 역시 꿀벌과 다를 바 없게 된다. 급기야 그는 '인간성에서 소외'된다. 노동을 통해 의식적으로 세상을 만들고 그를 통해 자기를 만든다는 원래의 의미는 어디에서도 찾을 수 없다. 그는 더 이상 인간답지 못하다. 자기 실현? 꿈도 못 꿀 얘기다. 아무 생각 없이, 오직 먹고살기 위해서 하기 싫은 노동을 억지로 할 수밖에 없다.

앞서 살펴본 프로테스탄티즘은 여기서 위력을 떨친다. 프로테스탄티즘의 직업윤리는 노동의 종류를 따지지 않는다. 어떤 것이든 그것은 신이 내리신 일이다. 그들은 단지 주어진 것을 투철하게 해

낼 뿐이고, 그로써 구원을 얻었다는 확신을 얻을 따름이다. 노동자의 처지와 별 다를 게 없다. 둘 다 노동 자체와 그 성과물에서 소외되었다는 점에서 그렇고, 그런 노동을 일평생 묵묵히 해낸다는 점에서 그렇다. 여기서 프로테스탄티즘의 직업윤리는 현실의 소외된 노동을 신성한 것인 양 찬양하는 수단으로 작용한다. "따지지 말고 노동하라! 그것이 신의 뜻이니라."

문제는 노동이다

소외된 노동을 극복하면 원래의 노동을 회복할 수 있을까? 그래서 세상을 내 힘으로 짓고 내 의도대로 세계와 사람을 만들 수 있는 걸까? 한 마디로 노동으로 자아를 실현할 수 있을까? 불가능하다. 생존의 수단인 노동으로는 어떤 경우에도 이런 일은 일어나지 않는다.

TV 뉴스에서 자주 듣고 보는 '노동 해방'이라는 말부터가 모순이다. 노동이 그토록 소중한 것이라면 왜 노동에서 해방되자고 주장하는가? 혹시 노동 자체에서 벗어나겠다는 게 아니고, 가혹한 노동에서 벗어나겠다는 표현이라면, 말을 바꿔야 한다. '노동권 쟁취'로. 그건 그렇다 치자. 노동권을 쟁취하면 노동이 즐거워질까? 노동조합에서 흔히 주장하듯이 일한 만큼의 대가를 지불받으면 자기실현으로서의 노동으로 회복될 수 있을까? 노골적으로 말해, 적게 일하고 많이 받으면 과연 노동이 즐거워질까? 그것도 아니다.

누구보다 당사자들이 잘 알 게다. 노동 자체가 즐거운 경우는 없다. 더 많은 돈이 즐거울 뿐. 들어올 돈을 생각하며 노동이 즐겁다고 착각할 뿐이다.

먹고살기 위해서 하는 일은, 어떤 일도 즐거운 일이 될 수 없다. 그것은 궁극적인 목적을 잃은 채 부단히 반복되는 일정표, 일상의 규칙적인 반복, 단조롭기 짝이 없는 작업 과정, 이렇게 평생 살아야 한다는 한계 상황으로 다가온다. 노동의 프랑스 말은 라틴어 'tripalium'에서 따왔다는데, 이것은 '고문 도구'의 일종이다. 훨씬 잘 와 닿지 않는가! 노동은 자기 선택을 거부한다. 정보화니 기계화니 자동화니 하는 게 들어서면 설수록 더더욱 그렇다. 이제는 버튼만 누르면 기계가 알아서 다 한다. 나는 더욱더 생각하지 않고, 더욱더 움직이지 않는다. 오히려 내가 머리를 쓰거나 몸을 움직이면 탈 난다. 내가 만든 건 아무것도 없다. 기계가, 컴퓨터가 몽땅 다 만든다. 그렇다면 기계한테 다 맡겨 노동은 줄이는 게 낫다.

무엇보다 노동은 강요된 것이기에 즐거울 수 없다. 노동을 하지 않으면 사람 대접을 안 해 주니까 억지로 선택한 것일 뿐이다. 아침에 출근하면 점심 시간을 기다리고, 점심 먹고 나면 퇴근 시간 기다리고, 수요일 쯤 되면 벌써 주말을 기다리고, 월요일이면 다시 끔찍한 일과가 시작된다. 여가 시간이 늘어났다지만, 그 시간은 또다른 자본주의의 시간, 즉 '소비' 또는 '휴식' 또는 '충전'의 시간일 뿐이다. 어디 놀러라도 갈라치면 다 그놈의 돈이다. 소외된 노동에서 번 걸로 내가 만들지 않은 소외된 소비 생활을 누린다. 그마저도 형편이 안 되면 TV 앞에 누워 하루 종일 졸기 일쑤다. 아니면, 어학원 같은 데서 충전한다. 잘 정비하여 노동 현장에 다시 뛰어들려는 거다.

니체는, 노동을 찬양하는 것은 '개인'의 등장을 가로막는다고 질타한다. 한결같은 노동의 과정을 거치며 사람들은 '자기 생각'을 잃어버린다. "오늘날 사람들은 노동을 통해, 그 노동이 가장 훌륭한 경찰 기능을 하고, 각자를 속박하며 이성과 욕망과 독립심의 발달을 강력하고 능숙하게 구속하고 있다는 것을 느끼게 된다. 노동은 엄청난 양의 정신력을 소비시켜, 그 정신력을 성찰, 명상, 몽상, 관심, 애정과 증오로부터 벗어나게 한다."(니체,《아침놀》)

그렇다면 마르크스가 말한 노동의 의미는 무엇인가? 목적의식적으로 세계와 자기를 개선한다는 그 노동 말이다. 이건 명백히 마르크스의 오류다. 그는 헤겔의 '주인과 노예의 변증법'에서 힌트를 얻었다. 주인이 노예의 노동력을 착취하지만, 정작 노예는 노동을 통해 자연과 교류함으로써 세계의 주인이 된다는 거다. 이 말은 틀렸다. 노예는 세계의 주인이 된 적이 없다. 그들은 의식적으로 노동 수단을 개선하지도, 자기 사상을 내놓지도 못했다. 노동하는 노예는 반란조차 일으키지 못한다. 스파르타쿠스(Spartacus)는 검투사였다. 오히려 기계의 발명이나 개량, 해방의 사상 같은 건 놀고먹는 '주인'의 몫이었다. 위대한 예술 작품을 내놓은 사람들이 안정적인 직업을 가졌다는 말을 들어본 적이 있는가? 굶어 죽을 지경에 처해서까지도 그들은 직업을 갖지 않았다. 정작 마르크스 본인부터 그랬다. 그는 평생 엥겔스를 등쳐먹고 살았다. 그래서 고대 그리스 로마인들은 먹고사는 일체의 일을 노예들에게 떠넘긴 것이다. 부릴 노예가 사라진 중세에는 학교(schola)를 만들어 노동에서 벗어나 안정적으로 공부하라고까지 했다. 이 schola의 어원인 skohle는 다름 아닌 '여가'란 뜻이다.

먹고사는 데 얽매인 사람들은 어느 시대를 막론하고 새로운 것을 내놓지 못했고, 공적인 영역에 참여하지 못했다. 노동이 동물과 사람을 구별해 준다지만, 엄밀히 말해 노동에 얽매이는 이상은 별로 구별되지 않는다. 주어진 세계를 넘어서지 못하고 그 세계에 종속될 뿐이기 때문이다. 그들은 직업에 매여 있기에 자기만의 눈으로 세계를 대할 기회조차 없다. 그러므로 자기 세계를 만들려는 사람, 공적 영역에 참여하려는 사람은 노동을 박차고 나와야 한다. 우리 시대에서도 이런 일은 자주 볼 수 있다. 자기 공부를 하겠다는 사람들이 교수직을 기꺼이 뿌리치고 나오는 사람, 잃어버린 꿈을 실현하겠다면서 잘 나가는 직업도 때려치우는 사람……. 간디처럼, 시민단체 활동가가 되려고 변호사 직마저 그만둔다. 왜? 노동으로는 자기실현이 불가능하기 때문이다. 제 하고 싶은 일이 아닌데 얽매여서는 도무지 몸을 쓸 수가 없기 때문이다. 따라서 세계에 자기를 집어넣어 세계와 나를 바꾸는 일은 노동으로는 불가능하다. 노동에서 벗어나야, 말 그대로 노동 해방을 이루어야만 가능할 일이다.

노동에서 일로–무엇을 소유할 것인가

그렇다고 먹고사는 일을 완전히 그만둘 수는 없다. "인간의 힘은 자신의 생계와 생존 수단을 생산하고 소진되어 버리는 것이 아니라 '잉여', 즉 자신의 '재생산'에 필요한 것 이상을 생산할 수 있다."(한나 아렌트, 《인간의 조건》) 즉, 단순한 삶 이상의 것을 생산할 수 있는 힘이 사람에게 있다는 것이다. 노동에만 매여선 안 된다고 말하는 것은, 노동이 삶을 재생산하는 데 나아가지 못하고 멈추게 하기 때문이다. 따라서 노동은 최소화해야 한다. 먹고살 수 있을 만큼만 벌고 용기 있게 노동에서 벗어나야 한다. 노동하지 않아도 먹고살 만하면 아예 노동에서 벗어나는 것도 좋다.

아무나 노동에서 벗어날 수 있는 게 아니다. 벗어나려는 자는 무언가 자기실현의 욕망을 가지고 있어야 한다. 그가 노동에서 벗어나는 것은 바로 그 '일'을 하기 위해서다. "아니, '노동'은 뭐고, '일'은 뭐요? 그 둘이 다른 거요?" 이렇게 물을 수도 있겠다. 그렇다. 그 둘은 별개다. 노동(labour)은 생존을 위해 하는 일이다. 나의 생존뿐만 아니라, 사회의 생존을 위해서 필요한 일이다. 월급 받는 일이 모두 다 사회적으로 만들어진 노동, 즉 사회적 노동이다. 그것은 이미 사회가 배치해 놓은 것이고, 나는 그 배치도에 따라 배치된다. 그러기에 노동의 목적이나 결과는 내 몫이 아니다. 이미 정해진 프로그램에 따라 흘러갈 뿐이다. 나는 받는 만큼만 하면 된다. 그래서 소외된 일이 될 수밖에 없다. 반면 일(work), 또는 제작은 생존을 넘어선다. 노동도 필요하다. 나와 사회가 생존해야 하니까. 그러나 그것만으로는 나와 세계가 변하지 않는다. 세계의 변화에는 개성 있는 개인이나 집단의 참여, 곧 일이 필요하다. 그것이 사상을 탄생시켰고, 예술을 낳았다. 한 마디로 문명을 창조한 것이다.

마르크스가 노동에 부여한 의미는, 정확히는 '일'에 해당한다. 일 또는 제작은 사람의 의식을 요구한다. 분석하고 종합하는 의식, 반성하고 성찰하는 이성이 있어야 한다. 그렇게 목적의식을 가지고 세계에 참여하고, 개조하는 것 이것이 곧 일이다. 일의 생산물은 제작자를 소외시키지 않는다. 가령 노동자가 만드는 의자는 노동자를 소외시키지만, 내가 집에서 망치질해서 만드는 의자는 잘 됐든 못됐든 나를 소외시키지 않는다. 나는 노동을 한 게 아니고 일을 한 것이기 때문이다. 호메로스의 《일리아드》를 보면 파리스와 오디세우스는 집을 짓고 나우시카의 오빠들은 빨래를 한다. 이것은 자기만족을 위한 일이다. 그 일은 그 영웅들의 섬세한 인격과 배려하는 우월감을 보여 준다. 남아프리카에서 변호사 일을 하던 간디가 주말에 병원을 찾아 빨래를 할 때, 그것은 그의 인격을 드러내는 일이다. 그러나 빨래로 먹고사는 노동자라면 그는 빨래에 종속된다. 그런 경우는 '노동'인 것이다.

한마디로, 일은 먹고사는 문제, 즉 돈벌이에서 벗어난다. 그로써 소외된 노동에서 벗어난다. 무엇보다 일은 스스로 선택한다는 점에서 노동과 구별된다. 노동에는 선택의 여지가 없지만, 일을 하는 자는 자신에게 가장 어울리는 것, 자신이 제일 하고 싶은 일을 선택할 수 있다. 그의 일은 자기실현의 방편이자, 그 자체이기도 하다.

여기까지 얘기하고나자, 여기저기서 불만의 소리가 들린다.

"아니, 누가 그렇게 살고 싶지 않아서 이렇게 살고 있소? 나도 이 지긋지긋한 노동에서 벗어나고 싶단 말이오. 그런데 목구멍이 포도청이라 억지로 이렇게 살고 있는 건데, 뭐, 노예라고? 누구 염장 지를 일 있소? 당신은 그나마 먹고살 만하니까 그런 말도 하는 모양인데, 그건 횡포요, 폭력이란 말이오!"

맞다. 하루 벌어 하루 먹고사는 사람들이 얼마나 많은가. 그런 사람더러 노동에서 벗어나 일을 하라는 것은 참 무책임한 소리다. 그러나 나는 그래도 내 생각을 굽히지 않으련다. 또 내가 그런 분들께 횡포를 부린다고도 생각지 않는다. 오히려 노동을 신성시하는 모든 말들이 힘겨운 처지에 내몰린 사람들을 더 내몰고 있는게 현실이니까. 겉으로는 직업에 귀천이 없다는 둥 위로하면서 '힘들고 더럽고 위험한' 일을 하지 않는다고 노동자를 몰아치는 사람들 말이다. 물론 그들은 그런 일 덕분에 사회가 유지되는 것이라며 제법 그럴 듯하게 포장하여 말한다. 그렇게 신성한 일이라면 자기나 제 자식이나 시킬 일이다. 자기는 하지 않으면서 남더러 안 한다고 야단치고 개탄하는 사람들이 오히려 폭력적이다. 이래서 노동에서 벗어나야 한다는 사회적 합의를 이루는 것은 아주 중요하다. 그럴 때 힘겨운 일을 하는 사람들에게 제대로 일한 만큼의 대가가 돌아갈 것이다. 스웨덴에서는 배관공이 가장 고소득자라고 한다. 힘들고 위험한 일이어서기도 하겠지만, 무엇보다 노동에서 벗어나야 한다는 합의가 바탕에 깔려 있기 때문이다. 모두가 하지 않으려는 일을 대신 하는 이를 그만큼 존중하는 것이다. 그렇게 되면 이주 노동자를 대하는 시선도 바꿀 수 있다. 그들은 일자리를 빼앗는 사람들이 아니라, 누구도 하기 싫어하는 일을 기꺼이 해 주는 고마운 존재임을 인식하게 될 테니까.

저마다 노동에 매달리는 것은 소유의 문제와 밀접한 연관이 있다. '어느 정도는 가져야지 하고 싶은 일도 할 것 아닌가'라고들 한다. 그런데 무엇을 가진다는 건가? 다들 돈을 가져야 한단다. 그 것만 가지면 무엇과도 바꿀 수 있다고 생각한다. 그러다 보니 돈이 최고의 가치가 되었다. 그러나 돈을 소유의 목적으로 삼는 사이에 우리가 잃어버린 것을 생각해야 한다. 아이와 놀아 줄 시간도 없고, 차분하게 앉아 책 읽을 시간도 없다. 벗과 더불어 학문과 예술을 논할 시간도 없고, 아예 그런 벗조차 없다. 당연하다. 내가 이미 그런 벗이 아니니까. 그렇게 돈에 매달리는데 정작 가난한 이웃과 나눌 돈 한 푼 없다. 시간이, 장소가, 벗이, 가족이, 책이, 박물관이, 도서관이, 공원이, 강아지 한 마리가, 부모님이 내게는 없다. 기부도, 나눔도, 참여도 할 여유가 없다. 그런 걸 포기하고 소유하려는 게 뭔가? 외제차, 와이드비전, 넓은 집(이왕이면 강남) 따위다. 없어도 될 것을 위해 있어야 할 것을 기꺼이 포기하는 게 오늘날 우리의 소유관이다.

  진정한 소유는 세계 속에 자기 자리를 잡는 것이다. 누구도 아닌 나만의 자리 잡기! 꼭 부동산이어야 되는 게 아니다. 누구의 것도 아닌 바로 나만의 것이라 할 수 있는 바로 그것을 소유하는 것이다. 그 소유를 바탕으로 세상과 교류한다면, 그것은 세상을 소유하는 것이기도 하다. 따라서 진정한 소유는 '자유 시간'의 소유다. 자기를 가꾸고 보살피고 다듬는 시간, 가족과 함께 하는 시간, 이웃과 교류하는 시간, 산천을 돌아다니는 시간, 별자리를 헤아리는 시간, 꽃과 새들과 대화하는 시간, 가난한 이웃과 나누는 시간, 공공의 이익을 위한 일에 참여하는 시간…….

그러려면 물질적 소유의 한계를 정확히 그어야 한다. '여기까지!'를 분명히 해야 한다는 말이다. 이것이 바로 내가 말하는 노동의 경계다. '여기까지!'를 이루면, 이제 나머지는 노동이 아닌 일에 쓸 수 있다. 그런 사람만이 돈에 얽매이지 않는다. 백 원 가졌을 때 십 원을 내놓을 수 있는 사람은 천 원 가졌을 때 백 원을 내놓을 수 있다. 한계를 아는 그는 넉넉하다. 그런데 백 원 가졌을 때 십 원을 내놓지를 못하는 사람이 있다. 나중에 돈 많이 벌면 내겠다 한다. 그런 사람들이 노동에 그토록 매달리는 거다. 정작 천 원을 가지면 또다시 그는 말한다. "먹고살기도 힘든데, 무슨 봉사고 베풂이냐."고. 이제 그는 만 원을 향해 치닫는다. 한계를 모르는 그는 영원히 가난한 노동자일 뿐이다.

만국의 노동자여, 놀고먹자!

내가 바라는 세상은 "생존 보장을 위한 노동이 더 이상 개인의 중요 관심사가 되지 않고, 인간 능력의 자유로운 놀이로서의 일이 근본적 욕구가 되는 사회"(마르쿠제)다. 일이 놀이가 되고, 놀이가 일이 되는 사회 말이다. 왜 나는 놀이를 들먹일까? 놀이의 특징을 살피노라면 멋진 일, 멋진 삶, 전혀 다른 세계를 구상할 수 있기 때문이다.
"놀이는 사물을 결합하고 해체한다. 놀이는 우리를 매혹시킨다. 놀이는 우리를 사로잡는다. 즉 놀이는 우리에게 마법을 거는 것이다."(호이징하,《호모 루덴스》) 놀이가 사물을 결합하고 해체한다는 건, 주어진 세상에서 내 놀잇감을 골라 놀이의 틀로 끌어모은다는 거다. 그건 주어진 세계를 해체하여 새롭게 결합하는 일이다. 따라서 놀이는 새로운 세계의 창조다. 그렇게 놀이는 일상의 세계에 새로운 세계를 집어 넣는다. 그렇게 발견하고 만든 전혀 다른 세계, 그것은 바로 내 일이 만든 작품이다. 그것은 그림일 수도, 음악일 수도, 건축일 수도, 책일 수도, 자연을 벗하는 것일 수도, 이웃과 하나 되는 것일 수도, 하다못해 내가 만든 아이들 책상일 수도 있다. 마법처럼 펼쳐지는 새로운 삶, 이것이 놀이로 만드는 나만의 작품이다.

놀이로서의 일과 노동이 반드시 동떨어진 것은 아니다. 가령 나처럼 가르치는 사람이라면, 내가 하는 수업에다 놀이를 도입할 수 있다. 판에 박힌 수업을 해체하여 전혀 다른 것들을 결합하는 것이다. 그렇게 매혹적인 수업을 창조한다면, 그것은 주어진 노동을 해체하고 일과 놀이를 노동에 도입하는 마법과 같은 일이리라. 아마 노동에 '일=놀이'를 도입할 만한 직업들도 꽤 있을 것이다. 다산 선생은 유배지에서 양계를 시작한 아들에게 이렇게 써 보낸다. 이익을 위해 닭을 혹사시키지 말고 놔먹이라고, 그래서 닭들이 자연과 어울리는 걸 보면서 시를 읊으라고. 품위 있는 일이다. 이런 게 불가능하다면, 최선을 다해서 노동에서 벗어나려는 노력을 해야 한다. 최소한의 노동, 최대한의 자유!

기출문제 둘러보기

2003 서강대 정시 |

제시문 (가), (나)를 활용하여 '노동'과 관련한 (다)의 입장에 대한 자신의 견해를 논술하라.

제시문 (가) 하느님이 인간을 낙원에 들여보내신 것은 일하게 하기 위함이었다. 노동하는 사람은 한 그루의 나무를 바라보면서 그의 시선을 창조계 전체로 옮겨 간다. 정말 세계는 한 그루 나무와 같다. 세계에는 섭리가 이중으로 작용한다. 자연에 맡겨진 부분과 의지에 맡겨진 부분이 이중으로 작용한다. 그 모두가 인간이 교육을 받는 표지이고, 교양을 쌓는 밭이며, 인간이 발휘할 기술인 것이다. 이제 의미가 밝혀진다. 하느님이 인간을 낙원에 들여보내신 것은 일하게 하기 위함이었다. 거기서 농사를 지으라는 뜻에서였다. 그것은 노예가 하는 강제 노역이 아니라 자유 의지에서 우러난 지성인의 작업이었다. 이런 일에 종사하는 것처럼 순진무구한 일이 또 어디 있겠는가? 인간이 그것을 지혜롭고 현명하게 수행한다면 노동보다 고상하고 그보다 성취적인 일이 또 있겠는가?

— 아우구스티누스,《창세기 축자 해석》

제시문 (나) (나) 오늘날 생산물만이 중시되고 그것을 만들어 낸 노동이 등한시된다는 것은 단지 상점이나 시장, 무역의 경우에 한하는 것은 아니다. 근대적인 공장 안에서도 노동자의 경우에는 사정이 전적으로 동일하다. 작업상의 협력이나 이해, 상호 평가란 그야말로 고위층의 권한에 속할 뿐이다. 노동자 계층에 있어서 여러 부서와 여러 직무 사이에 형성된 관계란 다만 사물 간의 관계일 뿐 인간 상호 간의 관계는 아니다. 부품은 명칭과 형태, 원료가 기입된 쪽지가 붙여져 유통된다. 이 부품이야말로 바로 인간이며, 노동자는 다만 교환 가능한 부품이라고 생각될 수도 있을 것이다. 부품은 제조 명세서를 갖는다. 또 몇 개의 큰 공장의 경우처럼 노동자가 출근시에 죄수같이 가슴에 번호를 단 사진이 붙어 있는 신분증을 제시하지 않으면 안 될 경우, 그 신분 확인 절차는 가슴을 찌르며 고통을 주는 하나의 상징이 되는 것이다. 사물이 인간의 역할을 하고 인간이 사물의 역할을 하는 것이야말로 악의 근원이다.
(중략)
큰 공장은 물론이고 조그만 공장에서까지도 많은 남녀 노동자들은 명령에 의해 있는 힘을 다해서 대충 1초마다 한 번씩 행하는 대여섯 개의 단순한 동작을 끊임없이 되풀이할 따름이다.
(중략)
기계 작업은 마치 시계의 똑딱 소리처럼 끊임없이 계속된다. 이 경우 하나의 일이 끝나고 다른 일이 시작된다는 것을 알려 주는 것은 아무것도 없다. 저 똑딱거리는 시계 소리의 기운 빠지는 듯한 단조로운 소리를 오랫동안 듣는다는 것은 참을 수 없는 노릇이지만, 노동자는 자기 몸으로 그것을 감당하지 않으면 안 된다.

— 시몬느 베이유,《노동일기》

제시문 (다) 우리는 노동이라는 말을 들으면 곧 채플린의《모던타임스》나 르네 크렐의《우리에게 자유를》을 연상합니다. 분명 그들의 이미지나 비판은 지난날 옳은 때가 있었습니다. 그렇지만 그것은 전통적인 산업주의에만 적용될 수 있는 것으로서, 오늘날 급속히 진화되고 있는 새로운 산업에는 들어맞지 않습니다.
분업화된 공장 노동이 얼마나 비참한 것이었는지는 잘 알려져 있으며, 그것은 오늘날에도 역시 비참합니다. 그러한 공장형의 노동은 오피스에도 들어와 개개의 노동자는 작은 반복 작업만을 되풀이함으로써 자기의 일이 전체에 이어진다는 자각을 하지 못하고, 자기 재량이나 창조력을 발휘할 기회도 가지지 못했습니다. 그런데 그와 같은 직업을 보존하라고 주장하는 사람들의 노스탤지어에 놀라지 않을 수 없습니다.

(중략)

이제까지의 '제 2의 물결' 산업에서는 공정을 분업화, 반복화해서 인간이 기계처럼 되어 일하는 것이 능률을 올리는 요령이었습니다. 이제 그런 일은 컴퓨터가 더 빠르게 잘해 주고, 위험한 작업은 로봇이 해 줍니다. 지금까지의 공정은 시대와 함께 채산성도 생산성도 떨어지고 있습니다. 변화를 촉진하는 조건은 갖추어진 셈입니다.

(중략)

'제 3의 물결'의 노동자는 더욱 독창적이고 더욱 지능적이라서 이제는 기계의 부속품이 아닙니다. 좀더 구체적으로는 기능과 특수 지식이 있는 인간입니다. 자기 전용의 연장 상자를 가지고 있었던 산업혁명 이전의 직업인과 마찬가지로 새로운, 말하자면 '두뇌 노동자'는 기능과 정보가 가득히 들어 있는 '두뇌 도구 상자'를 가지고 있습니다. 미숙련 노동자가 갖지 못한 생산 수단을 가지고 있는 것입니다.

이와 같은 새로운 노동자는 자립한 직업인과 비슷하기는 하지만 아무하고나 교체가 가능한 조립 라인의 노동자와는 그 질이 다릅니다. 젊고, 교육 수준도 높고, 반복 작업은 하지 않습니다. 자기에게 적합한 방법으로 일을 해 내기 때문에 상사의 잔소리를 싫어하고 항상 자기 주장을 지니고 있습니다. 애매한 공정이나 직제의 변화에도 꿈쩍하지 않습니다. 그들이야말로 새로운 노동력이며 그 수는 자꾸자꾸 늘어나고 있습니다. 경제가 '제 2의 물결'에서 '제 3의 물결'로 옮겨짐에 따라 새로운 가치 체계가 생겨남과 함께 노동자의 기능도 새로워집니다.

(중략)

지금 일어나고 있는 것은 그와 정반대, 말하자면 '마르크스를 물구나무 세운 것'과 같습니다. 오늘날의 경제에서 흥성하는 부문은 수천 명에 이르는 노동자에 의한 동일화, 규격화된 반복 작업을 필요로 하고 있지 않습니다. 필요로 하고 있는 것은 적응력과 독창력과 고학력을 갖춘, 개성적이라 해도 좋을 정도의 노동자입니다.

― 앨빈 토플러, 《전망과 전제》

더 생각해 봅시다

'가사 노동'을 어떻게 볼 것인가?

　가사 '노동'이라는 용어는 타당한가? 왜 가사 '일'이라고 하지 않고, 가사 '노동'이라고 할까? 이 용어를 창작한 사람들은, 자기가 대단한 걸 발견했다고 좋아했을 게다. 그들은 '노동'이라는 말을 붙임으로써 가사일도 가치 있는 일이라는 걸 주장하고 싶었던 거다. 아니나 다를까, 가사 노동의 가치를 화폐로 환산하기 시작했다. 우리나라 주부의 가사 노동은 연봉 3,000만 원가량 된다고 한다. '노동'이 생존을 위해서 하는 일이고, 가사가 가족의 생존과 연관된다는 점을 떠올리면, 가사 노동이라는 말이 썩 잘 어울리는 것도 같다. 파출부라도 쓸 양이면, 일도 성에 안 차는 데다 돈도 꽤 지불해야 하니까, 확실히 주부가 돈벌이를 하는 것 같기도 하다.
　그런데 정말 가사가 노동일까? 그 말이 성립되려면, 이 일이 주부의 생존 수단이 되어야 한다. 그렇다면 주부는 가사 노동 덕분에 먹고사는 걸까? 월급은 누가 주나? 남편이? 그래서 제대로 청소 안 한다고 뭐라 하고, 반찬 투정하고 그러는 건가? 그건 고용주의 당연한 요구인가? 월급은 왜 그리도 박한가? 그저 먹여 주고 재워 주는 정도에 불과하지 않은가.
　노동은 노동의 대상과 그 과정에서 소외된다고 했다. 그런 점에서 가사는 노동으로 부르기 곤란하다. 빨래든 설거지든 청소든 돈

벌이하려고 그걸 하는 주부는 없다. 대충대충 하지도 않는다. 내 가족이 입을 옷이고, 먹을 그릇이고, 살 집인데 어찌 대충 할 수 있겠는가. 화학세제도 가급적 안 쓰려고 하고, 구석구석 먼지 한 톨까지 털고 닦는다. 과연 주부가 그 노동의 결과물에서 소외되는가? 집안 구석구석 주부의 손길이 미치지 않은 곳이 어딨는가! 내가 만든 음식을 맛있게 먹는 가족들을 보는 눈길은 얼마나 행복한가! 집안은 주부가 한 일의 성과물이고, 주부는 온전히 그것을 누린다.

그런데도 주부가 소외됐다고 느끼는 것은, 가족들이 그 일을 엄마(아내)가 당연히 해야 할 일이라고 여기기 때문이다. 아빠(남편)가 돈 벌어다 주니까 엄마는 당연히 집안일을 해야 한다고 여기는 거다. 이거야말로 노동이 아닌가! 집에 들어오면 당연히 밥이 돼 있어야 하고, 밥 먹고 난 건 당연히 엄마(아내)가 치워야 하고, 내 방 청소도 당연히 엄마(아내) 몫이라고 생각하니까 주부가 소외되는 것이다. 가족들이 주부로 하여금 '내 일'이 아니고 '주어진 노동'이라는 생각이 들게 만드는 것이다. 가사 일은 주부 개인의 몫이 아니고, 가족 모두의 몫이다. 이럴 때 가사는 '노동'이 아니라 '일'이 된다. 의식적이고 창조적인 집안 가꾸기!

가사 노동이라는 말이 유용할 때는 딱 하나다. 이혼할 때다. 그때는 가사 노동, 즉 화폐 단위로 환산되는 노동으로 따져야 한다. 아내가 집안을 돌보지 않았다면, 남편이 바깥에서 노동을 할 수가 없었을 테니까. 부부의 처지가 바뀌었대도 마찬가지다. 바깥에서 한 노동은 함께 한 것이고, 그러니 당연히 벌어서 모은 것의 절반은 가사 노동의 몫으로 지불해야 한다.

10 ____ 몸을 어떻게 대할 것인가?

"그래요,
당신은 나를 그 잘난 머리로 이해합니다.
당신은 이렇게 말할 겁니다.
'이건 옳고 저건 그르다.
이건 진실이고 저건 아니다,
그 사람은 옳고 딴 놈은 틀렸다…….'
그래서 어떻게 된다는 겁니까?
당신이 그런 말을 할 때마다
나는 당신 팔과 가슴을 봅니다.
팔과 가슴이 무슨 짓을 하고 있는지 아십니까?
침묵한다, 이겁니다.
한마디도 하지 않아요.
흡사 피 한 방울 흐르지 않는 것 같다,
이겁니다. 그래,
무엇으로 이해한다는 건가요,
머리로? 웃기지 맙시다!"

- 니코스 카잔차키스, 《그리스 인 조르바》

금욕의 시대

몸이 화두다. 요즘처럼 몸이 대접 받았던 때가 또 있었을까 싶다. 뭐, 건강하게 살겠다는데 굳이 시비 걸 일은 아니다. 요즘은 튼튼한 것만 따지는 게 아니다. 예뻐야 하고, 잘 빠져야 하고, 얼굴이나 상체 빼고는 길어야 한다. 내가 일하는 데가 주로 강남이어선지, 요즘처럼 잘난 남녀를 많이 만난 적은 없는 것 같다. 뭐, 남 보기 좋고 저 당당해서 좋다는 걸 탓할 건 없다.

요즘은 눈만 뜨면 너나없이 '당신의 건강은 내가 책임지겠다.'고 나선다. 먹는 것, 마시는 것, 입는 것, 사는 곳 따위를 팔려는 광고들이 그렇다. 그 모든 상품들에게 가장 큰 주제는 건강이다. 의식주뿐이 아니다. 부쩍 늘어난 보험 광고들을 보라. 돈 없어 건강 잃고, 나아가 목숨까지 잃을 염려 붙들어 매시라고, 싼 값에 그 불안을 해결해 주겠노라고 시도 때도 없이 나선다. 겉모양 꾸미기 광고도 빠지지 않는다. 머리털부터 발끝까지 책임진단다. 보이지 않는 세균, 박테리아, 바이러스 따위와 전쟁도 선포한다. 몸과 더불어 수만 년을 살아온 헬리코박터균은 졸지에 박멸 대상이 돼 버렸다. 그걸 죽여야 위가 튼튼해진다니, '뭘' 을 먹어야 할 판이다. 가히 '몸에서 몸까지'다. 지금 우리 사회는 몸을 차지하기 위한 전쟁터가 되었다.

　이 전쟁 통에 우리 생각도 많이 바뀌었다. 아쉬운 대로 없이 살 수 있었던 것, 이를테면 빠진 머리털도 이제는 기어이 붙여야 할 것 같고, 미끈한 남성들이 나와서 화장하라고 권하니, 해야 할 것 같은 강박도 생긴다. '무식한 건 참아도 못 생긴 건 못 참는다.'도 이젠 정말 우스갯소리가 아니다. 이러니 나처럼 머리통 큰 사람, 그래서 굵은 목과 발달한 상체와 짧고 굵은 튼튼한 하체를 가진 사람은 어디 몸뚱이 디밀기도 퍽이나 난감하다. 수업 시간에 머리통 큰 남학생한테 사실대로 말했다가 낭패를 본 일이 있었다. 그게 치명적 약점인 시대란 걸 깜빡한 것이다. 진작 장가갔기 망정이지, 조금만 늦게 태어났으면 큰일 날 뻔했다.

　그런데 가만 생각하면, 좀 이상하다. 몸, 몸, 하는데, 이게 타고난 몸을 잘 챙기겠다는 것으로 들리지가 않는다. 오히려 원래 몸뚱이는 꽤나 구박을 받는 상황이니 말이다. 타고난 얼굴, 타고난 몸매는 경멸의 대상이다. 그러니 난도질하는 것 아니겠나. 머리 색깔, 치아 구조, 피부 색깔, 심지어는 보이지 않는 곳에 있는 것들조차 몽땅 벌건 대낮의 거리로 내몰린다. 그러면 이 전쟁은 남이 내 몸을 차지하기 위한 전쟁이요, 내가 내 몸을 상대로 벌이는 전쟁이며, 나아가 내가 남의 몸을 향해 벌이는 전쟁이기도 하지 않은가.

　따라서 이 전쟁의 적은 몸이다. 몸을 우위에 세우려는 전쟁이 아니고, 사실은 몸을 정복하기 위한 전쟁이기 때문이다. 몸에게는 아무런 발언권이 없다. 무언가가 몸을 사정없이 몰아세운다. 그 무언가는 말한다. '바꿔라, 그러면 받아주겠다.' 도대체 그 '무언가'는 누구인가? 꾸미지 않은 몸을 부끄럽게 만들어 득을 얻는 존재이리라. 그리하여 몸의 개조를 위한 칼질, 굶주림 따위를 기꺼이 받아들이게 만드는 존재이리라. 그가 몸더러 먹어야 할 것과 먹지 말아야 할 것, 입어야 할 것과 입지 말아야 할 것, 해야 할 것과 하지 말아야 할 것을 명령한다. 그 허락과 금지에 몸은 기꺼이 따른다. 어찌 보면 이 시대는 금욕주의의 시대다. 금욕주의가 인류사 전체를 지배해 왔다는 사실을 떠올리면, 이윽고 엄청나게 변한 것처럼 보이는 이 시대도 사실은 아무것도 달라지지 않았다는 걸 깨닫게 된다.

이 시대는 겉보기로만 몸이 해방되었지 실상은 몸이 구속된 시대다. '있는 그대로의 몸'이 '받아들일 만한 몸'에 짓눌린 시대다. 인류사는 언제나 그랬다. 이제 나는 이 짓눌린 몸을 살리는 시도를 하려 한다. 몸이 살아야 마음도, 세상도 살 수 있다고 믿기 때문이다.

내 몸은 내 것인가?

나는 개성 있는 몸을 만들기 위해 이런저런 모험과 실험을 감행하는 사람들을 탓할 생각이 전혀 없다. 나 역시 8년째 개량 한복만 입었고, 머리나 수염도 1년에 한 번씩 자르고, 생각날 때마다 씻고, 방도 발디딜 틈이 없을 때나 치운다. 그래도 뭐, 별 불편을 못 느끼니까. 다만, 이걸 묻고 싶다. "당신이 몸에다 하는 짓을 몸도 원할

까요?"

 무슨 이런 질문이 다 있냐고 반박하는 분도 있으리라. '내 몸, 내가 하고 싶은 대로 하는데 당신이 무슨 상관이냐?'라고 할 수도 있겠다. 바로 이 말이 문제다. 이 논리에는 '내 몸은 내 것'이라는 발상이 깔려 있다. 이제 나는 속사포처럼 이런저런 질문을 던진다. "정말로 당신 몸은 당신 것입니까?", "'내 몸은 내 것'이라면, '나'와 몸이 별개라는 말인데, 그럼 '나'는 누구죠?" "그 '나'는 자기 몸을 완전히 알고 있나요?"

 이 질문들에 막상 대답하려면 참 난감하다. 분명히 내 몸인데 나는 내 몸을 정말로 모른다. 잘 모르는 정도가 아니다. 아예 모른다. 아니라고 생각하는 분은 이런저런 예를 들 게다. '나는 불고기를 좋아하고, 흰색을 즐겨 입고, 11시쯤 잠자리에 들고, 번지 점프할 때가 가장 짜릿하고……' 그러나 그게 '내'가 좋아하는 건가, 아니면 '몸'이 좋아하는 건가? 혹시 몸이 좋아하는 걸 내가 좋아한다고 착각하고 있는 건 아닐까? 어릴 적부터 나는 고기를 정말 좋아했다. 그러다가 어느 순간부터 고기보다는 채소가 좋아지기 시작했다. 그러면 고기에서 채소로 바뀐 게 '나'인가, '몸'인가? 식성이 바뀌었다고들 한다. '바뀌었다'는 표현은 내 의지와 무관하게 그렇게 되었다는 말이다. 내 의사와 무관하게 몸이 그렇게 나를 만든 것이다. 결국 '내 몸은 내 것'이라는 말은 틀렸다. '좋아하고, 싫어하고' 따위는 '내' 기억이 아니고, '몸'의 기억인 것이다.

 까뮈의 《이방인》에서 참 이해하기 힘든 대목이 있다. 뫼르소가 아랍 청년을 총으로 쏴 죽인 이유가 '햇빛이 강렬해서'라고 말하는 장면이다. '뭐, 이런 말이 다 있어?'라고들 한다. 그러나 이제는 좀 알 것도 같다. 내 의사와 무관하게 몸이 그렇게 해 버린 거다. 한 방 쏘고 나니 이상야릇한 열정이 온몸을 감싸고 손가락은 제멋대로 연속 사격을 하고 있다. 아니, '사격'을 한 게 아니다. 그냥 손가락을 당겼을 뿐이다. '탕!' 하는 소리는 온몸을 뒤흔들어 손가락으로 모든 에너지를 모은다. 몸이 먼저 저지른 거다. 대개의 '나'는 그런 후에 그 몸이 저지른 사건을 설명하고 변명하느라 갖은 논리를 다 끌어댄다. 그러나 '뫼르소-나'는 솔직하다. 그는 기꺼이 몸의 사건을 내 사건으로 받아들인다. 몸의 논리를 내 논리로 삼는다. 그래서 그는 '이 시대의 그리스도'다. 제 몸에 가장 충실함으로써 얻는 해방, 곧 구원의 길을 만인에게 보여 주었으므로.

'나'와 '내 몸'은 별개의 것이 아니다. 아무리 변명해도 몸이 저지른 일은 내가 저지른 일이다. 변명만 하려고 하지 말고 조금 더 크게 생각해 보자. 우리는 대개 몸의 기억들 중 나쁜 것만 떠올리는 경향이 있다. 그러나 꼭 그런 건 아니다. 상황에 딱 맞는 멋진 표현이 입에서 터져 나올 때가 있다. 그것이 몸 아닌 '나'의 것이라고 말할 수 있을까? 그게 바로 '나'다. 나는 다른 무엇도 아닌 바로 '몸'이다.

몸과 마음이 만나는 방식

그러나 몸만을 '나'라고 말할 수는 없다. 또 하나의 나인 '마음'

이 도사리고 있다. 지금껏 몸 위에 군림만 해 왔던 이 친구가 지금 상처를 입었다. 그래서 '말도 안 되는 소리'라며 혼자 투덜대고 있다. 맞다. 몸이 제멋대로 저질러서 낭패를 보는 경우는 대개 '마음'이 한 발 뒤쳐졌을 때다. 헛소리하려는 입, 함부로 만지는 손, 아무 데나 가는 발을 제어하는 건 어디까지나 마음이 하는 일이다. 고로 마음을 제쳐놓고 몸만 '나'라고 하는 건 잘못이다.

그런데도 나는 '몸-나'를 유독 강조한다. 왜? 그동안 '마음-나'가 나를 독점했기 때문이다. 그것은 부당하다. 원래부터 뗄 수 없는 것을 부당하게 떼어 놓았다는 점에서 그렇고, 대등하게 어울리는 것 중 하나만 높인 점에서 그러하다. 마음이 몸더러 야단치고 가로막고 격려하니까 당연히 마음이 우위에 서는 것처럼 보인다. 그러나 곰곰이 들여다 보자. 마음은 언제나 몸의 기억을 떠올릴 뿐이다. 마음은 이렇게 하니까 좋더라, 이렇게 하면 곤란하더라고 몸에게 일깨운다. 몸이 그걸 받아들이면 일이 좀 수월해지고, 미처 마음의 소리를 듣지 못하면 좀 복잡해지거나 심각해진다. 그렇다고 언제나 마음이 몸에게 좋은 일만 하는 건 아니다. 사사건건 간섭하는 마음은 몸에게 얼마나 귀찮은 존재인가!

몸과 마음은 '함께 또 따로'인 관계다. 이를 잘 보여 주는 작품이 사뮈엘 베케트의 《고도를 기다리며》다. 잠시만 인용하자.

　　　에스트라공(고고)　건드리지 말라니까! 묻지도 말고! 아무 말도 말고 그냥 옆에 있어만 줘!
　　　블라디미르(디디)　내가 언제 네 곁을 떠난 적이 있었니?

고고 나를 혼자 가게 내버려 뒀잖아!

디디 나를 좀 봐! (에스트라공, 움직이지 않는다. 우레 같은 목소리로) 나를 좀 보래도!

Gogo는 아무 때나 마냥 'Go!'를 외친다. 성치 않은 발로 절뚝거리면서도 도무지 가만 있질 못한다. 제멋대로 나다니며 무던히도 사고를 친다. Estragon이라는 이름은, 몸이 마음에서 멀어지려는 존재(Estrangement)라는 걸 보여 주려는 것 같다. Didi가 외친다. "Don't!", "날 좀 보래도!"라고. 러시아 말 Vladimir에는 '소유'라는 의미가 들어 있단다. 그러니까, 마음은 몸을 늘 소유하려고 한다는 뜻으로 새길 수 있겠다. 그렇게 몸을 늘 자기 뜻대로 움직이려는 존재, 그것이 마음이다. 그러나 몸은 그게 귀찮다. 그러면서도 홀로는 위태롭다. 그래서 외친다. "아무 말도 말고 그냥 옆에 있어만 줘!"

지금까지 마음은 주도권을 쥐는 쪽이었다. 마음은 무언가 의미를 부여하려고 하고 부여한 의미대로 몸을 조종하려 든다. 마음은 몸의 감각을 종합하여 뭔가 확정된 의미, 관념 따위를 들이민다. 한마디로, 마음은 몸을 넘어선 자리에 있다. 그 자리에서 몸에게 명령한다. 허락하고 금지한다. 이 마음의 독립적인 자리, 몸을 넘어선 초월적 기능을 탐구한 것이 바로 근대 철학이다. 굳이 근대 철학까지 들먹이지 않더라도 이런 마음의 주도권을 인정하는 말은 참 많다. '호랑에게 물려가도 정신만 차리면 산다.'든지, '모든 게 마음먹기 달렸지.' 따위들.

마음은 의미를 확정 짓기 위하여 몸과 몸의 경험을 대상으로 삼는다. '자기 객관화'라는 말이 그것이다. 그렇게 자기를 떼어 놓고 냉철하게 관찰하는 것은, 대체로는, 몸에게 유리하다. 그 과정에서 마음은 자기가 내린 의미를 정당화하려고 한다. 누가 봐도 올바른, 보편타당한 의미를 내놓으려는 것이다. 그 올바름은 어떻게 확보할 수 있을까? 그를 위해서 마음은 순수해야 한다. 객관적이어야 한다. 그래서 마음은 몸과 몸의 경험을 객관적으로 설명하는 '과학'이나 '철학' 같은 데 관심이 무척 많다. 그렇게 올바른 의미를 찾아선 몸에게 디밀어 몸을 소유하려 한다. 이로써 몸은 마음이 내린 의미에 따라 확실한 발걸음을 내디딜 수 있게 되었다. 그러나 그 결과가 썩 긍정적이지만은 않은 것 같다.

문제는 마음의 특징 자체에서 생긴다. 즉, 몸을 넘어서서 몸의 경험을 수집하고 분류하고 종합하여 의미를 확정짓는 마음의 기능이 장점이면서 동시에 단점이라는 말이다. 당연히 마음이 내놓는 의미는 시간을 넘어선다. 시간의 흐름에 따라 의미가 바뀐다면, 몸의 경험을 설명하지 못하기 때문이다. 또 마음은 관계를 제약한다. 설명은 언제나 부분적이다. 몸의 경험 중 중요한 것과 덜 중요한 것, 필연적인 것과 우연적인 것을 나누고 그 중 중요하고 필연적인 것에 훨씬 큰 의미를 부여한다. 그러다 보니 마음은 시대를 지배하는 담론, 즉 큰 이야기 주제에 휘둘린다. 시대가 중요하게 여기는 가치를 별 수 없이 받아들인다. 오늘날 몸에 얽힌 주제에 휘둘리는 것도 몸이 아니라, 마음이다. 몸에 얽매이기 싫어하는 마음이지만, 그러면 그럴수록 거대한 무언가에 휩쓸리게 되고, 그걸로 몸을 옭

아맨다. 그리하여 몸이 왜곡된다. 무한한 경험 중 마음이 허락하는 것에만 익숙해지는 거다. 마음이 싫어하는 것을 몸도 멀리하게 된다. 이렇게 되자, 이번에는 마음도 고정된다. 몸이 익숙해하는 것을 자연스럽게 받아들이고, 그 당연한 것에 정당한 의미를 부여한다. 이로써 몸과 마음 모두가 정해진 것, 모두가 받아들이는 것에 익숙해진다. 더 이상 나아감은 없다.

그래서 '마음-나'에만 일방적으로 주도권을 줘서는 안 된다는 거다. 몸의 무한한 경험에 마음의 문을 열어야 한다는 거다. 함부로 재단하고 끊어 내게 방치해서는 안 된다는 거다. 그 무한한 몸과 그 몸으로 스며드는 무한한 세계의 얼굴을 마음이 만나게 해야 한다. 덕분에 마음이 새로운 의미, 새로운 가치, 새로운 깨달음을 얻을 수 있도록 해야 한다. 이래서 나는 Gogo의 말, "건드리지 말라니까! 묻지도 말고! 아무 말도 말고 그냥 옆에 있어만 줘!"에 주목한다. 그동안 그토록 떠들어 댔던 마음은 이제 좀 침묵할 필요가 있다. 건드리지도 묻지도 말고, 그냥 옆에서 지켜보게 해야 한다.

이렇게 몸과 마음은 늘 함께 있으면서 늘 갈등하는 관계다. 아니, 그래야 한다. 어느 하나가 일방적으로 주도권을 행사하게 내버려둬서는 안 된다. 둘은 갈등하면서도 늘 서로를 기다리는 관계(Go+Don't)다. 'Godot를 기다리며'라는 제목은 얼마나 절묘한가! 늘 함께 있지만 무조건 하나여서는 안 되는 관계, 따라서 생이 다하는 날까지 영원히 기다려야 하는 관계. 이제까지 마음이 독주하는 바람에 몸이 한참 뒤쳐졌고, 그게 문제를 낳았다. 그러니 이번에는 몸을 좀 부각시키자. 그래야 제대로 갈등할 것 아닌가. 대체 우리에게 몸은 무엇인가.

몸의 재발견-세계로 열린 무한한 창

건강 관련 프로그램을 보노라면 데카르트의 예지력에 전율이 인다. 몸은 정말로 기계였다. '전문가'들은 어떤 음식은 어디에 좋고, 어떤 건 이래서 나쁘고, 연신 떠들어 댄다. 앞에 앉은, 돈에 동원된 것이 확실한 방청객의 몸들은 입력된 프로그램을 소화한다. '아아', '오오', '와하하하', '짝짝짝', ……. 우리는 이 전문가들이 확정지어 준 것과 관계를 맺어야만 건강을 유지할 것 같은 기분이 된다. 이 전문가들이 어느새 우리의 마음을 장악해 버린 것이다.

이들은 확실히 '전문가'다. 자기 분야만 알고 나머진 전혀 생각지 않으니, 말 그대로 '專門'이다. 그러나 몸은 '전문'을 거부한다. 입은 먹기만 하는가? 말하고, 뽀뽀하고, 웃고, 울고, 휘파람 분다. 먹을 때 입은 미각이지만, 뽀뽀할 때 입은 촉각이다. 귀와 관계를 맺으니 청각과 연결된다. 귀머거리들은 상대방의 입술을 보면서 무슨 말인지를 알아차리니 시각과도 연관된다. 입으로 들어간 것들은 후각으로 전달된다. 눈은 어떤가? 보기만 하나? 눈물 흘리는 촉각이다. 소리 듣는 청각이다. 귀먹은 베토벤은 어떻게 소리를 들었을까? 〈카핑 베토벤〉이라는 영화를 보면, 베토벤은 온몸으로 음악을 듣는다. 그의 몸은 세상의 소리와 교감을 나누는 귀다. 고흐의 〈별 헤는 밤〉에서 소용돌이치는 별들은 눈으로 '보는' 건가? 혹시 눈으로 만지는 건 아닐까? 세차게 휘날리는 삼나무 소리를 눈으로 듣는 건 아닐까? 뭉크의 〈절규〉는 확실히 눈으로 듣는다. 따지면, 우리 몸에 분포된 기관들은 특정한 기능에 국한된 것이 하나도 없다. 몸은 어느 것 하나 '전문'이 없다. 그것은 말그대로 전천후다. 그래서 프랑스 철학자 질 들뢰즈가 '기관 없는 신체'라는 말을 그토록 강조한 거다. 기관으로 분류할 수 없는 몸, 그 무엇과도 이어지는 몸이다.

들뢰즈는 세상 모든 것을 일컬어 '기계'라고 한다. 데카르트의 기계론을 받아들인 걸까? 그러나 들뢰즈의 '기계들'은 정해진 프로그램에 따라 법칙적으로 움직이는 기계가 아니다. 데카르트의 기계가 문제인 것은, 그것이 정해진 코드에 맹목적으로 따르기 때문이다. 들뢰즈의 기계는 그렇지 않다. 무엇과 접속하느냐에 따라 기계는 전혀 다르게 작동한다. 맥락에 따라, 맺는 관계에 따라 완전히 다르게 작동하는 기계다. 입이 손이 되고, 발이 되고, 항문이 되고, 코가 되고, 눈이 되고, 피부가 된다. 내가 아빠가 되고, 선생이 되고, 아들이 되고, 남편이 되고, 관중이 되고, 승객이 되고, 술꾼이 되고, 애연가가 되는 것과 같다. 그런 점에서 우리 몸은 '기관 없는 신체-기계들'이다.

우리 몸의 경계는 어딜까? 어디부터 어디까지가 몸일까? 정말 '몸'이라 확정 지을 만한 경계가 있기나 할까? 사람 몸속에는 약 400~1,000여 종에 이르는 박테리아들이 살고 있으며, 인간의 장(腸) 무게의 50%가 박테리아에 해당한다. 이들의 무게는 대략 인간 체중의 10%다. 세포를 중심으로 놓고 보면, 인간 몸에 있는 박테리아의 세포 수(100,000,000,000,000개)는 인간의 세포 수보다 10배는 많다. 박테리아의 유전자 수 역시 인간의 유전자 수보다 10배가 많다. 따라서 사람은 자신의 몸에서조차 소수에 지나지 않는다. 그러면 사람의 몸은 절대 사람의 것이 아니다. 여기서 이런 결론이 나온다. 사람이란 서로 다른 종에서 유래한 서로 다른 세포들로 이루어진 '슈퍼 유기체'다. 그런데도 헬리코박터 균을 죽여야 할까? 수만 년 동안 함께 살아온 것인데도? 실제로 헬리코박터 균을 제거했을 때, 상당한 부작용이 나온다는 보고도 있다.

아래 그림은 사람의 몸을 위상기하학적 해부도로 간략하게 나타낸 것이다. 이 그림을 보면, 우리 몸은 닫힌 몸이 아니다. 입으로 시작하여 장을 거쳐 항문으로 이어지는 긴 관은 세계를 향해 열려 있다. 소화기계만 그런 게 아니다. 세계는 우리 눈으로, 코로, 귀로, 숨구멍, 땀구멍으로, 피부로 스며든다. 그렇게 스며든 세계가 몸과

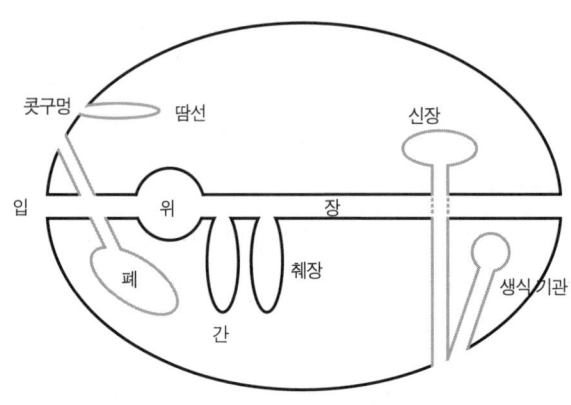

소화기계(GI(gastrointestinal) Tract)

만나 어울리고, 무언가를 빚어 내고는 다시 세계로 빠져 나간다. 우리는 그렇게 세계와 원천적으로 이어져 있다. 그러므로 사람 몸을 단순히 '물질'이라고만 말하는 것은 잘못이다. 몸은 '물질'로 이뤄진 것이 아니라, '살'로 이뤄진 것이다. 살이 곧 몸이다. 살은 세계와 만나 떨린다. 그 떨림이 신경계를 거쳐 뇌로 전달된다. 이때 뇌를 '생각하는 곳'이라고 여기면 곤란하다. 뇌는 생각하지 않는다. 뇌 역시 살이다. 뇌는 살을 통해 떨림을 전달 받고, 그의 정보를 실어 다시 떨림을 몸에 전달할 뿐이다. 손이 운동하듯이, 뇌도 운동한다. 손이 세상과 관계 맺는 것과 뇌가 세상과 관계 맺는 것은 본질적으로 같다. 그것은 '떨림'이요, '공명'이며, '감응'이다. 우리는 이렇게 '살'로써 '삶'을 '살'고 있는 것이다.

이 몸의 떨림이 마음으로 전달된다. 그러면 마음은 떨림을 분석하고 종합하여 다시 몸으로 내놓는다. 도대체 그 마음은 어디에 있는가? 뇌? 아니다! 뇌에 마음이 있다는 증거는 어디에도 없다. 데카르트는 '송과선(松科腺)'이라는 보도 듣도 못한 이상한 기관을 창조하여 마음과 몸을 연결했다지만, 마음은 몸 속 어딘가에 있는 게 아니다. 몸이 곧 마음인 것이다. 뇌가 마음과 가장 가깝지 않을까 하겠지만, 뇌도 몸의 일부이고, 다른 몸의 기관처럼 함께 어울려 함께 떨릴 뿐이다. 고로 손발이, 눈이, 코가, 귀가, 피부가, 한마디로 몸 전체가 생각하는 것이다. 이 점에서는 마음을 '心'으로 표현한 동북아 문화권의 발상이 훨씬 와 닿는다. 심은 심장이면서 마음이다. 곧, 몸이면서 마음이다.

건강한 신체에 건강한 정신?

이제 왜 몸을 열어야 하는지 알 만하다. 몸과 더불어 있어야 할 마음이 일방적으로 몸을 지배하게 내버려 둬서는 곤란한 이유도 충분히 납득할 만하다. 마음의 분석과 종합 능력, 반성하는 능력은 소중하지만, 그러나 그 능력의 자료들은 마음과 늘 함께 있는 몸에게서 나온다. 무한히 세계와 만나 떨림으로 마음에게 온갖 새로운 것을 전달하는 몸을 닫아 놓고서 도대체 무엇을 생각한단 말인가! 늘 생각하던 것만 생각하고, 모두가 받아들이는 것만 당연한 듯 받아들이는 마음은 바로 몸을 봉쇄했기에 그리됐던 거다.

자, 어떠신가, 몸을 대하는 우리 시대의 모습은? 그래도 무수한 영양제를 섭취하는 게 몸을 살리는 길이라 생각하는가? 아직도 병들지 않고 안 아픈 게 정상이라고 여기는가? 칼로 제 귀를 잘라버린 고흐나 평생 질병에 시달렸던 니체, 또는 청각을 잃어 고통받았던 베토벤이 여전히 신을 배신한 자의 비참한 모습으로 다가오는가?

'건강한 신체에 건강한 정신이 깃든다.'는 말이 있다. 이 말은 원래 로마의 시인 유베날리스가 한 말이다. 원문장은 'Orandum est ut sit mens sana in corpore sano.'인데, 번역하면 '건강한 신체에 건강한 정신까지 깃들면 바람직할 것이다.'이다. 그랬던 것이 어떻게 이렇게 바뀌었을까? 그 의도를 알려면, 이 말이 어떤 용도로 쓰이는지를 보라. 당시에 이 변형된 번역은 신병들을 가혹하게 훈련시키는 용도였다 한다. 오늘 우리도 비슷하다. 몸이 건강해야 한다는 걸 정당화하는 데 이 말을 사용한다. 그러다 보니 무조건 몸만 건강하고 보자면서 덤빈다. 그새 몸은 영문도 모르게 시달린다. 몸이 일방적으로 시달리다 보니 세상을 마음껏 겪을 수가 없질 않은가. 에리히 프롬은 이렇게 말한다. "건강하지 않은 정신이 건강한 신체에 깃드는 일이 종종 있고, 마찬가지로 건강한 정신이 병든 신체에 깃드는 일이 있다."(《풍요로운 삶을 위하여》)

어쩌면 가장 정상적인 것이 가장 병적인 것일 수 있다. 가장 건강한 사람들이 가장 아픈 사람일 수도 있다. 질병은 이런저런 고통을 느낀다는 징표이기에, 무언가 조화롭지 못하다는 자각이기에, 그가 아직 건강하다는 것을 뜻한다. 진짜 질병은 무얼까? 아파야 하는데도, 아파서 성장을 해야 하는데도, 증상을 느끼지도 못하고 드러나지도 않는 것이 곧 질병이다. 아무것도 느끼지 못하는 질병! 어쩌면 이것이야말로, 건강만을 외치며 치달리는 우리 시대가 앓고 있는 가장 큰 병일지도 모른다. 이 질병은 몸을 닫아 버릴 때 찾아온다. 아파 본 사람은 안다. 이 아픔 속에서 진정한 건강을 갈망하고, 건강을 되찾기 위한 진지한 시도를 하게 되고, 이윽고 다시 찾은 건강에 진실로 고마워한다는 것을.

몸을 여는 것은 무한한 얼굴을 가진 세상과 전면적으로 만나는 것이다. 세상이 무한하듯, 몸도 무한하다. 그래서 몸은 소우주다. 그것이 잘 어울리게 할 때, 마음도 무한을 향해 열린다. 대신 몸을 닫으면 마음도 닫히고, 당연히 세상도 닫힌다. 열린 세상을 살고 싶은가? 그러면 몸을 열 일이다. 열린 삶을 살고 싶은가? 그러면 삶을 열 일이다. 그 무한대의 만남과 떨림, 감응 속에서 전혀 다른 생각, 전혀 다른 삶, 전혀 다른 세상을 만나는 위대한 순간을 경험할 수 있을 것이다. 우주가 나를 위해 예비한 운명은 그렇게 다가온다. 이것이 《모모》에서 말하는 '운명의 순간'이고, 《데미안》에서 말하는 '운명과의 만남'이고, 《성서》에서 말하는 성령의 임함이다. 그렇게 만난 운명을 살아 내는 것, 이것이 곧 위대한 창조자로서의 삶이다. 예수가, 붓다가, 뉴턴이, 아인슈타인이, 슈바이처가, 마더 테레사가, 고흐가, …… 그랬다. 살을 열어 나를 위해 예비된 삶을 발견하고 온전히 살아 낸 것이다.

기출문제 둘러보기

2006 서강대 정시 |

과학 기술의 발달에 따라 인간의 실존적 상황이 달라질 수 있다. 이와 관련한 현대 사회의 특징적인 두 단면을 제시문 (다), (라)는 보여 준다. 제시문 (가), (나)의 논지를 요약한 후, 이를 구체적 논거로 활용하여 (다), (라)가 시사하는 문제점 중 공통점을 중심으로 논술하라.

제시문 (가)   인간이란 정신이다. 정신이란 무엇인가? 정신이란 자기이다. 자기란 무엇인가? 자기란 자기 자신과 관계하는 관계이다. 즉 거기에는 관계가 자기 자신과 관계하는 것들이 포함돼 있다. 자기란 단순한 관계가 아니고, 관계가 자기 자신과 관계하는 바를 의미한다.

인간은 유한성과 무한성, 시간성과 영원성, 자유와 필연의 종합이다. 요컨대 인간이란 종합이다. 종합이란 양자 사이의 관계이다. 그러나 이것만으로는 인간은 아직 아무런 자기가 아니다.

양자 사이의 관계에 있어서 관계 그 자체는 부정적 통일[1]로서의 제삼자이다. 그들 양자는 관계에 대해 관계하는 것이며, 그것도 관계 속에서 관계에 대해 관계하는 것이다. 예를 들면 인간이 영혼이라고 할 경우, 영혼과 육체의 관계는 그와 같은 관계이다. 이에 반해 관계가 그 자신에 대해 관계한다면, 이 관계야말로 적극적인 제삼자인 것이며, 그리고 이것이 자기인

---

1) 여기서 부정적 통일은 정반합의 변증법적 과정으로서의 종합을 의미한다.

것이다.

이와 같이 도출되어 정립된 관계가 바로 인간인 자기인 것이다. 그것은 인간이 자기 자신과 관계하는 것이요, 동시에 자기 자신과 관계하는 것처럼 그렇게 타자와 관계하는 관계이다.

— 키에르케고르, 《죽음에 이르는 병》

제시문 (나) 세계는 사람이 취하는 이중적인 태도에 따라서 사람에게 이중적이다. 사람의 태도는 그가 말할 수 있는 근원어의 이중성에 따라서 이중적이다. 근원어는 낱개의 말이 아니고 짝말이다. 근원어의 하나는 '나-너'라는 짝말이다. 또 하나의 근원어는 '나-그것'이라는 짝말이다.

'나', 그 자체란 없으며 오직 근원어 '나-너'의 '나'와 근원어 '나-그것'의 '나'가 있을 뿐이다. 사람이 '나'라고 말할 때 그는 그 둘 중의 하나를 생각하고 있다. 그가 '나'라고 말할 때 그가 생각하고 있는 '나'가 거기에 존재한다. 또한 그가 '너' 또는 '그것'이라고 말할 때 위의 두 근원어 중 어느 하나의 '나'가 거기에 존재한다.

'그것'의 세계에서는 인과율이 무제한으로 지배하고 있다. 감각적으로 지각되는 모든 '물리적'인 사건만이 아니라 또한 자기 경험 안에서 이미 발견되었거나 또는 발견되는 모든 '심리적'인 사건도 필연적으로 인과의 계율로 간주된다. 그 중에서 어떤 목적 설정의 성질을 가진 것으로 간주할 수 있는 사건들까지도 역시 '그것'의 세계에 연속체를 이루는 일부로서 인과율의 지배로부터 자유롭지 않다. (중략)

인과율이 '그것'의 세계에서 무한정한 지배력을 갖는다는 것은 자연의 과학적 질서를 위해서 근본적으로 중요하다. 그러나 그것이 사람을 억압하지는 못한다. 왜냐하면 사람이란 '그것'의 세계에만 속박되어 있지 않고, 거기에서 벗어나 몇 번이고 되풀이하여 관계의 세계로 들어갈 수 있기 때문이다. 이 관계의 세계에서 '나'와 '너'는 서로 자유롭게 마주 서 있으며, 어떠한 인과율에도 얽매이지 않고 물들지 않은 상호관계에 들어선다. 이 관계의 세계 속에서 사람은 자기의 존재 및 보편적 존재의 자유가 보장되어 있음을 알게 된다. 관계를 알며 '너'의 현존을 아는 사람만이 결단할 수 있는 능력을 가지고 있다. 결단하는 사람만이 자유롭다. 왜냐하면 그는 '너'의 면전에 나아간 것이기 때문이다.

— 마루틴 부버, 《나와 너》

제시문 (다) 인터넷을 사용하는 두 마리 개를 그린 유명한 만화가 있다. 한 마리가 자판을 두들기며 다른 개에게 말한다. "인터넷에서는 우리가 개라는 걸 아무도 모를 거야." 여기에 이런 말도 추가할 수 있지 않을까. "우리가 어디에 있는지도 모를 거야."
뉴욕에서 도쿄까지는 대략 14시간 걸린다. 나는 비행기 안에서 40~50개에 달하는 전자 우편물을 작성하는 데 대부분의 시간을 보낸다. 내가 호텔에 도착해서 관리인에게 이것을 팩시밀리로 보내 달라고 요청하는 상황을 그려 보라. 그 정도 양이면 단체 우편물로 간주될 것이다. 그러나 전자우편으로 이것을 보내면 아주 빠르고 손쉽게 처리할 수 있다. 나는 이것을 특정 장소가 아니라 특정인에게 보낸다. 사람들은 도쿄가 아니라 나에게 메시지를 보내는 것이다.
전자우편은 당신이 어디에 있는지 몰라도 누구나 당신에게 우편물을 보낼 수 있는 이동성을 제공한다. 전자우편은 여행 중인 세일즈맨에게 아주 적합하다. 그런데 전자우편과 항상 접속되어 있도록 하는 과정은 디지털 생활에서 비트와 아톰 간의 차이에 대해 흥미로운 질문을 제기한다. (중략)
거기서 나는 여러 개의 이름으로 인터넷 안으로 들어갈 수 있다. 세계 곳곳에서 인터넷과 접속하는 것은 마술이다.

— 니콜라스 네그로폰테, 《디지털이다》

제시문 (라) 지난 27일 프랑스 의료진은 세계 최초로 안면 이식 수술에 성공했다. 이 수술을 집도한 의사는 "수술 받은 여성이 24시간 뒤에 서서히 의식을 회복했다."면서 "마취에서 깨어나자마자 '감사해요.'라는 첫 마디를 던졌다"고 전했다.

신원이 공개되지 않은 올해 38세의 이 여성은 지난 5월 개에게 물려 코와 입술을 잃어 제대로 말을 하거나 음식물을 씹을 수가 없는 상태여서 뇌사 상태의 여성으로부터 기증받은 피부 조직과 근육, 동맥, 정맥을 이식하는 대수술을 받았다.

프랑스에서 세계 최초로 성공을 거둔 이번 안면 이식 수술은 화상이나 사고로 얼굴이 망가진 사람들에게 희망의 빛을 던져 주었지만, 이 수술로 다른 사람의 얼굴 모양을 할 수 있어 본인이나 가족, 주변 사람들에게 충격을 줄 수 있다는 논란도 있었다.

— 리옹 AP / 연합뉴스에서

더 생각해 봅시다 ❶

왜 욕망을 억압했을까?

몸의 수난은 오래고 오랜 역사다. 서양에서는 무척 심했고, 동양에서도 더러 그랬다. 그걸 우리는 '금욕주의'라 부른다. 몸에서 비롯된 욕망을 절제하라는 거다. 가장 대표적인 게 성서적 발상이다. 몸은 자연에서 비롯되었는데, 그 자연이란 건 늘 변하는 것인 만큼 불완전하다. 반면, 영혼은 하늘과 연결되는 것으로서 영원불변하다. 그러니 불완전한 몸과 거기서 비롯된 욕망을 끊고, 오직 영혼이 하늘로 솟구치도록 하라는 거다. 금욕주의란 게 영혼을 대하는 태도와 긴밀한 연관이 있기에, 별수 없이 '영혼'을 좀 다뤄야겠다.

영혼이란 말은 동서양을 가리지 않고 고대에서부터 있었다. 고대인들은 영혼을 자연 바깥에서 온 것으로 보지 않았다. 많은 철학자들이 영혼을 공기와 연관지었다. 그 공기가 흙에서 비롯된 몸으로 스며들어 사지를 엮어 줌으로써 삶이 이루어진다고 보았다. 죽음은 이 영혼과 몸이 분리되는 것이다. 분리되어 몸은 원래 왔던 흙으로, 영혼은 공기로 되돌아간다. 그래서 영혼은 영원불변하다. 그리고 몸도 원래 왔던 흙으로 가는 것인 만큼 영원하다고 볼 수 있다. 이처럼 몸과 영혼을 자연에서 비롯된 것으로 본 철학자 그룹을 일컬어 '자연주의'라 부른다. 요약하면, 자연주의에서는 몸이든 영혼이든 자연 세계에서 비롯된 것(철학에서는 '내재'된 것이라 한다.

책 읽다가 '내재성'이라는 말이 나오면 '세계 내적인 속성'으로 새기면 된다.)으로 보았다.

몸과 영혼을 분리시킨 이는 소크라테스다. 그는 영혼이 자연에서 비롯되었다는 자연주의를 거부한다. 그가 보기에 인간과 인간 사회에는 물질적인 것만 있는 게 아니었다. 물질로는 도저히 설명할 수 없는 것, 이를테면 관습·법(노모스)이나 영혼, 정신 같은 게 있다는 것이다. 이것은 자연 세계와 인간 세계를 엄격히 분리시킨 최초의 시도다. 이 발상을 훨씬 더 정교하게 다듬은 이는 플라톤이다. 저 유명한 '몸은 영혼의 감옥'이란 게 그의 말이다. 플라톤은 영혼을 두 부류―절대로 죽지 않는 영혼과 죽는 영혼―으로 나눈다. 불사의 영혼은 '로고스'다. 반면 필멸의 영혼은 용기(기개)와 욕망으로 나뉜다. 우리가 잘 아는 그의 정의사회는 '철인-머리-지혜 / 전사-가슴-용기 / 생산자-하체-욕망'로 구성되는데, 여기서 다른 계층은 원래 특성대로 살면 되지만, 유독 생산자 계층에게만 '절제'가 요구된다. 왜냐하면 영혼이 몸의 욕망에 따르면 몸을 따라 타락해 버려서 밝은 빛, 곧 이데아의 세계를 놓치기 때문이다. 이로써 몸은 애물단지로 전락한다.

몸은, 이런저런 변형을 겪지만, 동서양 역사를 통틀어 내내 굴욕적인 대접을 받는다. 그것은 늘 닦아야 할 대상(修身)이거나 심지어는 노골적으로 괴롭혀야 할 대상(고행)으로 전락하기도 했다. 그러다가 근대로 접어들면서 몸은 드디어 '기계'가 되는 지경에 이른다.

몸을 기계로 여긴 이는 근대 철학의 아버지라는 데카르트다. 그는 세계를 두 개의 실체(實體, substance, 세계의 근원)로 나눈다.

사유(思惟, thinking)와 연장(延長, extension)이 그것이다. 쉽게 말하면, 정신과 물질이다. 그는 물질 세계가 기계처럼 질서정연하다고 하는 기계론적 세계관을 정립한다. 그리고 인간의 몸도 바로 이 물질계에 속한다. 물질계가 기계인 한, 당연히 몸도 기계다. 오늘날 인간의 몸을 과학적 분석의 대상으로 삼고, 생명 현상조차 유전자로 설명하는 것도 기계론의 연장선상에 있는 것이다. 반면, 또다른 실체인 정신은 자연 세계와 겹치지 않는다. 이 장치는 매우 중요하다. 정신을 자연 세계 바깥에 놓음으로써 순수하게 세계를 관찰하여 어떤 선입견도 없이 세계를 계산하고 설명할 수 있기 때문이다. 그렇게 계산된 세계는 이윽고는 이용과 개조의 대상이 된다. 몸의 처지도 마찬가지다. 그것은 관찰, 분석, 계산 대상이자, 이용과 개조의 대상이다. 이로써 금욕주의는 새로운 철학과 곧이어 등장하는 과학에 힘입어 그 정당성을 획득할 수 있게 되었다.

더 생각해 봅시다 ❷

금욕주의는 모든 욕망을 금하는가?

 금욕이니 절제니 하는 말은, 얼핏 듣기에 그럴 듯하다. 일상에서도 욕망을 억제하지 못하여 낭패를 보는 일이 얼마나 많은가? 그렇지만 욕망 없는 삶은 또 뭔가? 사랑하는 이를 만나고 싶고, 손잡고 싶고, 키스하고 싶은 욕망이 이윽고 사랑을 꽃피우지 않는가. 물론 절제도 필요하다. 그러나 절제만으로 사랑을 이룰 수는 없는 노릇이다. 아니, 절제도 사랑이라는 욕망을 이루기 위해서 필요한 것이다. 학문적 성취도 마찬가지다. 강한 성취욕이 있기에 다른 하고 싶은 것을 참는 것 아닌가. 그렇다면 '절제 ⊃ 욕망'이 아니라 '욕망 ⊃ 절제'가 올바른 도식 아닐까? 여기에 금욕주의의 비밀이 숨어 있다.

 금욕주의는 말만 금욕주의지 실제로는 전혀 아니다. 뭔 소린고 하니, 이 사람들은 몸의 온갖 욕망을 죽이라면서도 정작 자기가 옳다고 주장한 그 욕망만큼은 절대로 포기하지 않는다. 플라톤도 몸의 욕망을 다 죽이고 오직 지혜를 향한 욕망만 살리라고 한다. 유일신을 섬기는 종교도 마찬가지다. 성리학에서도 땅의 욕망을 다 죽이고 오직 천리를 추구하는 욕망만 살리라고 말한다. 나는 불교도 이 점에서는 비슷하다고 본다. 아상(我相)을 없애서 목표 자체를 없애라 했지만, 그 아상을 없애는 것 자체가 이미 하나의 목표라 할 수 있다. 아상을 없애서 해탈에 이르는 욕망을 추구하라는 걸로 볼 수 있다는 말이다.

여기까지는 이론적으로 그렇다 정도지만, 이게 막상 현실에서 힘을 쓰기 시작하면 무서운 일이 벌어진다. 단 하나의 욕망만 긍정하는 나라를 누군가가 만들었다고 치자. 그러면 그 나라 백성들은 무조건 그 욕망만 발휘해야 한다. 혹시 누군가가 다른 욕망, 다른 목표를 들고 나서면 어떤 일이 벌어질까? 더러운 욕망을 퍼뜨리는 놈이라 해서 화형을 당할 수도 있지 않을까? 플라톤이 구상한 정의 사회도 보라. 절대 진리인 이데아에 가장 잘 다가간 철인왕을 꼭대기로 삼은 피라미드적 질서, 즉 불평등 사회가 버젓이 나선다. 중세는 어땠나? 불평등 사회의 전형인 조선을 지탱해 준 것도 다 그 덕분이다.

여기서 우리는 정말 소중한 진리 하나를 발견할 수 있다. 아무리 고상한 논리로 포장하더라도, 단 하나의 욕망만 용인되는 사회는 무시무시한 사회, 각자의 개성과 양심의 자유를 억압하는 사회가 될 수밖에 없다. 모든 독재 국가의 공통점이 바로 욕망의 획일화라는 걸 기억하자. 오늘날도 비슷하다. 정권이 독재라서가 아니라, 모두의 욕망이 획일화되었다는 점에서.

획일화된 욕망으로 꾸며진 사회는 어떻게 유지될까? 그 방법은 간단하다. 그 욕망을 만든 자들이 그 욕망의 대상을 절대화하는 거다. '우리가 추구하는 대상, 우리가 섬기는 그 분은 전지전능하시고 모든 것의 원인이자 결과이시다.'는 식이다. 온갖 논리와 온갖 수단을 다 동원한다. 그렇게 해서 구성원 모두가 그 절대적인 것

(분)을 섬기게 하는 데 성공하기만 하면 그 사회는 탄탄대로다. 그래도 말 안 들으면 다른 방법이 동원될 거고.

　이제 우리는 몸이 전쟁터가 돼 버린 오늘날을 설명할 수 있다. 그것은 결함투성이의 몸을 제압하여 '완벽한' 몸에 이르려는 욕망을 드러낸다. 이를 위하여 어떤 수난도 견딘다. 그래야 '누군가'의 은총을 받으려는 욕망을 실현할 수 있으니까. 그러면 그 '누군가'는 대체 누구인가? 그는 '완벽한' 몸을 결정하고 판단한다. 나아가 그만이 '완벽한' 몸을 만든다. 그의 이름은, 이 시대의 유일신, 물신(物神)이시다. 그의 허락을 받은 몸만이 결혼도 잘 할 수 있고, 취직도 잘 되고, 폼도 나고, 건강하게 오래오래 살 수 있다. 이렇게 몸은 만신창이가 된 채 규격품으로 거듭난다.

11 ── 우리에게 어머니는 있는가?

자기 자신을
초월할 수 있을 때
당신은 더욱
남자다워질 수 있어요.
…… 저도 아기에게
젖을 먹여 본 적이 있죠.
그래서 젖을 빠는 아기가
얼마나 사랑스러운지
알고 있답니다.
그러나 만약
제가 그때의 당신처럼
맹세했다면 갓난아기가
나를 쳐다보며 웃고
있을지라도 당장 보드라운
그 입에서 젖꼭지를 빼버리고
아기의 머리통을 박살낼 수 있어요.

- 셰익스피어, 《맥베스》

셰익스피어의 고발

《맥베스》에 나오는 맥베스 부인(Lady Macbeth)으로 이야기를 시작하자. 코더 영주의 반란을 진압한 영웅 맥베스에게 세 마녀가 나타나 예언을 한다. 당신이 코더 영주가 될 것이라고, 이윽고는 왕이 될 것이라고. 맥베스는 갈등한다, 지금 얻은 것만으로도 충분하지 않냐고. 그러나 그녀는 다르다. '남자'가 돼서 그런 영예를 누리려면 무슨 짓이든 다 해야 한다는 게 그녀의 생각이다. 그녀는 하늘을 우러러 외친다.

자, 오너라, 살인마들이여, 내 품안으로 와서 내 젖을 담즙(독)으로 바꾸어 다오.

—《맥베스》, 1막 5장

맥베스 부인처럼 악하진 않더라도, 셰익스피어의 4대 비극에 나오는 여성들은 다들 불행하다. 《햄릿》의 오필리어나 《오셀로》의 데스데모나, 그리고 《리어왕》의 코델리아는 하나같이 남성 또는 가부장 질서에 희생되는 여성들이다. 아버지라는 이름의 가부장 질서에 이용당하는 오필리어는 햄릿에게 '창녀'라는 경멸을 받으며 자살하고 만다. 데스데모나 역시 이야고의 세치 혀에 놀아난 오셀로에게 '뭇 남성의 이름으로' 희생된다. 이 두 여성은 미치거나 죽음에 이르러서야 비로소 자기 속에 감추인 욕망을 드러낸다. 코델리아는 '아버지'의 강요된 사랑을 거부하지만 아버지를 구하려다 어처구니없게도 목숨을 잃는다. 그렇다면 마지막에 등장한 맥베스 부인은 이들 억울한 영혼의 복수자라 할 만하다. 그래서인지 맥베스 부인에게는 이름도 없다. 이들 희생양들의 복수를 하는 대표 선수라서 굳이 이름을 달지 않았는지도 모르겠다. 그러고 보니 작품 발표도 꼭 이 순서다.

 셰익스피어는 왜 이렇게 여성을 부정적으로 그렸을까? 혹시 여성 혐오주의자는 아닌가 생각할지 모르겠다. 하지만 내 생각은 이렇다. 셰익스피어가 가부장 질서에 내몰리거나 그 질서에 물든 여성을 내세워 가부장 질서 자체를 비판하고 싶었던 게 아닌가 하는 거다. 우리가 이 고발을 좀 더 구체적으로 살펴보는 것은, 오늘의 가부장 질서가 여성에게 어떻게 다가가는가를 밝히는 데 꽤 도움이 될 것 같다.

 맥베스 부인의 도발은 애초부터 실패할 운명이었다. 그녀는 여성 자신의 질서를 만들기보다는 오히려 남성 중심의 질서에 적극적으로 편승하려 했기 때문이다. 그녀의 성공은 남편이 왕이 되는 것이었다. 스스로의 성취가 아니라 타인을 통한 성취라는 점에서, 그 모습이 오늘의 어머니 또는 아내들과 무척 닮았다. 남편 또는 아이들의 성취를 자기 성취로 여긴다는 점, 그리고 그 가부장 질서의 꼭대기에 서는 것이 최상의 성취라 여기는 점에서 그렇다.

그 성취를 이루는 과정에 여자가 적극적으로 개입한다는 점에서도 닮았다. 맥베스 부인은 주저하는 남편을 끊임없이 부추긴다. "당신도 남자냐?"라는 게 그녀가 내세우는 최대의 무기다. 도대체 이 '남자(다움)'란 게 뭔가? 목적을 위해서는 수단과 방법을 가리지 않고 덤벼드는 것, 필요하다면 해치우기라도 해야 한다는 것 아닌가. 그래도 주저하는 남편더러 그녀가 하는 말은, "그럼, 당신은 그냥 구경만 하라."다. 여차하면 나라도 나서서 덩컨 왕을 해치우겠다는 거다. 그런 아내를 향해 맥베스가 하는 말이 가관이다. "당신은 사내아이만 낳을 것"이란다.

맥베스 부인이 가부장 질서에 원천적으로 종속되었다는 점을 보여 주는 것은, 그녀가 직접 덩컨 왕을 죽이지 못하는 이유로 든 말이다. 이유인즉슨, '잠든 왕의 모습이 돌아가신 아버지를 닮았기 때문'이란다. 결국 그녀는 가부장 질서에서 한 발짝도 벗어나지 못한다. 정작 왕을 해치고 남편을 왕으로 삼았을 때 그녀가 얻은 것은 무엇인가? 죽은 자의 영혼에 시달리는 몽유병이다. 밤에 불을 끄지도 못한다. 영원한 안식인 잠을 잃은 거다. 끝내 그녀는 죄책감에 시달리다 못해 자살하고 만다. 함부로 가부장 질서에 도전한 여성의 비참한 최후? 아니다. 가부장 질서에다 여성과 모성을 팔아치운 대가라 하는 게 더 어울릴 것 같다.

어머니가 없다

한 가지 당부 말씀! 나는 지금 여성을 고발하려는 게 아니다. 여성성을 잃어버린 시대를 진단하려는 것뿐이다. 내가 말하는 모성은 결코 여성에게만 있어야 하는 게 아니다. 그것은 인류가 오랜 시간에 걸쳐 잃어버린 가치다. 구체적으로는, 저마다의 가치를 존중하고 그 다양한 얼굴들이 빚어 내는 다채로운 세계를 품는 것, 단 하나의 욕망이 아니라 수많은 욕망이 공존하게 하는 것, 타자 위에 군림하기보다는 타자와 더불어 살려는 것, 이를테면 자연과 이웃과 더불어 살아가려는 것 따위를 잃어버렸다는 말이다.

지금 우리 시대는 어떠한가. 1등부터 50만 등까지 줄을 세워 수많은 젊은이를 기어이 병신으로 만든다. 전형적인 가부장 권력으로 향하는 통로인 법대와 의대는 여전히 막강하다. 새만금 매립에서 보듯 '자연과 더불어'라는 말은 그저 구호에 그칠 뿐이다. 인류가 더불어 잘 살자는 말이 무색하게 세계화는 모두를 무한 경쟁의 장으로 내몰고 있다. 이 세계적 차원의 서슬 퍼런 가부장 질서에, 남녀를 가리지 않고, 우리 모두 맹목적으로 매달리고 있다.

그러니 가정에는 더 이상 어머니가 없다. 두 아버지가 있을 뿐이다. 안팎에서 들볶는 아버지들의 요구는 단순명쾌하다. 기어이 꺾어서 이기고 돌아오라! 한마디로 '남자가 돼라.'는 거다. 이렇게 어머니를 잃어버린 아이들은 철들자마자 전쟁터로 내몰린다. 마치 셰익스피어의 오셀로처럼(어려서 어머니를 여읜 오셀로는 7살 때부터 전쟁터로 내몰린다.). 세상은 어머니 잃은 상실감을 만회하기 위한 무한경쟁의 전쟁터가 돼 버렸다.

오셀로의 뒤틀린 사랑, 따라서 우리들의 왜곡된 사랑도 어머니의 상실로 설명할 수 있다. 그가 원한 건 데스데모나 자체가 아니었다. 그는 그녀에게서 잃어버린 어머니를 원했다. 잠시 그가 데스데모나에게 하는 말을 들어 보자.

아, 이 기쁨! 폭풍이 휘몰아친 뒤에 이 같은 고요가 온다면, 송장이 눈을 번쩍 뜰 정도로 바람이 불어도 좋겠소. …… 이상하게도 운명이 이같이 계속되는 만족감을 앞으로 두 번 다시 가져다 주지 못하리라는 느낌이 드는구려.

—《맥베스》, 2막 1장

그가 말하는 사랑의 기쁨은 '고요'다. 그는 데스데모나 자체를 사랑할 줄 모른다. 아내는 오직 그에게 '안정과 평화'를 가져다주는 존재일 뿐이다. 왜냐? 그는 지금껏 '폭풍' 속에서 살았고, 살아야 하기 때문이다. 결국 그의 아내는 그가 잃어버린 어머니이어야 한다. 그러나 과연 그럴 수 있을까? 그 만족감은 불안하기 짝이 없다. 왜냐하면 데스데모나는 결코 그가 상상 속에 그려 놓은 완벽한 어머니가 아니기 때문이다. 그녀는 살아 있는 사람인 것이다! 이것이 그들 사랑의 비극이었고, 둘 다 죽음으로 내몰린다. 결국 이 왜곡된 사랑과 결말의 근본 원인은 어머니의 상실에 있었다.

우리네 가정이라고 해서 다를 게 없다. 너나없이 어머니 품 같은 가정이기를 바라지만, 정작 어머니는 없다. 머릿속에 그려 놓은 어머니, 현실에는 없는 어머니를 아내나 남편에게서 찾으니 찾을 리가 없다. 찾다찾다 못찾으니 급기야는 아이를 들볶는다. 자기가 전쟁터에 내몰리는 이유가 마치 아이에게 있다는 듯이. 그리하여 그 아이마저 어머니를 잃는다. 이로써 근원적인 어머니의 상실은 대를 잇는다.

'어머니'라는 고통스런 이름

원천적으로 어머니를 잃어버린 사람들이 그리는 어머니는 구체적인 어머니가 아니다. 그것은 어떤 이미지(상)로 다가온다. 어머니, 하면 무엇보다 먼저 '조건 없는 사랑', '인고', '헌신' 따위가 떠오른다. 과연 그랬다. 우리네 어머니는 달걀 노른자위를 꼭 아들에게 먹이고, 당신은 흰자위를 드셨다. 가끔씩 닭을 삶더라도 당신은 껍질만 드셨다. '어두육미'라는 말도 안 되는 얘기도 우리네 어머니와 얽힌 전설이다. '나실 제 괴로움 다 잊으시고, 기르실 제 밤낮으로 애쓰는 마음. 진 자리 마른 자리 갈아 뉘시며, 손발이 다 닳도록 고생하시네.'라는 노랫말에 딱 어울리는 게 우리 기억 속의 어머니다.

요즘 세상에 이런 어머니를 어떻게 찾을 수 있단 말인가, 하고 묻기 전에 이런 이미지가 정말 어머니에게 어울리기나 한가부터 물어야 할 것이다. 왜 이렇게 우리에게 남아 있는 어머니의 이미지는 고생을 바가지로 하는 무조건적인 희생자로만 남았는가? 이렇게 어머니를 고정시켜 놓고선 현실에서 이런 어머니를 찾으니 어찌 찾을 수 있겠는가. 그리하여 현실의 어머니는 실현 불가능한 꿈을 이루라고 강요당하거나, 아예 어머니 되기를 포기할 수밖에 없는 지경으로 내몰린 셈이다.

어머니를 신성시하는 대표적인 예는 어머니가 '생명을 잉태하고 낳는다.'는 사실이다. 그러나 과연 이것이 신성하기만 한 걸까? 나도 아이를 셋 낳아 기르고 있지만, 아내가 아이를 낳는 동안에 보여 준 모습과 들려 준 소리는 참으로 끔찍했다. 뼈마디가 몽땅 해체되는 고통 끝에 나온 게 지지리도 말 안 듣는 아이 셋이다. 우리 어머니도 아이를 셋 낳아 길렀지만, 내 사는 꼴을 보면 그렇게까지 신성한 일이라는 생각은 안 든다.

사람만이 고통스럽게 아이를 낳는 게 아니라는 점도 출산이 신성하지만은 않다는 것을 뒷받침 한다. 《구약》의 〈창세기〉에서 여성이 출산의 고통을 당하는 것은 신의 저주 때문이다. 그런데도 출산이 신성하다고 한다. 그 이유는 둘 중 하나일 게다. 하나는 아이를 낳아야 사회가 유지될 수 있다는 점에서 고통스런 출산을 신성시할 필요가 있었거나, 어느 누구도 아닌 바로 나를 낳아 줬으니 신성하다고 생각하는 것. 결국 신성성은 사회적 필요 아니면 개인적 필요에 따른 것일 뿐, 여성 자신을 위한 건 아니다. 하긴 신성성이란 게 원천적으로 본인을 위한 개념이 아닌 만큼, 이걸 탓할 이유는 없다.

이제 '어머니'의 범위를 좀 넓혀 생각해 보자. 여성을 흔히들 대지성과 연결한다. 여성의 출산과 대지의 생명력을 연관지어 생각하기 때문이리라. 대지는 생명을 잉태하고 낳고 기르고 가꾼다는 점에서 어머니와 무척 닮았다. 이렇게 지구의 모든 생명을 지속한다는 점에서 대지는 그야말로 신성하다. 그래서 지금 전해지는 대다수 신화에서는 대지의 신을 여신으로 묘사하고, 일부 신화에서는 대지에 밀착한 동물인 뱀을 신성시한다. 이렇게 여신과 뱀을 신성시하는 사회는 틀림없이 모계 사회였으리라.

그런데 우리는 뱀을 신성시하기는커녕 아주 징그럽고 사악한 동물로 여긴다. 그리고 이것은 끝 모를 오랜 전통이다시피하다. 구약의 창세기에도 뱀은 이브를 꼬드긴 사악한 동물로 묘사된다. 그래서 뱀은 평생 배로 땅을 기는 형벌을 받는다. 이 형벌이 의미하는 것은 무엇일까? 그것은 땅에 밀착하는 것이 저주받은 생이라는 것, 따라서 땅에 속한 것은 나쁘다는 거다. 그러고 보니 창세기에서 세 죄인이 받은 형벌은 모두 땅과 밀접한 연관을 갖는다. 노동, 출산, 그리고 땅을 기는 것. 이 셋의 공통점이 고통스런 형벌이라니, 땅은 확실히 저주받은 장소다. 이것이 어머니와 대지의 수난의 시작이다.

반면 하늘은 드높임을 받는다. 그곳에서 생명이 내려온다. 육체는 땅에 속한 것이지만, 영혼은 하늘에서 내려온 것으로서, 이윽고는 하늘로 올림을 받아야 한다. 몸은 죽어서 땅으로 되돌아가지만, 영혼만은 하늘로 솟구친다. 사람의 서열도 이렇게 매겨진다. 땅에 속한 것은 천한 삶이다. 이것은 동서양을 가릴 게 없다. 플라톤의 정의사회에서도 최고의 자리는 철인 차지다. 그는 땅에 속하지 않은 이데아에 다다를 수 있는 존재이므로. 성리학의 질서도 마찬가지다. 하늘의 이치(天理)에 다다를 수 있는 사대부가 맨 위를 차지한다. 땅에 가까울수록 천한 자다. 그렇게 줄세운다면, 맨 아래를 차지하는 것은 누굴까? 당연히 여성이 된다. 노예 중에서도 여성 노예가 제일 밑바닥을 차지하리라는 것은 불문가지다.

이리하여 땅은 인간을 위한 이용 대상 이상의 의미를 갖기 힘들게 됐다. 독일의 계몽주의자 피히테에게 대지는, 그 이치를 제대로 꿰뚫지 못하던 때에는 '폭력'이었다가 이성으로 그 법칙을 알 수 있게 되면서부터는 '개조 대상'이다. 오늘날 어머니 대지는 끝간데 모를 폭력에 무작정 노출되었다. 새만금을 보라. 천성산을 보라. 고속도로를 달리노라면 어김없이 어머니 대지의 속살이 붉은 피를 드러내며 파헤쳐져 있다.

이렇게 어머니는 고통 받고 있다. 현실의 어머니들은 이 고통을 견디지 못하여 모두들 가출하고 더 이상 집에 없다. 김주영의 《멸치》에서 어머니는 무능하면서도 질투심만 가득찬 아버지의 질서를 견디지 못하고 집을 나가 버린다. 그 어머니는 아이가 찾아왔을 때조차 되돌아오지 않는다. 그녀, 곧 현실의 어머니는 이렇게 가부장 질서 앞에서 무기력하다. 이 무기력 앞에서는 자식조차 눈에 들어오지 않는다. 생명의 가치보다는 가부장의 폭력이 더 무섭기 때문이다. 그리하여 이 시대는 고통받는 어머니조차 사라졌다. 아니, 어머니들 스스로 어머니이기를 포기했다.

그러나 뉘라서 이들 어머니를 탓할 것인가. 어머니를 고통 앞에 사정없이 노출시킨 채 그 고통을 감내하지 않는다고 탓하는 것이야말로 가부장적 폭력이지 않은가. 어머니가 어머니일 수 있도록 하는 것은, 따라서 더 이상 여성의 몫일 수만은 없다. 어머니 잃은 자들 스스로가 어머니의 필요성을 절감하고,《멸치》에서 외삼촌처럼 스스로 어머니의 삶을 살고자 하는 이가 절실하다.

아버지와 어머니, 시각성과 촉각성

아버지와 어머니의 속성을 가장 잘 보여 주는 이미지가 시각성과 촉각성이다. 시각성은 아버지의 속성, 곧 부성이고, 촉각성 또는 지체성(肢體性)은 어머니의 속성, 곧 모성이다.

시각성은 말 그대로 눈으로 보는 속성이다. 눈으로 보려면, 우선 대상과 거리를 두어야 한다. 이 눈은 거리를 두고 관찰하고 판단하고 평가한다. 그 기준은 무엇일까? 당연히 자기 기준이다. 아버지는 자기 기준으로 자식들을 평가한다. 보고 싶은 것만 본다. 따라서 아버지의 질서는 일방적이고, 자기 눈에 들어차는 것만 보니까 일면적이다. 숨은 장점 따위는 볼 의사가 없다. 그 결과는? 당연히 위계질서다. 아버지의 기준에 들어맞는 아이는 사랑 받는다. 나머지 아이들은 그 아래로 쭉 줄세운다. 오늘날 이 아버지는 누구인가? 한마디로 시장(市場)의 신, 물신이다. 이 시대의 유일신, 유일한 아버지 물신은 개인을, 집단을, 나라를, 민족을 자기 기준으로 줄세운다. 이 줄세우기에서 자연조차 예외는 아니다. 이 시각성의 문화는 바로 오늘의 가부장 질서를 그대로 보여 준다.

물론 남성성이 무조건 문제가 되는 건 아니다. 뚜렷한 목표 의식, 그를 향하는 강한 성취욕, 물불을 가리지 않는 불굴의 투지, 목에 칼이 들어와도 꺾이지 않는 기상, 불의에 굴하지 않는 공적인 분노 같은 장점은 사람에게 꼭 필요한 덕목이다. 문제는 우리 사회에서 이 남성성만이 일방적으로 강조된다는 데 있다. 배타적 무한경쟁은 당연하고 거기서 생기는 수많은 낙오자들을 돌보지 않는다. 자연을 마구잡이로 파헤치는 개발이 번영의 길이 된다. 결국 남성성의 과잉은 말 못하는 자연이나 사회적 약자를 팽개친다. 평화, 조화, 공존 따위의 가치가 묵살되는 것이다.

　이에 대한 대안으로서 촉각성, 곧 여성성을 들 수 있다. 촉각성에서는 거리가 없다. 만지려면 다가가야 하니까. 그렇게 어머니는 아이의 구석구석을 어루만지고, 맡고 핥는다. 만짐은 일방적이지 않다. 만지면서 '너 손이 참 차구나.'고 하면, '엄마 손은 참 따뜻하네.' 한다. 이렇게 만짐은 쌍방향이다. 만짐은 곧 만져짐이다. 만짐은 일면적이지 않다. 아버지 눈에 들어오지 않았던 아이의 장점이 감지된다. 따라서 만짐은 전면적이다. 어머니는 결코 아이를 줄세우지 않는다. 저마다의 장점과 단점을 충분히 알고, 그 차이를 있는 그대로 존중한다. 그 모든 차이는 대등한 가치로 어울린다. 수직적이지 않은 수평적 질서가 바로 촉각성이 이루는 질서다.

　이 시대가 어머니를 잃어버렸다는 것은, 차이와 이질성들이 어울려 이루는 세계의 존재 방식을 있는 그대로 바라보고 존중하고 더불어 살려는 가치관이 사라졌음을 뜻한다. 꽃 중에서 장미꽃만 예쁘다고 하면 다른 꽃들, 이를테면 민들레나 진달래, 개나리 따위는 어찌하라는 건가. 저마다 장미꽃 흉내만 내면 그게 아름다움일까? 우리 집 담장 밑에 핀 장미는 퍽 아름답지만 너무 많이 펴서 좀 징그럽고, 벌레가 많이 꾀어서 지저분하기도 하다. 그럴 땐 눈에 보이지도 않던 꽃마리나 개불알풀 같은, 깨알 같은 꽃들이 얼마나 아름다운지 모른다. 아름다움은 장미가 장미다울 때, 꽃마리가 꽃마리다울 때, 개불알풀이 개불알풀다울 때 피어난다. 그 모든 '다움'이 대등하게 어우러지면 그제야 비로소 아름다운 꽃동산이 만들어진다. 모성을 회복한다는 것은 바로 이 아름다움을 회복하자는 것이다. 이것이 어찌 여성에게만 주어진 과제일까.

어머니되기

'어머니되기'는 이 시대가 회복해야 할 거의 유일하다시피 한 가치관이요, 실천의 지침이다. 그것은 보지 않던 것을 봄이요, 듣지 않던 것을 들음이요, 만지지 않던 것을 만짐이요, 맡지 않던 것을 맡음이요, 맛보지 않던 것을 맛봄이며, 가지 않던 길을 감이다. 온몸을 열어 세상의 숨겨진 가치들, 소외받던 삶들, 울부짖는 소리들을 만나는 것이다. 그 만남 속에서 온갖 것들이 어울려 빚어내는 세계의 다채로움, 그 수많은 얼굴과 체온과 소리를 느끼는 것이다. 어느 것 하나 세계의 얼굴 아닌 것이 있는가. 세계의 속삭임 아닌 게 어딨는가. 그 모든 것들이 지금까지 어머니 대지를 일구었으며, 그 일굼 덕분에 지금 내 삶이 그 품 속에서 이리 건강하게 자랄 수 있었다.

이제 가부장 질서, 군림하는 질서의 꼭대기에 서려는 것이 얼마나 위험하고 허망한 일인가를 깨달아야 한다. 그것은 수천 년 묶은

닳아빠진 가부장 질서의 희망일 뿐이다. 맥베스가 파멸에 이르러서야 깨달아 외치는 유명한 대사, "인생은 걸어가는 그림자"를 떠올릴 일이다. "내일, 내일, 내일이 하루, 하루, 하루에 스며들어 오직 과거로, 죽음을 향해 걷는 인생"의 낡아빠진 희망이 바로 오늘 우리가 그토록 외치는 가부장 질서의 꼭대기다. 그 낡은 희망을 내일 삼아 오늘을, 삶을, 대지를 도구로 만들어 버린 인생의 허망함을 우리는 인류의 위기라는 말로써 듣고 있다. 그러나 '인류'라는 말의 추상성이 '나'의 구체적인 삶에 와 닿지 않아서 여전히 어머니, 대지는 낡은 희망에 희생되고 있다.

어머니되기에 최대한 다가갈 수 있는 분야는 여전히 대학 학과에서도 뒤로 떠밀리고 있다. '더불어 삶'의 가치를 실현하는 분야는 하나같이 커트라인이 밑바닥이다. 이것을 꼭 부정적으로만 볼 건 아니다. 대지로 스며들 수 있는 기회가 모두에게 열려 있다는 것을 뜻하는 것이기도 하니까. 중요한 것은 누가 먼저 어머니되기를 실천하는가다. 그것이 인류를 지속하는 데 기여할 절호의 기회라는 사실을 깨닫는 자라면, 누구라도 이 길에 나설 수 있다.

어머니되기의 가치를 가장 잘 보여 주는 말이 《도덕경》에 나오는 '상선약수(上善若水)', 곧 '최상의 선은 물과 같다.'가 아닐까 싶다. 물은 아래로 아래로 흐른다. 그렇게 스며들어 생명을 낳고 기르고 보살피고 가꾸고 씻으면서 생명을 살린다. 살리되 자기 공을 다투지 않는다. 그 생명들이 저마다 자기 아름다움, 자기 가치로 서로 어울려 일구는 세계, 이것이 어머니 되어 어머니 대지를 살리는 삶일 게다.

기출문제 둘러보기

2007년 숙명여대 정시

(가)와 (나)를 연관 지어 21세기가 요구하는 리더십의 특성을 논술하시오.

제시문 (가) 서구에서 '여성 최고 지도자'가 속속 등장하고 있는 까닭은 무엇일까. 전문가들은 여성 대통령과 총리의 등장을 '이변'이라기보다는 당연히 일어나야 할 변화로 본다.

과거의 여성 정치인이 '남자들이 판치는 세상에서 초인적인 능력을 발휘한 경우'였다면 요즘은 '여성답게 자연스럽게 살면서 동시에 실력을 갖춘 경우'다. 미국 민주당의 대선 후보로 유력한 힐러리와 미국 최초의 하원의장 낸시 펠로시 의원, 앙겔라 메르켈 독일 총리, 프랑스 사회당의 루아얄 후보는 모두 최고의 교육을 받고 '직업으로서의 정치'를 선택한 정치 전문가다. 남편이 갑자기 죽어 대신 선거에 뛰어들어 당선된 것도 아니고 다른 분야에서 만든 성공과 명성 덕에 정치에 스카우트된 것도 아니다. 정치가 좋아하는 일이라 도전하고 노력해서 성공한 경우다.

데이비드 거겐 하버드대 리더십 연구소 소장은 "과거에는 명령을 신속하게 수행하는 수직적, 남성적 리더십이 효율 면에서 더 유용했지만, 인터넷 시대에는 소통과 조화를 중시하는 여성의 수평적 리더십이 대안이 될 수 있다"고 했다.

— 《주간 ○○》, 2006. 12.

제시문 (나) 나는 물을 보고 있다.
물은 아름답게 흘러간다.

흙 속에서 스며 나와 흙 위에 흐르는 물, 그러나 흙물이 아니요 정한 유리 그릇에 담긴 듯 진공 같은 물, 그런 물이 풀잎을 스치며 조각돌에 잔물결을 일으키며 푸른 하늘 아래에 즐겁게 노래하며 흘러가고 있다.

물은 아름답다. 흐르는 모양, 흐르는 소리도 아름답거니와 생각하면 이의 맑은 덕, 남의 더러움을 씻어는 줄지언정, 남을 더럽힐 줄 모르는 어진 덕이 이에게 있는 것이다. 이를 대할 때 얼마나 마음을 맑힐 수 있고 이와 사귈 때 얼마나 몸을 깨끗이 할 수 있는 것인가!

물은 보면 즐겁기도 하다. 이에겐 언제든지 커다란 즐거움이 있다. 여울을 만나 노래할 수 있는 것만 이의 즐거움은 아니다. 산과 산으로 가로막되 덤비는 일 없이 고요한 그대로 고이고 고이어 나중 날 넘쳐 흘러가는 그 유유무언(悠悠無言)의 낙관(樂觀), 얼마나 큰 즐거움인가! 독에 퍼 넣으면 독 속에서, 땅 속 좁은 철관에 몰아 놓으면 몰아넣는 그대로 능인자안(能忍自安)한다.

물은 성(聖)스럽다. 무심히 흐르되 어별(魚鼈)이 이의 품에 살고 논, 밭, 과수원이 이 무심한 이로 인해 윤택하다.

물의 덕을 힘입지 않는 생물이 무엇인가!

아름다운 물, 기쁜 물, 고마운 물, 지자(智者) 노자(老子)는 일찍이 상선약수(上善若水)라 하였다.

— 이태준, 〈물〉

더 생각해 봅시다 ❶

최초의 여성은 어떤 모습이었을까?

인류 최초의 역사에서부터 여성은 억압받았을까? 많은 학자들은 그것을 부정한다. 인류의 초창기에는 아마도 나무 열매를 따거나 물고기를 잡아먹는 형태로 생활을 유지했을 것인데, 그것은 그리 큰 힘을 요구하지 않았기에 여성의 노동력이 남성의 그것과 비교해서 큰 차이를 보이지 않았을 것이다. 그래서 오히려 여성들의 권위가 더 컸을 수도 있다. 여성들은 아이를 낳아서 더 많은 노동력을 제공했다. 그리고 일부일처제가 정착되기 전에는 군혼(群婚)이 지배적인 혼인 형태였고, 아버지가 누구인지는 몰라도 어머니는 정확히 알 수 있기 때문에 어머니 중심의 모계 사회가 주된 형태였을 수도 있다.

물론 힘센 수컷이 암컷을 거느리는 동물 사회를 근거로 모계 사회를 부정하는 견해도 만만치 않다. 주로 다윈의 진화론에 근거한 이러한 주장은, 사회 다위니즘(Darwinism)의 논거로 작용하였다. 사회 다위니즘은 여성의 열등성이 당연한 자연의 법칙이라고 주장하였다.

그러나 각 문명권에서 전하는 전설이나 건국 신화 등을 보건대 모계 사회설이 더 타당한 것 같다. 중국의 하·은·주 세 왕조는 '처음 할아버지'가 아니라 '처음 할머니'에서 시작된다. 하나라 시조

우의 탄생 신화는 《사기》의 〈하본기〉에 나와 있다. 우의 어머니가 곤과 결혼하였는데 나이가 들도록 아기가 없었다. 그런데 지산(砥山)에서 향초를 먹고 우를 낳았다. 아버지 곤은 우의 탄생과 아무런 상관이 없다. 상(은)나라 시조 '설'의 탄생 신화도 마찬가지다. "하늘이 제비에게 명하시어 내려가 상나라 시조를 낳게 하시니"로 탄생 신화는 시작된다. 간적이라는 여성이 어느 날 냇가에서 목욕을 즐기고 있었다. 그 때 마침 지나가던 제비가 알을 떨어뜨렸는데, 간적이 건져서 이리저리 살피다가 실수로 삼켰다. 그래서 임신을 하여 낳은 아들이 바로 설이다. 주나라 시조 후직의 신화도 마찬가지다. 강원이라는 여성이 야외로 산책 갔다가 거인의 발자국을 발견하고 이상하게 여겨 발자국을 밟으며 따라갔는데 그 때문에 임신하였다. 불길하게 여긴 강원은 아이를 내다 버렸는데 날짐승과 길짐승이 차례로 보호해 주었다고 한다.

우리나라의 시조 신화도 마찬가지다. 박혁거세와 알영의 탄생 신화는 여산신이 혁거세와 알영을 낳았다고 전하고 있다. 해부루, 동명 신화 등도 모두 시조의 어머니만 등장할 뿐, 아버지는 탄생과 아무 상관이 없음을 볼 수 있다.

이상의 신화가 의미하는 것은 신화 탄생 당시의 풍습을 짐작케 한다. 신화가 당시 사람들의 생활의 산물이라면, 아마 당시는 틀림없이 모계 중심의 사회였을 것이다. 아마 당시는 아버지가 누군지 모르는 시대였을 것이다. 즉 군혼이나 잡교가 성행했을 것으로 추측된다. 아니면 마을 축제 때 짝짓기를 주선하였는데, 이 때 아이를 배었던 것을 훗날 윤색하였을 수도 있다.

더 생각해 봅시다 ❷

남성 중심 사회는 어떻게 등장했는가?

《서경》에 이런 기록이 있다.

> 암탉을 새벽에 울리지 말라. 암탉이 새벽에 울면 집안이 망한다. 지금 상나라 주왕은 오로지 부인의 말만 듣고 정사를 행하였다.

이 말은 주의 무왕이 한 말이다. 여기서 우리는 여성의 정치적 배제가 중요한 정책으로 등장하였음을 알 수 있다. 종법제, 즉 적장자 계승의 원칙이 등장한 것이다. 이로써 남성이 정치와 경제를 장악하는 시대가 열렸음을 짐작할 수 있다.

그렇다면 언제부터 남성이 여성을 억눌렀을까? 그것은 아마도 큰 힘을 요구하는 노동으로 인류의 생활이 전환한 시기와 일치할 것이다. 함께 힘을 합쳐 큰 동물을 사냥한다거나 힘든 농사나 목축을 하면서부터 남성들의 노동력이 매우 중요하게 되었다. 특히 농사와 목축을 하면서부터 먹고 남는 것, 즉 잉여 생산물을 저장하게 되었고, 이에 대한 지배권이 중요하게 되었다. 또 다른 부족의 잉여 생산물을 약탈하고 노동력(노예)을 확보하기 위한 전쟁도 남성들이 주도하게 되었다. 아마 이 시기가 남성들이 힘으로 여성들을 억누르는 최초의 시기일 것이다. 이처럼 최초의 가부장제는 힘의 차이에 근거한 남성 권력의 등장으로 설명할 수 있다. 그것은 물려받은 힘의 차이에 근거한다는 측면에서 자연적 질서이기도 했다. 아리스토텔레스는 그의 《정치학》에서 남성의 여성에 대한 지배권이 자연에 부합한다는 견해를 피력하였다.

남성과 여성의 관계도 자연적으로 우월한 자와 열등한 자의 관계, 즉 지배자와 피지배자의 관계다. 이 일반적인 원칙이 유사하게 모든 인간들 사이의 관계에 일반적으로 적용된다. (중략) 우리는 육체가 영혼과 다른 것처럼 혹은 짐승이 사람과 다른 것처럼, 다른 사람과 차이가 나는 모든 사람들은 본질적으로 노예이며, 위에 언급한 바로 그 원칙에 의하여 주인에게 지배를 받는 것이 그들에게는 더 좋다.

자연적인 힘의 차이에 근거하여 등장한 남성 권력은 차츰 규칙이나 법에 의한 권력으로 전환한다. 여성을 속박하는 규칙 중 대표적인 것은 여성이 한 남성에게만 구속되는 혼인 제도였다. 우리나라의 초기 국가 중 하나인 '부여'에서는 간음한 자는 사형, 투기하는 부인은 사형에 처한 후 시체를 나라 남쪽의 산 위에 버려 썩게 하였다. 또한 여성은 남성의 권력을 유지하기 위한 정략 결혼에 이용되기도 하고 남편의 묘지에 산 채로 묻히기도 했다. 한편 처첩 제도는 여성들의 연대를 가로막는 주요한 장치가 되었다. 이 제도는 적장자 계승 원칙의 산물인 바, 남성은 여성을 생산의 대상과 쾌락의 대상으로 나누었고, 이에 여성은 끊임없이 갈등하였던 것이다.

이처럼 남녀차별이 법적, 도덕적인 질서로 자리 잡음에 따라 여성들은 이후 2천 년 이상 역사의 무대에서 사라지게 되었다. 이에 여성들은 고상한 철학자들조차 외면하는 나약한 존재가 되고 만다.

남성과 여성은 서로를 위해 존재한다. 그러나 그들의 상호 의존은 평등하지 않다. 여성들이 우리 남성들 없이 살아남을 수 있기보다는 우리 남성들이 여성들 없이 더 잘 살아갈 수 있다. 여성들은 우리의 감정에, 그들의 공적에 따라 우리가 정해 주는 값어치에, 그들의 매력과 그들의 덕목에 대한 우리의 평가에 의존한다. 따라서 여성의 모든 교육은 남성과 관련되어 계획되어야 한다. 남성을 즐겁게 해 주고, 남성에게 도움을 주고, 남성들의 사랑과 환심을 얻으며, 어릴 때는 키워 주고, 성인이 되면 돌봐 주고 상담해 주고 위로해 주며, 남성들의 생활이 즐겁고 유쾌한 것이 되도록 해야 한다.

―장 자크 루소, 《에밀》

더 생각해 봅시다 ❸

여성을 억압하는 자는 남성인가?

여성들은 말과 지식에서 억압을 받아 왔고, 그래서 남성 위주의 사회 질서와 가치관에 복종하고 있다. 그렇다면 여성들을 억압하는 자는 바로 남성이고, 이 남성의 횡포를 극복하는 것이야말로 여성 해방을 이루는 길이라는 결론을 내릴 법도 하다.

그러나 이 결론은 대단히 공허하다. 이 결론에 따르자면 여성의 적대자는 내 아버지, 내 형제, 내 남편, 내 아들과 같이 가장 가까이 있는 남성들을 포함하게 된다. 여성 해방을 이루자면 이들부터 타도해야 한다는 무시무시한 결론이 내려지는 셈이다. 이런 가족상잔의 비극을 피하려면, 아버지나 형제는 어쩔 수 없다 치고, 남편과 아들을 만들지 않는 수밖에 없다.

사실 여성 해방을 이루자는 것은 남성을 타도하자는 것이 아니다. 그것은 남성 위주의 사회 질서를 평등한 질서로 바꾸자는 것이다. 그렇다면 남성 위주의 사회 질서란 무엇인가?

남성 위주의 질서는 한마디로 '가부장적 질서'를 의미한다. 가부장적 질서의 근본은 가정이다. 그것은 아버지가 아내와 자식의 삶과 선택을 좌우하는 질서다. 이 '아버지'는 학교에서는 선생님, 종교에서는 성직자, 회사에서는 상사, 병원에서는 의사, 법원에서는 판검사, 사회 전체적으로는 왕이나 대통령으로, 나아가 신으로 바뀐다. 이처럼 가부장적 질서란 사회 전체의 수직적인 위계 질서를 의미한다.

  이 수직적 위계질서를 유지하기 위한 권위가 바로 '아버지의 권위'다. 이 아버지는 '합법적 폭력의 독점권'을 부여받은 듯이 보인다. 어릴 때부터 아버지의 권위에 익숙한 사람들은 선생님의 권위와 성직자의 권위, 왕의 권위, 나아가 신의 권위에까지 이르는 위계질서에 두말 없이 순종할 수 있었다. 우리의 충효 사상, 즉 '군사부일체' 사상은 우리 사회가 바로 아버지의 권위에 의해 유지되는 사회라는 것을 잘 보여 준다.

  이런 위계질서에 속박 당하는 사람은 여성뿐만이 아니다. 남성도 대부분 그렇다. 그들도 어릴 적에는 아버지의 권위에, 커서는 또다른 권위에 속박 당한 채 하루하루를 살아가고 있는 것이다. 다만 남성은 모든 질서의 근본인 가정에서 '아버지'의 위치를 차지한다. 그가 사회에서 소외되면 될수록 그의 권위는 좁은 가정에서 폭력으로 횡포로 유감 없이 발휘되는 것이다.

  우리가 생각해 보아야 할 것은, 민족학을 통해서 우리에게 알려진 바의 원시 사회들에서 신들과 집단의 권위, 혹은 소수의 사람들의 권위에 어른들이 전적으로 복종했다는 사실이다. 그렇게 복종하는 어른들과 그들의 자녀들 사이에는 똑같은 관계 유형이 창출될 수밖에 없다. 전적으로 권위에 복종하는 그들이 자녀들에게도 절대적 복종을 강요하는 것은 지극히 당연한 일이다.

                                          —제라르 멘델, 〈어린이의 해방을 위하여〉

여성 해방 운동은 바로 이런 수직적인 가부장적 질서를 수평적인 평등의 질서로 바꾸자는 운동이다. 따라서 그 운동의 주체는 비단 여성만이 아니라 수직적 질서에 속박된 대부분의 남성도 포함한다. 그리고 가정에서부터 민주적이고 평등한 관계를 형성하는 것이야말로 가부장적 질서를 평등 질서로 바꾸는 첫걸음일 것이다.

12 침묵은 금인가?

말할 수 없는 것에 관해서는 우리는 침묵하지 않으면
안 된다.
- 비트겐슈타인, 《논리-철학 논고》

남과 논쟁을 할 때 우리는 분노를 느끼는 것과
동시에 이미 진리를 위해서가 아니라
나 자신을 위해 싸우게 된다.
- 칼라일

통발은 버릴 수 있는 것이긴 하지만, 고기가
아직 잡히지 않았으면 통발이 없어서는 안 된다.
문학은 없앨 수 있는 것이긴 하지만, 도가 아직
시행되지 않았으면 문학이 없어서는 안 된다."
- 갈홍(葛洪), 《포박자》

침묵의 죽음 그 이상의 것에서 언어, 수많은 아우성,
역사가 침묵케 했던 것들이 터져 나올 것이다.
역사에 대한, 우리의 역사에 대한,
'우리가 앞으로 될 수 있는 것에 대한 언어가',
사고의 언어들이.
- 비비안느 포레스테, 《고요함의 폭력》

'말하지 말라'는 말들

침묵은 금이다! 대신 웅변은 은이란다. 누구는 이 말이 나올 당시에는 금보다 은이 더 귀했다면서 웅변을 더 강조한 것이라는데, 재치 있다. '그때 내가 왜 그런 말을 했을꼬?' 한 번쯤은 이런 후회를 해 봤을 것이다. 나 역시 말로 벌어먹고 사는 사람인지라, 부지기수로 후회하고 반성한다. 그때마다 이 격언이 사무친다.

그런데 이 말은, 자체로서는, 역설(逆說, paradox)이다. 그렇게 말하지 말라고 한 분들도 결국 말을 했다. 말의 무용성을 설파한 노자도 《도덕경》을 썼고, '입에서 나오는 게 문제'라 한 예수도 꽤 많은 말을 했다. 톨스토이나 간디 같은 분도 침묵을 강조하는 '말'을 한다. 이 양반들한테 말이란 것은 '필요악'일 게다. 붓다 같으면 아마 '방편(方便)'이라 했을 거다.

'자기 PR 시대'다. 대학 입학할 때나 취직할 때는 으레 '자기소개서'와 '면접' 절차를 거친다. TV에서는 시도 때도 없이 제 것이 최고라는 광고들이 쏟아진다. 정치인을 고를 때도 그 유력한 판단 근거는 그들의 입이다. 말을 듣고 '야, 그놈 참 똑똑한데.', '창의적이야.' 따위의 평가를 한다. 사실 침묵이 금이라는 말이 무색하다.

들어서 괘씸한 말도 있다. 부시가 이라크를 침략하면서 '정의'니

'자유'라는 말을 떠벌릴 때, 스웨덴 좌파가 수십 년 만에 선거에서 패배하자 웬 시답잖은 신문들이 '복지 정책의 실패'라고 기다렸다는 듯이 들고 일어날 때(그들은 한국의 복지 수준이 그 나라 발가락에도 못 미친다는 건 말하지 않는다.)가 그렇다. 좀 옛날 얘기긴 하지만, 도무지 민주적이지도 정의롭지도 않은 무리가 '민주정의당'이라고 버젓이 이름을 지을 때는 황당하다. 그들은 말의 위력을 안다. 자주 자주 떠들면 그게 진짜라고 믿는다는 것을. 워낙 자주 써먹은 수법인지라 아주 도가 텄다. 이렇게 헛된 말을 워낙 많이 듣다 보니 더더욱 침묵은 금인 것 같이 느껴진다.

그러나 한 가지 분명히 짚어야 할 게 있다. '침묵'이 아예 말을 안 하는 것은 아니라는 점이다. 침묵도 말이다. 말 없이 말하기다. 그 역시 의사 표현의 일종이다. 상대방은 그의 침묵으로 그의 생각을 짐작한다. 그래도 침묵한다면 그것은 암묵적 동의랄 수밖에 없다. 말에 책임져야 한다는 말이 옳다면, 침묵 역시 그 결과에 책임을 져야 한다. 어차피 제목을 이리 뽑았으니 침묵으로 얘기를 시작해 보자.

침묵이 주는 유익

우리가 말을 하는 이유는 의사를 전달하고자 함이다. 그런데 단순히 의사 전달만을 목적으로 하는 경우는 거의 없다. 내 의사를 상대방에게 전달할 때는 대개 상대방에게 무언가를 기대한다. 내 말을 받아들이기를 바라며, 내 뜻에 따라 그가 반응하기를 기대한다. '왜 이렇게 목이 마르지?'라고 말했을 때, 그것은 말 그대로 '내가 목마르다.'의 뜻만은 아니다. 이 말을 목이 마르다는 정보로만 받아들이면, 인간 관계에 금이 갈 수도 있으리라. 뭔가 마실 걸 줬을 때 비로소 그 말의 의도가 관철된다. 전적으로 지식을 전달하는 경우라 하더라도, 그 말은 대개 듣는 이의 동의를 기대하고 있다.

말로써 무언가를 기대하기에 말은 일종의 '욕망'이라고 할 수 있다. 한마디로 상대방의 인정을 받으려는 욕망이다. 내가 꺼낸 말이 인정을 받지 못할 때, 우리의 욕망은 좌절한다. 그 좌절을 이기기 위해 다시 말을 꺼낸다. 이 두 번째의 말은 앞의 말보다 더 간절하다. 또 다시 좌절하면 비참해진다고 생각하기에 더 상세하게 풀어 말하거나 더 자극적인 낱말을 동원한다. 그러다 보면 생각지도 않았던 말들이 튀어나온다. 그렇게 무의식적으로 튀어나온 말은, 어떤 때는 뜻밖에 멋진 말이 되기도 하지만, 감당하기 힘든 말이 되는 경우가 다반사다. 그리고 일단 뱉은 이상, 그 말의 근거를 대야 한다. 그래야 상대의 인정을 받을 수 있기 때문이다. 이래서 말은 말을 낳고, 그래도 인정을 받지 못하면 주체할 수 없는 분노를 낳는다.

특히 논쟁을 벌일 때 이런 일이 자주 벌어진다. 흔히들 논쟁은 함께 긍정적인 결론을 도출하기 위한 과정이라 생각한다. 그래서 '발전적 논쟁'의 필요성 운운한다. 말인즉슨 맞다. 그러나 실제로 논쟁은 마음에 상처를 입히는 경우가 더 많다. 왜 그럴까? 논쟁 당사자들은, 처음에는 자기 견해를 진솔하게 피력한다. 그 견해는,

적어도 자기가 생각하기에는, 옳기 때문에 상대방이 인정해 주기를 바란다. 그렇게 해서 인정을 받는다면, 논쟁으로 나아가지 않지만, 상대방이 내 기대를 저버리고 다른 견해를 내놓는 순간, 논쟁은 시작된다. 일단 논쟁이 벌어지면, 처음의 호의적인 분위기는 깨어지고, 기어이 상대방의 인정을 받고야 말겠다는 결의를 다지게 된다. 그런 격렬한 논쟁의 목적은 무얼까? 합의? 아니다. 명분이야 그렇겠지만, 그 본질은 상대방을 굴복시키려는 것이다. 기어이 꺾어야 한다는 투쟁심! 이래서 감정을 다친다. 이기든 지든 상처를 입게 된다. 그래서, 논쟁을 즐길 의사가 없다면, 기꺼이 승복할 자세가 갖춰지지 않았다면, 논쟁은 가급적 피하는 것이 좋다.

  말은 속도다. 속도는 과정을 허문다. 비약, 넘겨짚음, 그리고 비약과 넘겨짚음을 메우기 위한 변명. 그리하여 비약과 넘겨짚음, 변명은 반복된다. 그 속도는 점점 빨라진다. 끝 간 데 없이 간다. 이러는 한, 말은 상대방에게 상처를 입힌다. 나아가 스스로도 상처를 입게 마련이다. 그래서 침묵을 그토록 강조하는 것이다.

  논쟁의 모범을 보여 주는 한 장면이 니체의 《차라투스트라는 이렇게 말했다》에 나온다. 차라투스트라가 10년 간 산에서 수련하다 이윽고 득도를 하고 하산할 때, 한 은둔자를 만난다. 그 둘은, 깨달은 자가 세상으로 내려가 깨달은 바를 세상에 퍼뜨리는 것이 과연 바람직한가를 놓고 논쟁한다. 둘의 논쟁은 합의점을 도출할 수 없었다. 그러자 '마치 웃고 있는 사내아이처럼 두 사람은 웃으면서' 헤어졌다. 자기 견해를 밝히고 상대방의 반론을 들어 보면 다 안다. 그가 내 견해에 동의하지 않는다는 것을 확인했으면, 계속 논쟁할 필요가 없다. 그럴 땐 웃으며 헤어지는 게 상책이다. 누구는 이를 일러 '철학적 미소'라고 고상하게 말하기도 한다.

침묵이 주는 유익은 참으로 크다. 무엇보다 침묵은 자기를 지킬 수 있게 해 준다. 입을 여는 순간 내면을 드러낼 수밖에 없다. 내 앎의 한계라든가, 내 의도나 목적 같은 게 나도 모르는 사이에 드러난다. 기어이 상대방을 굴복시키려고 내뱉는 말은 나 자신을 끝까지 밀어붙이게 만든다. 상대방을 몰아붙이다가 그를 모독하는 지경까지 이르면 내 인격은 깨질 수밖에 없다. 나아가 그 자리에 없는 사람을 비난하면 그 비난은 결국 나 자신에게 돌아온다. 이렇게 많은 말은 상대방 앞에서 발가벗는 꼴이 되기 딱 좋다.

말을 많이 하는 대신 침묵하는 것은 많은 생각을 하게 해 준다. 원래 말을 많이 하는 사람은 생각이 그리 깊지 않다. 얄팍한 수, 깊지 않은 생각을 즉각적으로 내뱉기 일쑤다. 그만큼 실수가 잦다. 그러나 입이 무거운 사람은 깊이 생각하기에 실수가 적어 깊은 신뢰를 준다. 게다가 대화에서 침묵은 잘 '듣는다'는 뜻도 있다. 말하는 사람으로서는 자기 말을 잘 들어 주는 사람을 믿는다. 그러니 신뢰를 얻으려면 말을 많이 하기보다는 많이 듣는 편이 훨씬 낫다. 이처럼 침묵은 자기를 지키거나 상대방의 신뢰를 얻는 데 참 좋은 방책이다. 이렇게 보면 침묵이야말로 최고의 '처세술'이라 할 만하다.

그러나 침묵이 무조건 금일까? 반드시 말해야 할 때조차 입을 다무는 것이 능사일까? 다수가 옳다 여기는 것이 더 이상 옳지 않다는 생각이 들어도 침묵해야 하는가? 그것은 침묵이 아니라 비겁이다. 앞서 나는 침묵도 일종의 말이라 했다. 그렇다면 불의(不義) 앞에서 침묵하는 것은 그 불의를 방조하는 '발언'이라 해도 무방할 것이다. 우리가 소중히 여기는 고전(古典)이라는 것도 본질은 '말'이다. 만약 과거의 대가들이 침묵을 금이라 여겨 한마디 말도 남기지 않았다면, 인류에게 발전이라고는 없었을 것이다.

그런데도 침묵을 금이라 하는 까닭은 뭘까? 말을 제대로 하지 못하기 때문이다. 대개의 말은 내 진심을 제대로 전달하는 데 실패한다. 그러기는커녕 내 진심을 왜곡하고, 나아가 내 의도와 전혀 무관하게 나와 상대방에게 상처를 입힌다. 일단 뱉어 버린 말이 주는 결과가 이렇게 참담하기에, 또 이런 경우가 워낙 많기에 침묵을 금이라고 하는 것일 게다. 그렇다면 우리는 왜 이렇게 말의 실패가 자주 일어나는지부터 따져 봐야 한다.

말은 언제나 미끄러진다

아리스토텔레스는 말과 대상이 일치하는 것이 진리라 했다. 가령 내 눈 앞에 개가 있을 때, 그것을 '개'라고 부르면 진리라는 것이다. 이를 일컬어 '진리 대응설'이라 한다. 그럴 듯하다. 개를 보고 개라고 하는데 뭐가 문제란 말인가? 그러나 이 진리관에는 몇 가지 문제가 있다. '지금-여기'에 있는 개가 10년, 20년 후에도 계속 개로 남아 있으리라는 보장은 없다. 또 한국인인 내가 '개'라고 불렀다 해서 우리말을 모르는 외국인이 그 말을 알아듣는 것도 아니다.

물론 짐작을 할 수는 있겠지만 말이다. 그의 언어로 짐작했을 따름이다. 이로써 '진리 대응설'은 깨진다. 스피노자는 "'개'라는 낱말은 짖지 않는다."는 간단한 말로 이것을 처리했다. 말은 어디까지나 말일 뿐이다.

그러나 '진리 대응설'을 비판하면서 든 근거에서 우리는 언어가 갖는 특징을 건질 수 있다.

먼저 언어는 약속이다. 한국인인 나는 어디까지나 한국어로 세계를 인식한다. 달리는 생각할 길이 없다. 이 한국어는 내가 태어나기 전부터 주어진 것이다. 물론 처음 그 말이 만들어질 때는 자의적일 수 있지만, 일단 약속이 성립되면 나는 무조건 그 말을 써야 한다. '개'라는 말이 듣기 싫다고 '깨'라고 하면 나만 바보 되는 것이다.

언어가 갖는 또 하나의 특징은 대상을 고정시킨다는 점이다. 내가 눈앞에 있는 개를 보고 '개'라고 할 때, 그 말은 '지금-여기'의 개를 부른 것이다. 그 개가 10년 후에도 여전히 개이리라는 보장은 없다. 이처럼 언어는 변화를 무시하고 언제나 '지금-여기'의 것을 붙든다.

뿐만이 아니다. 말은 온갖 뒤섞인 것에서 어느 하나를 끄집어 내어 노출시킨다. 칠판을 두드리면서 이것이 뭐냐고 물었을 때, 다들 칠판이라고 한다. 그러나 사실 그것은 칠판인 것만은 아니다. 나무 판지일 수도, 사각형일 수도, 평면일 수도, 녹색일 수도 있다. 그런데 '칠판'이라고 말하는 순간, 나머지 모든 것은 사라지고 오직 칠판만 남는다. 이렇게 말은 뒤섞인 관계에서 사물을 뜯어 낸다.

정리하자면, 말은 대상을 무한한 관계에서 떼어 내고 무한한 변화를 고정시켜 지칭하게 하는 약속이다. 따라서 말은 언제나 실패할 운명을 타고났다. '개'라는 것은 우리가 어떤 관계에서 부르느냐에 따라 '동물'일 수도, '고기'일 수도, '생명'일 수도, '친구'일 수도 있다. 어떤 시기에 보느냐에 따라 '강아지'일 수도, '개'일 수도, '사체'일 수도 있다. 어느 나라 사람이 부르냐에 따라 '도그'일 수도, '이누'일 수도, '콴'일 수도 있다.

이제 동양 사상에서 왜 그렇게 말의 한계를 자주 지적했는지 충분히 이해할 수 있다. 노자는 '도가도비상도(道可道非常道) 명가명비상명(名可名非常名)', 즉 '도라고 할 수 있는 도는 늘 그러한 도가 아니요, 이름 부를 수 있는 이름은 늘 그러한 이름이 아니다.'고 했다. 내가 진리로 받아들이는 것이 늘 진리인 것은 아니고, 내가 이름 부르는 것이 늘 그 이름은 아니라는 말이다. 장자는 '통발은 물고기를 잡을 때나 필요하지, 일단 고기를 잡고 나면 통발을 버린다.'고 말한다. 말로써 뜻을 깨달았으면 그 깨달은 바에 충실해야지 계속 말만 붙들고 있으면 곤란하다는 거다. 붓다도 '뗏목은 물을 건너면 버린다.'고 말한다. 방편에 불과한 말을 붙들지 말라는 거다. '염화미소'니 '불립문자'니 하는 선불교의 말들도 역시 말의 무용성을 강조한다.

이렇게 말이 늘 대상에서 미끄러진다는 사실에 주목하면, 침묵이 웅변보다 더 낫다는 말은 참 일리가 있다. 그렇다면 말이란 것이 아예 필요 없는 것일까? 차라리 침묵한 채 세상이 변화하는 이치를 새기는 것이 낫지 않을까? 그런데 이 이치조차 '말'로 표현되지 않았는가! 도대체가 말을 통하지 않고서 얻을 수 있는 것이 어디에 있는가? 불립문자를 강조한 선사들은 화두니 공안이니 하는 것을 제자들에게 던진다. 그러면 제자들은 침묵한 채 몇 년이고 고민한다. 겉보기에 그들은 말하지 않는다. 그러나 그들은 침묵 속에서 수많은 말을 한다. 내면의 소리들이 치열한 논쟁을 벌인다. 애초에 그들이 말을 몰랐다면, 그런 생각조차 하지 못할 것이다. 그런데도 말하지 않는다고 할 수 있을까? 우리의 생각도 행동도 모두 말에서 비롯된 것일진대 말이다.

나는 말한다, 고로 너는 존재한다

말이 대상에서 끊임없이 미끄러진다는데도 요즘처럼 말 많은 때는 없다. 대중 매체는 주체할 수 없는 말들을 쏟아 낸다. 우리의 일상에서도 얼마나 많은 말들이 떠도는가. 그러나 그 모든 말들은 사실상 침묵의 언어, 죽은 언어다. 하나마나한 말, 말, 말……. 열심히 공부해야지? 엄마 말씀 잘 들어야지? 금년에는 장가(시집) 가야지? 집 한 채는 장만해야지? 그 옷 어디 거니? …… 이 말들은 내가 하는 것이지만, 사실은 '내' 말이 아니다. 네가 하지만 '네' 말도 아니다. 그 말을 하는 것은 나를 '있게' 한 것, 나를 '살아가게 하는' 것, 나(의 삶)보다 더 가치 있는 것들이다. 나는 그것의 효과일 뿐이다.

'상표'가 나보다 앞서서 발언한다. '성적'이 알아서 떠든다. '학벌'이 침묵을 강요한다. '지위'가 명령하고 '연봉'이 굴종한다. '연예 정보'가 발언권을 주고 '아이 성적'이 부모 발언권을 강화한다. 모두가 나를 있게 한 이것들을 걸치고 입과 몸을 빌려주고 있다. '익명의 군중이 유명한 이름 가운데를 걸어간다.' 니나리찌, 구찌…….

언어는 우리가 들어야 하고 실제로 사용해야 하는 언어에 낯선 채로 있다. 언어는 침묵케 하려고, 우리로 하여금 언어가 선별하는 것을 제외하고는 귀머거리가 되게 하려고 거기에 있는 것이다.
─비비안느 포레스테,《고요함의 폭력》

죽어 버린 대화, 시체들의 수다! 이 시대를 장악하고 우리 입을 지배하는 말들은, 사실은, 우리 입을 봉쇄하였다. 그 말을 하면 할수록 우리는 그 말, 말을 만든 질서, 나를 있게 한 질서의 노예가 될 뿐이다. 과연, 언어는 미끄러진다. 그러므로 그대 차라리 침묵하라. 시대의 말들을 거부하라. 기꺼이 말들을 저격하는 사수가 되라.

다시, 언어는 미끄러진다! 왜 내 말만 미끄러져야 하는가? 철벽처럼 버티고 있는 거대한 질서, 그 질서의 말 역시, 미끄러진다. 문제는 내가 그 말을 절대 미끄러지지 않는 말인 양 받아들인 데 있다. 그것은 나면서부터 내게 일방적으로 주어진 말이다. 자라면서 일방적으로 들어왔던 말이다. 그가 나를 '학생'이라 부르자 나는 무작정 공부 기계가 되었고, 그가 나를 '아들'이라 부르자 나는 효자가 되어야 했으며, 그가 나를 '아빠'라 부르자 나는 '힘내세요 송'의 주인공이 되었다. 그러다가 이윽고 내가 그 말을, 그 말이 빚어 내는 질서를, 말하기 시작했다. 이제 나도 '연봉'을 말하고, '직장'을 말하고, '보험'을 말하고, '안정'을 말한다. 그로써 그 질서, 그 말은 유일하게 가치 있는 것이 되었다. 그 말이 나를 있게 하였고, 이제 내 말이 거대한 타자(他者, 너)를 철옹성으로 만든다. 따라서 데카르트의 명제는 수정되어야 한다. "나는 말한다, 고로 너는 존재한다."

나는 말한다, 고로 나는 존재한다

말은 지금-여기의 관계를 붙든다고 했다. 그러나 지금-여기의 관계는 결코 영원하지 않다. 그래서 말은 결국 미끄러질 수밖에 없다. 그렇다면 우리 입을 지배하고 있는 말, 그 말들의 질서 역시 '지금-여기의 관계'일 뿐이다. 우리가 늘상 같은 말만 하면서 산다는 것은 '지금-여기의 관계'를 절대화하는 것에 불과하다. 그 말을 하면 할수록 그것은 더더욱 굳어진다.

이제 '지금-여기의 관계'가 빚어낸 그 '당연한' 말을 미끄러지게 해야 한다. 그런데 어떻게? 간단하다. 나부터 미끄러지면 된다. 그 당연한 말의 세계에서 미끄러져 나오는 것이다. 그 말은 '지금-여기의 관계'를 거부함이요, 새로운 '지금-여기'에 새로운 '관계'를 만들어 냄이다. 마르크스는 말한다. '흑인은 흑인이다. 특정한 관계 속에서만 그는 노예가 된다.' 《이방인》에 보면, 뫼르소의 애인인 마리를 재판정에서는 '정부(情婦)'라 부른다. 이것을 마르크스의 말에 대입하면, '마리는 마리다. 특정한 관계 속에서만 그는 정부가 된다.' 우리도 마찬가지다. '나는 나다. 특정한 관계 속에서만 나는 노예가 된다.'

사과는 사과다. 배고플 때 그것은 '음식'이 된다, 사막에서 그것은 '생명'이 된다, 배가 터지도록 부를 때 그것은 '고문'이 된다, 윌리엄 텔의 아들 머리 위에 놓이자 그것은 '생사의 기로'가 된다. 문제는 바로 이 '관계'다! 주어진 말에서 미끄러진다 함은 주어진 관계에서 미끄러지는 것이다. 미끄러져 전혀 다른 말을 한다는 것은 새로운 관계를 만든다는 것이다. 그리고 그 새로운 관계를 사는 것이다. 다시 데카르트의 말을 수정하자. "나는 말한다, 고로 나는 존재한다!"

언어의 가능성

'어차피 미끄러질 것, 그냥 이대로 살지.'라고 지레 체념하진 말자. '두통'은 '사리돈', '펜잘', '아스피린', '게보린'과만 관계 맺지 않는다. 왜 '농심' 하면 '라면'이나 '새우깡' 밖에 떠올리지 못하는가. '학생'은 '공부'나 '대학'과만 관계를 맺는 이름이 아니다. 그것은 '학문', '봉사', '재능', '취향', '자질', '가능성', '전인' 들처럼 무한대로 열려 있다.

이것이 바로 언어의 가능성이다. 이렇게 열린 관계를 드러내는 열린 언어를 발굴해야 하고, 그 열린 언어 속에서 '내' 언어를 확보해야 하며, '내' 언어가 봉쇄당할 때는 더 이상 침묵하지 말고 과감하게 발언해야 한다. 이렇게 보자면, 언어가 미끄러지는 것은 결코 언어의 한계가 아니다. 그것은 언어의 가능성이요, 세계와 삶의 가능성이다. 이를 잘 보여 주는 언어는 특히 문학에서 발견할 수 있다.

> 기분 좋은 말을 생각해 보자.
> 파랗다. 하얗다. 깨끗하다. 싱그럽다.
> 신선하다. 짜릿하다. 후련하다.
> 기분 좋은 말을 소리내 보자.
> 시원하다. 달콤하다. 아늑하다. 아이스크림.
> 얼음. 바람. 아아아. 사랑하는. 소중한. 달린다.
> 비!
> 머릿속에 가득한 기분 좋은
> 느낌표를 밟아 보자.
> 느낌표들을 밟아 보자. 만져 보자. 핥아 보자.
> 깨물어보자. 맞아 보자. 터뜨려 보자!
>
> ─ 황인숙, 〈말의 힘〉

'기분 좋은 말'은 고정되어 있지 않다. '비'는 어떤 때는 기분 좋은 말이 되고, 어떤 때는 기분 나쁜 말이 될 수도 있다. 이처럼 말은 무한대의 관계를 표현하는 무한대의 가능성이다. 그것은 '표현'이지 고정시켜서 진리인 양 뻐기는 '개념'이 아니다. 내 삶을 푹 파인 홈에 처박아 버리는 그러한 '이름'이 아니다. 감동의 표현, 가치관의 표현, 느낌의 표현, 한마디로 삶의 표현이다. 표현은 온 세상을 향해 열려 있고 온 세상을 포착한다. 그래서 문학의 언어, 예술의 언어가 시대를 미끄러지는 유력한 무기일 수 있다는 것이다.

저마다의 무한대의 말들이 서로 어울려 웅성댈 때 세계는, 관계는 그만큼 풍성해진다. 이렇게 말은 세계를, 관계를, 삶을 다채롭게 보여 주는 물감이다. 때론 감미롭게, 때론 웅장하게 울리는 악기다. 결론적으로 말은 무한대의 관계를 자아내는 그물망이다. 내 물감, 내 악기, 내 삶을 보태면 보탤수록 세상은, 말은 살아 꿈틀거릴 것이다. 관계를, 세계를, 삶을 고정시키는 '단 하나의 말' 앞에서 더 이상 '침묵은 금이 아니다!'

기출문제 둘러보기

2006 이화여대 정시 |

사회 공동체에서 언어는 의사를 표현하고 전달하는 도구 이상의 역할을 한다. 아래 지문들의 내용에 근거하여, 언어가 어떤 방식으로 사회 공동체에 영향을 미치는지 자신의 관점에서 논술하시오.

제시문 (가) 인간이 벌이나 다른 군서(群棲) 동물들과는 전혀 다른 의미에서 정치적 동물이라는 것은 명백하다. 자연은 그 어떠한 것도 헛되이 만드는 법이 없다. 자연은 모든 동물들 중에서 유일하게 인간에게만 언어 능력을 부여했다. 언어는 발성 능력과 다르다. 다른 동물들도 소리는 낼 수 있으나, 그들의 소리는 단지 고통스러움과 쾌적함을 표현하기 위한 것이다. 그들도 본성적으로 쾌와 고를 느낄 수 있을 뿐만 아니라, 이런 느낌들을 소리를 질러 서로에게 알릴 수 있다. 그러나 인간의 언어는 좋은 것과 나쁜 것을, 그러므로 의로운 것과 의롭지 않은 것을 구분할 수 있게 한다. 인간과 다른 동물들 간의 진정한 차이는 인간만이 선과 악, 정의와 불의 등을 지각할 수 있다는 점이다. 인간은 이런 문제들에 대해 공동의 인식을 소유함으로써 가정과 국가를 구성할 수 있다.

제시문 (나) 사람은 논변에 참여할 수 있는 능력을 지니고 있다. 이 점에서 사람은 누구나 홀로 서 있으면서도 의사소통적 문맥의 구성원으로 존재한다. 이것이 '이상적인 의사소통 공동체'가 의미하는 바이다. 논변적 담론의 참여자들에게 요구되는 합의는 현실적 공동체의 경계를 넘어서야 도달할 수 있다. 그럼에도 불구하고 서로에 속하여 있음에서 오는 그들의 사회적 유대감은 이런 담론 속에서 손상되지 않고 유지된다. 담론에 의해 합의가 가능하다는 사실은 다음 두 사항에 의거한다. 하나는 예 또는 아니오를 말할 수 있는 양도 불가능한 개인의 권리이고, 다른 하나는 자신의 자기중심적 관점을 극복할 수 있는 가능성이다.

비판 가능한 주장에 대해 예 또는 아니오로 대응할 수 있는 개인의 불가침적인 자유가 없다면, 동의는 진정으로 보편적인 것이라고 할 수 없다. 다른 한편 각자가 서로 공감할 수 있는 감수성을 지니지 않는다면, 오랜 토론을 거치며 숙고해도 보편적 동의에 도달할 수 없을 것이다. 이처럼 개인은 양도할 수 없는 자율성을 지닌 동시에 상호 주관적으로 공유되는 관계망의 구성원이다. 이 두 국면은 내적으로 연결되어 있으며, 담론을 통한 결정 절차에서는 바로 이런 연결 관계가 고려되어야 한다.

제시문 (다)   토론을 하는 사람은 의(義)로써 서로 돕고, 도(道)로써 서로 깨우치고, 선(善)을 따를 뿐 반드시 이길 것을 구하지 않으며, 의에 승복할 뿐 말이 막히는 것을 부끄럽게 여기지 않습니다. 거짓으로써 서로 미혹케 하고, 화려한 언사로써 서로 혼란스럽게 하고, 나중에 멈추는 것을 서로 자랑으로 여기며, 어떻게든 이기기만을 바라는 것은 토론을 함에서 본받을 바가 아닙니다. 무릇 소진(蘇秦)과 장의(張儀)는 제후들을 현혹시켜 대국을 망하게 하고 군주가 가지고 있는 것을 잃게 하였으니, 이들이 변설에 뛰어나지 않은 것은 아니지만 이들의 말은 나라를 어지럽히는 길이었습니다. 군자는 비속한 사람들과 더불어 군주를 섬기는 것을 꺼려하였으니, 그들이 군주의 말이라면 무조건 따르면서 어떤 일도 못하는 바가 없는 것을 걱정하였던 것입니다.

지금 당신은 바르고 의로운 말을 받아들여 경(卿)·상(相)을 보좌해야 함에도 불구하고, 그들의 뜻에 무조건 순종하여 당장의 유리한 말만을 좋아하며 훗날의 일을 생각하지 않습니다. 당신 같은 식으로 관리 노릇을 하면 마땅히 중벌을 받게 될 것입니다.

더 생각해 봅시다 _____

세계 공용어(또는 사투리), 살릴(또는 죽일) 것인가?

세계화 시대를 맞이하여 세계 공용 언어를 만들자, 또는 세계 공용어를 쓰자는 제안들이 많다. 우리 나라에서도 영어를 공용어로 쓰자는 제안이 있었다. 벌써 안으로는 사투리가 사라지고 있다. 요즘 지방에서 강의를 하다 보면 사투리 쓰는 아이들을 찾아보기 힘들다. 이 두 문제는 서로 맞물려 있다. 이 문제를 19세기 말에 창안됐던 인공 언어 이야기로 접근해 보자.

19세기 말 폴란드의 유태계 안과 의사인 자멘호프(Zamenhof)는 에스페란토(Esperanto)라는 인공 언어를 창안했다. 그가 인공 언어를 창안한 동기는 언어 차이 때문에 생기는 민족 간의 반목과 불화를 언어의 통일로 해소하고 평화를 실현해 보자는 것이었다. 물론 나라끼리 가장 경제적으로 교류를 이룰 수 있도록 하자는 취지를 뺄 수는 없다. 이것이 바로 세계 공용어론이나 사투리 폐지론의 취지이기도 하다.

세계 공용어를 이루려는 국제회의가 1905년 이래 계속 열렸지만, 결국 에스페란토 어는 성공을 거두지 못했다. 인공 언어는 인간의 감성적인 측면, 즉 감각이나 감정적인 표현을 소화해 내지 못하는 단점을 가졌기 때문이다. 감각이나 감성적인 표현은 각각의 언어가 수천 년을 거치면서 그 민족의 정신 세계를 응축해 놓은 것인데, 이것을 자연스럽지도 않은 인공 언어가 제대로 소화할 리 만무하다.

언어에는 삶의 맥락이 녹아 있다. 정서와 가치관이 있고, 이웃 낱말과의 그물망 같은 관계가 있다. 그것에는 민족정신(또는 지역정신)조차 녹아들어 있다. 세계 공용어니, 인공 언어니, 표준어화론이니 하는 것은 이 삶의 문제를 인위적으로 조정하자는 것과 같다.

물론 아예 불가능하다고는 할 수 없다. 만약, 인류 구성원의 가치관이 모두 같아지고 감성조차 같아지는 상황이 온다면 가능할 것이다. 그리고 오늘날 인류의 가치관이 경제적·물질적 가치관 일변도로 가는 걸 보면 전혀 불가능한 일은 아닐 것 같다. 아니나 다를까, 벌써 현실은 수많은 언어들과 사투리들이 소멸하고 있는 상황이다. 이것은 그만큼의 다양한 삶과 가치들이 소멸하고 있다는 말이기도 하다.

서로의 다양한 삶과 가치들이 대등하게 어울리는 나라 안팎의 교류를 꿈꾼다면, 우리는 각자 고유의 언어를 유지해야 한다. 그것은 그 언어에 녹아 있는 삶, 언어가 꾸미는 세계를 존중하는 것이기도 하다. 그리고 우리의 모국어(사투리)를 세밀하게 다듬는 노력이 필요하다. 언어와 삶이 서로를 규정하는 상보적 관계라 한다면, 제 언어를 다듬는 것이 곧 제 삶을 다듬는 것이라는 결론이 나온다. 마찬가지로 제 고유의 삶을 다듬는 것은 제 언어를 다듬는 것이기도 하다.

13 _____ 세상은

정 말

좋아지고

있는가?

사회는 결코 진보하지 않는다.
한 편에서 전진하면 즉시
다른 편에서 후퇴한다.
사회는 부단히 변화를 겪는다.
혹은 야만적이고 혹은 개화하고
혹은 기독교화하고 혹은 융성하고
혹은 과학이 발달한다.
그러나 이런 변화는 개선이 아니다.
주어지는 것이 하나 있을 때마다
무엇인지 빼앗기는 것이 있다. (중략)
사회는 물결이다.
물결은 전진하지만
물결을 이루는 물은 그렇지 않다.
같은 분자(分子)가 골짜기에서
산봉우리로 오르는 것이 아니다.
그 결합은 다만 표면적 현상에 불과하다.

- 에머슨, 《사회는 진보하지 않는다》

얻은 것과 잃은 것

　내 사는 곳은 시골이다. 여기서 서울까지 매주 한 번씩 오르내린다. 나는 운전할 줄 모른다. 그래서 아내의 차를 타고 시골길을 달려 터미널로 간다. 서울 가는 버스는 50분 간격이다. 남원서 전주 거쳐 익산까지는 국도로 달린다. 그러다 보니 거기서 시간 다 까먹는다. 서울까지 3시간 40분쯤 걸린다. 이렇게 오가는 게 만 3년째다 보니 어떨 땐 버스가 꼭 관짝 같이 느껴진다. 몇 달 전 아이들 다니는 초등학교 쪽을 지날 때다. 그곳엔 큰 공사가 한창이었다. "무슨 공사지?" "응, 전주서 광양까지 고속도로가 난다나 봐. 여기에 인터체인지를 만든대." "그래? 이야, 그것 참 좋네!" 서울 가는 길이 엄청 편해지겠다는 생각이 퍼뜩 든 거다. 아내는 아무 말이 없다. 그럴 땐, 입 닫고 생각하는 게 좋다. 인터체인지를 만들면 많은 차들이 이리로 몰릴 테고, 개네들은 쌩쌩 달릴 테고, …… 이런! 이 길은 아이들 등하굣길 아닌가! 아아, 이리도 생각이 짧다니.
　'세상 참 좋아졌다.'고들 한다. '거 참, 세상 하고는!' 하며 끌끌거리는 어르신들의 소리도 꼭 그만큼 듣는다. 좋아진 만큼 나빠지기도 하는 거다. 없던 게 생기면 반드시 있던 게 없어진다. 인터넷이 생기니 책읽기가 없어진다. 핸드폰을 마련하니 전화번호를 잊어버린다. 대형 마트가 생기니, 재래 시장이 없어진다. 큰 땅을 얻는 대신 새만금이 사라진다. 거기 거쳐 가던 철새들은 멸종 직전이다. 새로 생긴다고 다 좋은 것도 아니다. 신종 바이러스, 에이즈, 조류 독감, 듣도 보도 못한 미생물들…….

이 모든 '나쁜' 것을 만든 건 무엇일까? '좋은' 것들이다. 이때 '좋다'와 '나쁘다'는 순전히 사람 기준이다. 사람이 저 좋으라고 온갖 걸 만들지만, 그 좋은 건 하늘에서 뚝 떨어진 게 아니다. 좋으면 좋을수록 나쁜 건 더 나빠진다. 속도가 빨라졌다고 좋아하지만, 그만큼 교통사고 사망률은 높아진다. 한여름에도 시원해서 좋다지만, 정작 시원해야 할 바깥은 사우나 속 같다. 옛날에는 정전되면 촛불 켜고 잠시 낭만에 젖기도 했지만, 지금의 정전은 그야말로 재앙이나 다름없다. 그렇게 좋아진 것과 나빠진 것의 대차 대조표를 만들면, 과연 세상 살기가 점점 좋아진다고 말할 수 있을까?

심각한 것은, 사라진 것들이 다시는 되돌아오지 않는다는 점이다. 새만금은 되돌아오지 않는다. 멸종한 새들도 다시는 볼 수 없다. 고속도로 공사하느라 파고 뚫고 깎은 산천도 더 이상 회복되지 않는다. 그런데도 대운하니 뭐니 하는 걸 공약이랍시고 내건 대통령 후보가 유력 후보라니! 다들 '좋자'에 중독된 것 같다.

좋은 건 좋은 거다. 그런데 좋은 게 나쁜 게 돼 버렸다. 그렇다면 그동안 좋다고 생각한 것이 사실은 별로 좋은 게 아니었다는 결론이 나온다. 그동안 우리는 무엇을 좋다고 생각했던가? 한마디로 '편리'다. 몸과 마음을 편하게 해 주는 것이면 우리는 무엇이든 좋다고 생각했다. 그런데 그게 결과적으로는 우리를 불편하게 한다.

그렇다면, 반대로 불편한 게 사실은 편리한 것이 아닐까? 우리가 주변을 편리하게 하는 방식은 어땠나? 나 좋으라고 나 아닌 것을 불편하게 하지 않았던가? 그런데 결국은 나를 불편하게 만든다. 그렇다면 거꾸로 해보자. 나 아닌 것을 편하게 하는 것이 결국 내가 편해지는 길이 아니겠는가? 여기서 기묘한 역설이 나온다. "편리는 곧 불편이다." 마찬가지로, "불편이 곧 편리다." 이 역설의 정당성을 찾기 위해 먼저 우리가 생각해 왔던 '진보관'부터 짚어 보자.

낡은 진보관

갈수록 좋아진다 – 직선적 시간관

과거보다 현재가 낫다는 말에는 시간의 흐름과 발전이 비례한다는 논리가 깔려 있다. 간혹 좋았던 옛날을 들먹이는 사람도 있지만, 그건 노인네나 하는 말로 치부된다. 짚신보다야 운동화가 낫고, 보리밥 먹던 시절보다는 하얀 쌀밥에다 햄버거, 피자까지 골라 먹는 지금이 낫다는 논리다. 이렇게 시간과 발전을 정비례 관계로 보는 논리에는 서구적 시간관이 깔려 있다.

서구적 시간은 한마디로 "쏘아 놓은 화살"이다. 시작부터 끝까지 곧바로 나아가는 시간이다. 그 대표적인 것이 기독교적 시간관이다. "천지 창조(화살이 활시위를 벗어난다.) → 시간의 흐름(화살이 과녁을 향해 날아간다.) → 종말(화살이 과녁에 꽂힌다.)"의 흐름이다. 그런데 이 시작과 끝은 같다. 에덴에서 에덴으로. 마르크스주의도 다르지 않다. '원시 공산제 → 노예제 → 봉건제 → 자본주의 → 공산주의'라는 '역사 발전 5단계론'에서도 시작과 끝은 같다. 원시 공산제가 무계급 사회였듯이 공산주의도 무계급 사회다. 이로써 시간의 흐름은 잃어버린 낙원을 향하는 직선 운동이 된다. 나아가면 갈수록 좋다.

우리는 암묵적으로 이 시간관을 개인과 사회에 적용하고 있다. 그러면서 어제보다 오늘이, 오늘보다 내일이 낫다고 여긴다. 그런데 과연 그럴까? 이걸 당연하게 받아들이는 대다수 사람들은 어제와 비슷한 오늘을 견디질 못하고, 더 나은 내일을 위해 오늘을 벗어나려 발버둥친다. 20대에는 취직해야 하고, 30대에는 내집을 마련해야 하고, 40대에는 잘 나가야 하고, 50대부터는 안정되어야 하고……. 이건 일종의 강박 관념이다. 사회도 마찬가지다. 작년보다 금년이 더 좋아야 하고, 그래야 미래도 밝다고 여긴다. 그래서 경제지수가 조금이라도 떨어질라치면 난리가 아니다.

과거보다 현재가 더 나아지는 게 당연할까? 그래서 미래는 당연히 지금보다 더 나을까? 이런 발상은 어떻게 성립할 수 있을까? 기독교나 마르크스주의에 기대서 설명하면 못할 건 없다. 그러나 대다수 사람들은, 그건 구닥다리 믿음일 뿐이라면서, 단박에 내칠 게다. 그러면서도 그 결론만은 철석 같이 믿는다. 이런 결론에 이르는 과정을 한 번 추적해 보자.

먼저, 현재는 과거가 쌓인 것이라고 생각한다. 그런데 이것만으로는 시간과 발전의 비례칙이 성립하지 않는다. 과거에는 나쁜 것도 있으니까. 따라서 과거의 것 중에서 좋은 것은 쌓이고, 나쁜 것은 없어져야 한다. 그런데 그 좋고 나쁨은 어떻게 알 수 있는가? 그 판단의 근거는 어디에 있는가? 현재다. 현재 내게 좋은 게 좋다는 거다. 미래가 좋아질 것이라고 할 때, 그 '좋음'의 기준도 사실은 현재다. 지금의 관점에서 좋은 게 미래에 더 많아질 것이라고 생각하는 것이다. 그렇다면 현재 좋은 게 과거에도 좋았고, 미래에도 좋은 걸까? 결국 '좋다'의 기준은 주관적일 수밖에 없다. 따라서 과거보다 현재가 낫다는 것도, 현재보다 미래가 좋아질 것이라는 생각도 객관적 기준을 가질 수 없는 것이다. 사실 기독교나 마르크스주의의 역사관도 마찬가지다. 그들이 내놓은 미래상이라는 것도 현재를 기준으로 삼은 것일 따름이다. 결국 진보관은 현재를 대하는 태도의 문제라 할 수 있다. 따라서 중요한 것은, 현재 우리가 받아들이는 '좋음'을 제대로 평가하는 일이다.

시간은 결코 하나만 있는 것도, 하나의 방향만을 가질 수도 없다. 서양의 직선적 시간관에 깔린 것은 인과율이다. 모든 일에는 원인이 있게 마련인데, 이 원인을 따져 나가면 최초의 원인이 반드시 있어야 한다는 것이다. 그래서 서구의 주류 사상은 이 최초의 원인을 탐구하는 데 집중한다. '신'이니 '이데아'니 하는 것이 그것이다. 무에서 천지가 창조됐다는 발상도 여기서 나오는 거다. 그러나 왜 그래야 하는가? 천지의 시작이 없으면 왜 안 되는가? 모든 것이 무한대로 뒤엉켜 빚어 내는 것이 우주의 원리라면, 굳이 시작을 이야기할 까닭이 없지 않은가! 시작이 없는데 끝이 어디에 있는가? 그렇다면 시간이 일직선으로 흐른다는 것도 웃기는 것 아닌가? 이것이 동양적 발상이다. 무한대의 관계에서 무한대의 변화가 일어난다. 시작도 끝도 없고, 정해진 방향도 없다.

그렇다면 역사에 반드시 하나의 목표만이 있어야 할 까닭이 없다. 지금 모두가 받아들인다 해서 그것이 유일한 목표가 되라는 법은 없는 것이다. 따라서 그 목표에 먼저 다가간 것처럼 보이는 서양을 굳이 부러워할 까닭도 없어지고, 우리가 그들처럼 해야 할 필요는 더더욱 없다. 각 사회는 나름의 목표를 세우고 각자의 시간표대로 살면 된다.

많은 게 좋다 - 양적 진보관

역사를 보는 관점 중 가장 일반화된 것이 바로 이 양적 진보관이다. 뭐든지 퍼센트로 따지고, 모든 것에 숫자가 붙는다. 자연물을 따질 때도 돈이 되느냐 여부로 가치를 매기고, 사람을 평가할 때도 돈이 기준이 된다. 심지어 행복과 같은 추상적인 것을 따질 때조차 무엇 몇 점, 무엇 몇 점씩이다. 그렇게 돈 될 게 많은 쪽이 발달한 쪽이 된다.

양적 진보관이 자리 잡은 것은 자본주의의 성립과 궤를 같이 한다.

먼저, 사물의 숫자화는 과학의 발전에서 비롯되었다. 과학은 세계의 운동 법칙을 밝혀 세계를 설명하려는 시도인데, 이 과학 법칙은 숫자와 기호로 표시된다. 'F = ma', 'E = mc^2' 식이다. 이리하여 세계는 '수적 세계'가 되었다. 피타고라스가 '세계의 근원은 수'라고 한 가설이 수천 년의 간격을 넘어 이제야 비로소 성립한 셈이다. 세계의 숫자화는 자연에만 적용되지 않는다. 이제 그것은 인간 삶의 척도로까지 확장된다. 그러면 인간의 삶을 평가하는 단일 척도인 숫자는 무엇인가? 그것은 다름 아닌 돈이다. 돈의 특징은 숫자의 특징과 일치한다. 그것은 모든 것의 가치를 표현하고 모든 것과 교환 가능하다. 여기서 돈만 가지면 모든 것을 다 할 수 있다는 관념이 생기는 것이다. 이래서 사회과학의 꽃은 경제학이다.

사물을 숫자로 표시할 수 있게 되자, 이제 얼마만큼의 투자로 얼마만큼의 결실을 얻게 되는가에 관심이 집중된다. 과학은 원래 이 인과 관계를 설명하는 것 아닌가. '최소의 input으로 최대의 outcome을!' 효율성을 높이는 것이 주 관심사다. 이제 진보는 가장 효율적으로 자연과 사회를 개조하여 더 많은 양을 갖는 것이 되었다. 생명 연장이라든가 풍요라든가 행복이라든가 하는 모든 것이 다 이 양적 진보관과 통한다.

그런데 양적으로 많은 것만이 진보라면, 이전보다 훨씬 커진 생태계 파괴나 인간 소외는 뭔가? 이것도 양적으로 많아진 것 아닌가? 많은 게 좋은 것이라면, 많아진 자살, 많아진 교통사고, 많아진 사건 사고, 많아진 바이러스 따위도 좋아해야 될 것 아닌가?

세계를 숫자로 따지면서 생긴 가장 큰 문제는, 고유의 가치를 잃어 버린다는 점이다. 아무리 비싸더라도, 이를테면 강남의 최고급 아파트라도, 아파트 탈출 작전에 사활을 걸다시피 하여 시골로 도망해 온 나한테는 가치 없는 것이다. 거꾸로 하찮은 것, 예를 들어 아이가 색종이로 만든 카네이션 같은 건 돈으로 따져 봤자 얼마 되지 않지만 내게 가장 소중한 어버이날 선물이다. 각각의 사물이 내게 갖는 가치가 중요한 것인데, 숫자로 따지기 시작하면서부터 그 고유의 가치는 사라진다. 판단 기준의 단일화는 결과적으로 모든 것을 위계 질서로 나눈다. 돈 되는 건 떠받들고, 돈 안 되는 건 밑바닥에 처박힌다. 가령, 우리 집 마당에 있는 아프간하운드 종인 '레미'는 떠받들고, 내게 공부를 배우던 한 아이가 지하철에서 푼돈 주고 샀다가 내게 떠넘긴 땅강아지 '아지'는 천덕꾸러기여야 한다. 그러나 나는 산책 나갈 때, 아지랑 또다른 땅강아지 삐삐를 데리고 나간다. 너무 크고, 잘 났다고 제 멋대로 뛰어다니는 레미보다는 쫄쫄 잘 따라다니는 똥개들과의 산책이 더 즐겁다. 모든 걸 숫자로 환원하는 것은 세계와 인간의 다양성을 해치는 결과를 낳는다.

효율성만을 추구하는 것도 마찬가지다. 그것은 모든 것을 수단으로 보게 만든다. 이웃을 대할 때조차 이용 대상 아니면 극복 대상으로 본다. 당장 도움이 되지 않는 책 따위는 거들떠보지도 않는다. 사는 꼴도 마찬가지다. 돈 되는 것을 잘 따지는 사람은 현명하고, 돈 안 되는 짓을 하면 어리숙하다 한다. 그러나 '인간다움'이란 게 뭔가? 좀 손해도 볼 줄 알고, 돈 안 되는 짓도 할 줄 알고, 퍼다 쓸 줄도 알고, 속아 넘어가기도 하는 것 아닌가? 그런 사람 곁에 더 좋은 벗들이 있고, 결국 그런 사람이 나중까지 훨씬 더 가치 있는 존재로 인정받질 않던가! 그렇다면 당장의 비효율이 더 효율적일 수 있는 것이다. 효율성만 따지면 결과적으로 가장 비효율적인 인생이 될 뿐이다.

결국 중요한 것은 수량적인 가치를 효율적으로 추구하는 것이 아니라, 고유의 가치를 추구하는 것이다. 사회도 마찬가지다. 그 나라, 그 민족 고유의 가치를 지니는 것이 똑같은 것을 가지려는 것보다 훨씬 낫다.

사람에게 좋아야 한다 - 인간 중심주의

우리가 말하는 진보의 기준에는 늘 사람이 중심에 서 있다. 인간 중심주의를 엿볼 수 있는 것으로는 언어와 생명과 노동이 있다.

먼저, 사람은 언어로 세계를 설명한다. 여타 생명체들이나 다른 어떤 사물도 세계를 표현하지 못한다고 생각한다. 문제는 언어의 자기중심성이다. 사람이 언어로 설명하는 세계는 사람 눈에 비친 세계일 따름이다. 장님의 세계가 눈뜬 이의 세계와 다르고, 개의 눈에 비친 세계가 사람 눈에 비친 세계와 다르다. 세계는 보는 주체에 따라 각기 다르게 나타난다. 그런데 사람은 말로 표현한다는 이유만으로 자기만의 세계를 주장한다. 그리하여 나머지 모두의 세계를 박탈한다. 그러고선 사람을 중심으로 자연을 서열화한다. 사람에 가까울수록 고등 동물이라고 부른다.

언어의 자기 중심성은 비단 자연의 서열화만 낳은 것이 아니다. 세계를 더 잘 해석한 언어라 평가받는 과학적 언어가 중심을 차지하자, 이제는 누가 더 과학적 언어를 구사하느냐가 중요해진다. 그로써 시와 소설, 회화와 음악, 인문학의 세계는 뒷전으로 밀린다. 영어를 세계 공용어라고 하자, 이제는 누가 더 영어를 잘 하느냐로 가치를 매기기 시작한다. 사투리는 사라져야할 대상이다. 영어 공용어화론이 나오더니, 급기야 영어로만 대화하는 마을까지 생겼다. 이렇게 언어는 사람 사이의 질서조차 서열화한다.

수명 연장에 관해서도 철저하게 인간 중심적이다. 도대체 누구의 생명 연장인가? 다름 아닌 사람이다. 다른 생명체나 자연물은 사람의 생명 연장을 위한 도구일 뿐이다. 그리하여 원숭이를 실험용으로 삼아 고통을 가하고 죽이기까지 한다. 소나 돼지의 생명을 함부로 해치는 것이나, 고기 맛을 좋게 하려고 자연적 생장을 거스르는 것도 당연하게 여긴다. 사람의 생명 연장을 절대적 가치로 생각하는 한, 배아 복제, 나아가 인간 복제까지도 필연적인 얘기다. 현재 살고 있는 생명을 연장하기 위해서 아직 살지 않은 생명체를 이용하자는 것인데 도대체 무엇이 문제냐고 오히려 큰 소리친다. 이처럼 생명 연장을 절대화함으로써 사람은 다른 모든 생명체의 자연스러운 생장을 왜곡하고, 이윽고는 자신의 자연스러운 생명조차 왜곡시키는 시대에까지 이르렀다.

노동도 인간 중심적 발상의 하나이다. 노동이란 자연에 인위적 힘을 가하여 그것을 사람을 위한 자연으로 개조하는 일체의 행위를 일컫는다. 물론 사자도 목숨을 유지하기 위해서 '일' 한다. 그러나 그들의 일이 본능적이고 자연스러운 행위임에 반해서 사람의 노동은 목적의식적이라는 점이 다르다. 사물을 해석하고 그것을 근거로 사물의 본질 자체를 바꾸는 행위라는 것이다. 이리하여 사물을 사람에게 잘 끼워 맞추는 것, 잘 정복하는 것이 진보의 척도가 되었다.

이상의 인간 중심주의는 궁극적으로는 '자기 중심주의'로 귀결된다. 백인 우월주의, 서구 중심주의, 가부장제 질서 등 주체와 대상으로 나누는 이 모든 이분법의 근원이 바로 인간 중심주의다. 그리하여 강자는 주체가 되고 약자는 대상이 되고 만다. 강자는 약자를 해석하고 이용한다. 그것을 잘 하는 것이 진보다. 그러면 약자는 언제나 진보의 뒤안길에 머물러 잘 나가는 자들이 남긴 떡고물을 받아먹을 수밖에 없다는 말인가? 현재의 약자는 결코 역사 발전의 주체가 될 수 없다는 말인가?

문제는, 앞에서도 봤듯이, 인간 중심주의가 결과적으로는 인간을 위하지 않는다는 데 있다. 많아진 병원이 건강을 보장하는가? 오히려 병원이 늘수록 환자도 늘지 않는가! 멀쩡한 사람도 병원만 가면 졸지에 환자가 된다. 성형외과의 환자, 치아 교정하는 환자……. 우리는 특히 인간 중심주의가 인간 아닌 것을 대하는 태도를 경계해야 한다. 자기를 위해 남을 해치면, 필연적으로 자기도 위험에 처한다. 인간을 위한다는 이 모든 발전의 논리는 결국 인간을 해치는 짓이다. 자승자박이다!

따라잡자! – 동일화 논리

시간의 선취(先取), 더 많은 것을 더 빨리 차지하기, 사람을 위한 세계 개조 같은 진보의 척도를 받아들이는 한, 이제 이것을 잘 해낸 사람이나 사회는 발전적이라고 할 수 있다. 이것을 잘 해낸 쪽이 바로 서구다. 세계인들의 할 일은 정해졌다. 서구는 지금까지 해 오던 것을 더 잘 해내고, 나머지는 그 서구를 한시바삐 따라잡아야 한다는 진보에 대한 세계인들의 생각이 무섭게 일치하면서 세계는 모두 같은 목표로 치닫기 시작했다.

오늘날의 세계화는 이 동일화 논리로 일색화된 세계화다. 모든 민족과 나라는 '국가 경쟁력'이라는 단 하나의 목표를 내걸고 세계

시장으로 뛰어들었다. 무엇이 진보인가? 우리에게 진보는 이 약육강식의 질서에서 그냥 꼭대기로 치닫는 것이다. 그리하여 소수의 진보와 다수의 낙후로 대별되는 것이 오늘날 세계화의 실상이다. 이 동일화를 거부하면 어떻게 되나? 낙오자가 될 수밖에 없다.

이 논리에 따르면 우리 민족은 영원히 이류, 삼류 민족이 될 수밖에 없다. 가령 우리 기술로 달나라에 우주선을 보내면, 이것도 진보일까? 남들은 이미 40년 전에 한 건데? 우리가 선진국을 따라잡는 게 진보라며 그것에 온통 매달리는 동안, 서구는 가만히 있는가 말이다. 차라리 저들의 진보관을 집어던지고 우리만의 목표와 특징으로 우리의 길을 모색하는 게 낫지 않을까? 그것이 새로운 진보를 낳을 수 있는 길은 아닐까? 그것이 진정으로 인류 사회에 기여하는 방법이 아닐까?

진보의 결과, '멋진' 신세계

올더스 헉슬리의 《멋진 신세계》는 지금의 진보관을 계속 밀어붙였을 때 어떤 결과를 낳을지 잘 보여 준다. 그곳에서는 여성이 굳이 배 아파하면서 아이를 낳을 필요가 없다. 아이는 기계가 배양하고 등급을 매겨서 효율적으로 생산한다. 그들의 사회는 정말이지 효율적으로 잘 조직되어 있다. 필요한 만큼 사람을 생산하면 되고, 사람들은 배아 단계에서부터 자기 계급에 걸맞게 만들어졌기에 사회적 갈등마저 없다. 저마다 자기 일과 자기 처지에 만족하고 행복하다. 혹시라도 불평이 있을라치면, '소마'라는 알약 하나만 먹으면 된다. 그러면 금방 불평은 사라지고 다시 행복해진다. 무엇보다 그곳에서는 늙고 죽는 것이 불안하지 않다. 프로그램대로 살다가 젊고 건강한 채로 죽으면 그뿐이다.

완벽한 기계의 세상이다. 여기에 인간은 없다. 있는 것은 몽땅 다 기계다. 이것이 인류가 그토록 꿈꿨던 유토피아의 실체다. 도스토예프스키가 '고무로도 만들 수 있는 인간'(《죄와 벌》), 즉 늘였다 줄였다 마음대로 조종할 수 있는 인간이라 한 바로 그 인간의 세상이다. 아니라고? 사람들은 자연이 기계처럼 질서정연한 것이라 생각했고, 기계처럼 장악할 수 있을 것이라 보지 않았는가! 그래서 아프면 아픈 부위만 도려 내고 새것으로 갈아 끼우면 된다고 하지 않았는가! 사회도 기계처럼 잘 조직할 수 있으리라 생각했지 않은가! 모든 불편과 위험이 제거된 세상, 나면서 죽기까지 어떤 걱정도 없는 세상, 이것이 바로 우리가 꿈꾼 세상 아닌가! 그것을 진보라 생각했지 않은가 말이다. 그 완성 상태를 헉슬리가 보여 줬는데, 왜 만족하지 못하는가.

열린 진보를 위하여

우리의 진보관을 관통하는 원리가 있다. 그것은 무언가를 회피하고 무언가를 꺾으려는 것이다. 죽음과 슬픔과 고통과 좌절과 불투명성 따위는 회피하고 극복하고자 한다. 한마디로 불편을 회피하고자 자연의 폭력을 극복하려 하고, 사회의 불투명성을 회피하고자 한 것이다. 이웃이 불편하면, 이겨서 굴복시키려 든다. 우리는 또한 뭐라도 걸리적거리면 기어이 나와 같게 만들었다. 말 안 들으면 없애버리면 되고. 이런 걸 잘 해내면 진보라고 생각했다. 나는 이것을 '소극적 진보관'이라 부른다. 불편한 것, 우연한 것, 나와 다른 것과 맞서 싸워 이기려는 것이기에 적극적인 것처럼 보인다. 그러나 그 본질은 회피일 뿐이다. 그리하여 약한 인간은 신에게 매달렸고, 어떤 때는 과학과 돈에 매달렸다.

불투명성을 회피하고 투명성을 확보하기 위해 사람은 모든 것을 지나치게 단순화시켰다. 시간을, 세계를, 사람을, 나를 ……, 법칙으로, 이론으로, 과학으로 단순하게 파악하려고 했다. 잘 이해할 수 없는 건 그저 '우연'이라고 내팽개치면 되었다. 그렇게 해 놓고 인간은 사람의 이성으로 세계를 다 파악할 수 있다고 여긴다. 자연과 사회, 인간의 모든 제약을 극복할 수 있다고 생각한다.

하지만 결과는 어떤가? 무한한 관계의 파괴뿐이다. 그렇게 관계를 파괴하자, 이제 무시했던 그 모든 우연들이 인간을 휩싸고 우리를 고통으로 몰아넣는다. 세계의 단순화로 진보를 이루려는 시도는, 그러므로, 결코 성공하지 않았다. 나아간 만큼 물러났다.

에머슨은 말한다.

그의 비망록은 그의 기억력을 손상시키고 그의 도서관은 그의 지력에 과중한 짐을 지운다. 보험 회사는 사고의 수를 늘린다. 기계 장치가 도리어 일에 방해가 되지나 않는지, 우아한 품위로 말미암아 원기를 잃지 않았는지, 또한 제도와 형식에 에워싸인 기독교로 말미암아 천성적인 미덕의 힘을 잃지나 않았는지 의심스럽다. 19세기의 과학·예술·종교·철학의 전체를 가지고도 2, 3, 4세기 옛날의 플루타르크 영웅전 중의 영웅보다 위대한 인물을 교육할 만한 힘은 못된다.

얻으려면 잃는다. 우리는 불편에서 무언가를 얻는다. 죽음이 없는데 삶이 무엇이고, 슬픔이 없는데 무슨 기쁨이 있으며, 좌절이 없는데 어떻게 성취가 있을 수 있겠는가. 인간이 긍정적으로 생각하는 모든 것은 다 부정적인 요인들과 더불어 우리에게 다가오는 것이다. 그러므로 진정으로 진보를 이루려면 이 모든 우연과 이 모든 불투명성을 있는 그대로 수용하는 능력을 길러야 한다. 나와 이질적인 것과 나를 불편하게 하는 것을 받아들이는 능력의 증대, 한마디로 포용력을 증대시키는 것이 내가 생각하는 새로운 진보관, '적극적 진보관'이다.

적극적 진보관은 그 자체로 인간 능력의 증대이다. 이것은 모든 것을 단순화시키는 능력의 증대가 아니라, 모든 것을 펼치고 광활한 가능성을 수용하는 능력의 증대다. 물질적 풍요만으로 삶의 가치를 판단하는 것이 아니라, 삶이 만나는 모든 것에 의미를 부여하고 그것을 즐기는 능력의 증대다. 나와 이웃과 세계의 동질성을 추구하는 능력, 그리하여 이질성을 훼손하고 차이를 차별하는 능력이 아니라, 모든 존재하는 것들의 광활한 가능성에 문을 활짝 열고 관용하고 토론하고 공존하는 능력의 증대다.

불투명성을 긍정하기, 우연과 차이에 적극적으로 다가가기, 그런 '열린 진보관'만이 나와 우리의 독특함으로 이웃과 세계와 어울리는 참다운 세계를 열 수 있다. 자연의 광활함을 적극적으로 인정하고 겸허하게 받아들이는 태도만이 인간과 자연의 대등한 공존을 이룰 수 있다. 차이를 받아들이려면 불편을 감수할 줄도 알아야 한다. 그래야 상대방과 대등하게 어울릴 수 있을 테니까. 이것이 수천 년 인류사를 관통했던 지배와 배제, 갈등과 정복의 진보사를 뒤바꾸는 새로운 진보관 아닐까 싶다.

기출문제 둘러보기

2007 부산대 정시 |

아래에 제시한 〈그림〉과 글들을 읽고, 다음 두 논점을 중심으로 '진보'의 개념을 어떻게 이해해야 할지 논리적으로 서술하시오.

논점 1. 〈그림〉과 글 (가)에서 설명하고 있는 이론이 글 (나)에 소개된 견해들에 어떻게 수용되었는가?
논점 2. 글 (다)를 참고할 때, 그 견해들에는 어떠한 문제점이 있다고 생각하는가?

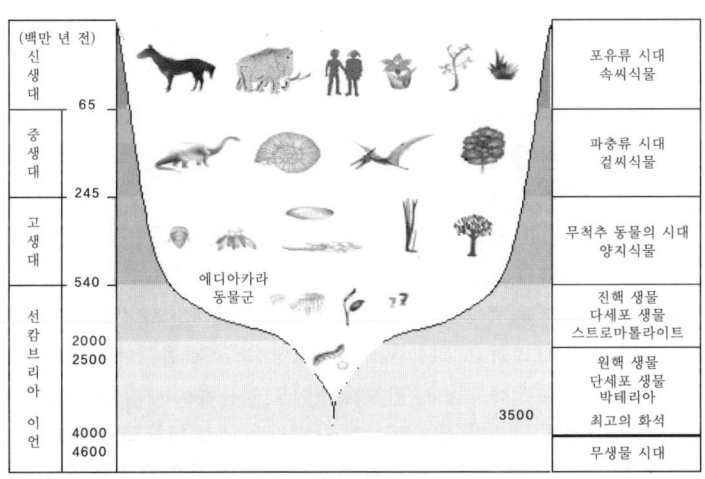

〈그림〉 화석으로 본 생물의 진화

제시문 (가) 다윈의 '종의 기원'에서 '기원'은 모든 생물체가 원시 유동체나 살아 있는 분자로부터 유래한 과정에 대한 언급이 아니라, 한 생물 종이 다른 종으로의 전환을 의미한다. 다윈은 궁극적인 생명의 기원에 대한 해석은 과학적 문제 이상의 것으로 생각하였다. 그러므로 다윈의 진화에 대한 논의는 자연에 많이 존재하고, 쉽게 관찰되는 생물의 변이로부터 시작된 것이다. 그러므로 다윈은 생물의 변화가 일어나는 진화라는 현상이 존재한다는 것은 너무도 당연하지만, 그 변화가 일어나는 기적을 설명하는 것은 훨씬 어려운 문제라고 설명하였다. 결국 다윈은 생물이 시간의 흐름에 따라 변화되는 진화의 기적을 자연 선택으로 설명할 수 있었고, 바로 자연 선택이 진화의 원동력이라고 주장한 것이다.

제시문 (나) 진보의 개념은 수백 년 동안 그림자처럼 존재해 오다가 마침내 산업 혁명 시대에 서구인의 마음을 사로잡았다. 1835년 매콜리의 연설 한 대목을 들어 보자. "우리는 진보의 편에 섰습니다. (중략) 영국의 역사는 결단코 진보의 역사입니다." 그리고 진보의 행진이 증기 기관과 연소 엔진을 달고 박차를 가하던 저 시대에 매콜리는 소리 높여 외친다.
이것은 이동의 속도를 높여 주었습니다. 이것은 거리의 제한을 없애 주었습니다. 이것은 모든 비즈니스의 신속한 처리를 원활하게 해 주었습니다. 이것이 있기에 인간은 저 깊은 바다 속까지 내려가고, 하늘 높이 날고, 땅 속 깊이 유해한 구석까지 안전하게 파고들고, 마차가 없어도 자동차로 대지를 누비고, 바람을 가르며 시속 10노트로 달리는 배로 바다를 횡단할 수 있게 되었습니다. (중략) 이것은 결코 휴식을 모르고 결코 도달할 수 없고 결코 만족을 모르는 철학입니다. 이 법칙이 바로 진보입니다.
그리고 한 쪽 모퉁이에서 《종의 기원》이 모습을 드러내고 있었다. 1859년에 발간된 이 책은 다음과 같은 유명한 말로 끝을 맺는다. "오직 각 종(種)의 선(善)에 의해서 그리고 선(善)을 위해서 자연의 선택은 작동하기 때문에 모든 신체적·정신적인 천부적 자질은 완성을 지향하며 진보해 나갈 것이다."

제시문 (다) 다음은 어느 자연과학자와 인문학자가 나눈 대화의 일부입니다.

A : 진화의 전체 흐름을 보면 단순한 생물들이 우리처럼 복잡하고 다양하게 진화해 왔으니 당연히 어떤 형태의 진보 개념을 상상할 수도 있겠죠. 이 문제를 한 마디로 해결하기는 상당히 어려워요. 예를 들어 다윈의 진화론에서는 소진화와 대진화를 나눠서 이야기하는데요. 소진화는 유전자 수준에서 벌어지는 변화고, 대진화는 그 결과로 나타나는 커다란 현상들을 말합니다. 소진화를 이야기할 땐 사실 별 문제가 없어요. 소진화에는 '진보' 개념이 들어가려야 들어갈 수가 없어요. 유전자가 뇌를 가진, 생각하는 존재도 아니고, "유전자들아, 우리 좀 더 잘해 보자!" 이럴 리도 없다는 거죠. 유전자들 간의 갈등과 경쟁 사이에서 돌연변이도 생기고 모두가 우연투성인데 거기서 무슨 '진보적인' 방향을 잡겠어요. 그러나 이런 소진화의 단계를 거쳐서 대진화로 넘어가면 문제가 결코 단순한 게 아닙니다. 이건 생물학이 가지고 있는 어려움이자 동시에 상당한 매력이기도 합니다. 물리학이나 화학은 기본적으로 환원주의적 학문이 잖아요. 쪼개고 쪼개서 부분을 보고 그 부분들로 전체를 끼워 맞추는 학문이죠. 그런데 생물학은 그렇지 않잖아요. 분자에서 단백질로, 단백질에서 조직으로, 조직에서 생명체로 하나의 단계를 밟아 올라갈 때마다, 환원주의적인 것으로 설명하기에는 너무 많은 요소들이 개입하고 구성 부분의 합으로는 설명할 수 없는 현상이 나타납니다.

B : 복잡성의 영역에 들어오면 '진보'라는 것이 있는지 없는지 결코 말할 수 없다, 좋은 얘깁니다. 생명체의 진화 못지않게 복

잡한 것이 인간의 역사인데, 그 역사라는 것에 진보가 있느냐 없느냐 하는 문제는 여전히 논란거리로 남아 있습니다. '진보'라는 말이 나오면 사람들은 곧장 '마르크시즘'을 연상하죠. 그런데 그게 그렇지 않습니다. 진보란 것이 인간 사상계에 등장한 역사는 겨우 200년 안팎입니다. 진보 사상을 띄워 올린 것은 근대 과학과 계몽 철학이죠. 과학, 이성, 합리적 기획을 합치면 인간 사회는 '진보'할 수밖에 없다는 것이 근대 이데올로기죠. 거기에 불행하게도 정치 제국주의가 결합하였습니다. 진보라는 것이 어떤 주어진 방향이나 목표를 향한 역사의 필연적 진행을 의미하는 것이라면, 역사에 진보가 있는지 없는지는 저도 선생님의 표현대로 '결코' 말할 수 없습니다. 역사가 진보했는지 어떤지는 그 역사라는 것이 끝나는 지점에서만 알 수 있겠죠. 저는 그때까지 살 생각이 없어요.

더 생각해 봅시다

영웅은 불필요한가?

지금 시대는 개인이, 영웅이 사라진 시대다. 이것은 낡은 진보의 결과이기도 하다. 사회 전체는 잘 짜인 틀 속에서 기계처럼 굴러간다. 이 기계 장치 속에 개개인들이 배치된다. 더 이상 그들이 자기만의 자질과 능력으로 할 일은 없다. 그에게 요구되는 자질과 능력은 자기가 배치된 장치에 어울리는 것이면 충분하다. 따라서 개인의 생각, 취향, 욕망 따위는 불필요하다. 한마디로 개성은 위험하기까지 하다. 이렇게 개인은 사라진다.

우리가 쓰는 언어도 마찬가지다. 일상에서 나누는 대화를 떠올려 보라. 누구 하나 '자기 말'을 하는 사람이 없다. 그렇게 많이 수다들을 떨어대지만, 정작 그 모든 이야기에 나는 없다. 온통 드라마, 스포츠, 공부, 시험, 성적, 대학, 취업, 얼굴, 몸매, 옷, 집, 자식 자랑 따위로 도배하다시피다. 이 모든 언어의 특징은 '주어진 언어'라는 사실이다. 이 주어진 언어를 일컬어 '상투어'라고 한다. 하나마나한 말들, 겉으로는 살았는데 사실은 죽어 버린 자들의 떠벌림이다. 이렇게 주어진 언어는 더 이상 개인을, 영웅을 등장하지 못하게 한다. 니체가 말한 '황금처럼 빛나는 언어'를 구사하는 개인을 전혀 만나 볼 수가 없는 시대다.

모두가 그토록 매달리는 공부나 노동도 전부 '자기 일' 하고는 아무런 상관이 없다. '주어진 일'이요, 주어진 과업일 뿐이다. 공부나 노동은 사실상 같다. 공부 좀 잘 해서 노동 시장에서 비싼 몸값으로 자기를 판매하겠다는 것이므로. 노동 과정도 마찬가지다. 그 과정에 내가 끼어들 틈은 없다. 이미 만들어 놓은 일정에 따라 누군가가 나에게 명령하고, 나는 그저 그 명령에 따를 뿐이다. 내가 만든 건 나와 아무 상관이 없다. 그것은 그것대로 시장으로 팔려가고, 나는 나대로 월급 몇 푼에 만족한다. 여기에 더 이상의 개인은 없다.

이것이 더 좋아졌다는 현실에서의 우리 모습이다. 그래도 물질적이고 정신적인 편리함에 안주할 텐가? 누가 과연 이 현실을 극복할 것인가? 다수 대중? 천만에! 대중은 진즉에 주어진 질서가 주는 빵과 편리에 몸을 맡겨 버렸다. 대중으로는 결코 이 현실을 극복할 수 없다. 그래서 개인이 나타나야 한다. 역사의 흐름을 뒤바꾸는 것은 언제나 영웅적 개인의 몫이었다. 그가 시대의 빈틈을 파고드는 학문을, 예술을 실천을 했기에 세계가 균열했고, 이윽고 세상이 바뀌었다.

이제 나는 이런 영웅적 개인을 고대한다. 스스로 우연으로 뛰어들고, 스스로 차이의 위대함을 보이는 사람 말이다. 획일화된 질서와 전면적으로 맞서 싸우고, 자신의 독특함으로 획일화에 이질성을 보태는 이가 진정한 위인이다. 이들 덕분에 우리 민족이 바뀔 수 있다면 얼마나 기쁜 일인가. 모두가 뒤따르는 국가 경쟁력의 신화를 거부하고 우리만의 독특함으로 세계 무대로 과감히 나서는 영웅적 민족 말이다. 이런 민족이야말로 진정으로 '위대한 민족'이다. 나는 그런 민족이 되게 할 영웅의 등장을 고대한다.

14 _____ 느림은 과연 미덕인가?

아무런들
과거를 볶아 먹거나
재탕하면서
살지는 않을래.
번듯한 직함을
시원섭섭하게 떨어 내기는커녕
죽을 때까지
끌고 다니는 위인들 있지?
사실은 불쌍한 사람들이야.
냄새 나도록 낡은
그 망토를 벗는 날로
자기는 볼장 다 본다고
믿기 때문일 거야.

- 최일남, 《아주 느린 시간》

'느림'의 폭력

온통 느림을 찬양하는 말들이다. 만병통치약이다. 슬로우 푸드, 전원 생활, 걸어서 출근하기, 자전거 타기, 기다리기……. 내 책꽂이에만도 '느림'과 관련된 책이 스무 권이 넘는다. 피에르 쌍소의 《느리게 산다는 것의 의미》를 필두로, 《멈춤》, 《즐거운 불편》, 《몰입의 즐거움》 따위의 제목으로 즐비하다. 밀란 쿤데라의 소설은 제목부터가 《느림》이다. 쿤데라는 말한다.

어찌하여 느림의 즐거움은 사라져 버렸는가? 아, 어디에 있는가, 옛날의 그 한량들은? 민요들 속의 그 게으른 주인공들, 이 방앗간 저 방앗간을 어슬렁거리며 총총한 별 아래 잠자던 그 방랑객들은? 시골길, 초원, 숲속의 빈터, 자연과 더불어 사라져 버렸는가?

그가 말하고자 하는 요지는 이렇다. 그렇게 시골길이든 초원이든 빈터든 어슬렁거려야 보지 못하던 것, 듣지 못하던 것, 가지 않던 곳을 보고, 듣고, 간다는 거다. 그로써 새로운 세계를 발견하고 새로운 세상을 표현하는 위대한 창작, 발견 따위가 가능하다. 그렇다면 아무 생각 없이 부지런한 개미보다는 예술적 활동을 즐길 줄 아는 베짱이가 찬양받아야 한다. 이상은 《권태》에서 한낮에 열심히 일한 농부들이 마당 멍석에서 밥 먹자마자 자는 것을 보고, "저들의 눈에는 별이 보이지 않는다. 먹고 잘 줄 아는 시체"라고 한다. 이 구절을 처음 봤을 때의 충격이란!

맞는 말이다. 손발을 무작정 빨리 놀려서야 어디 머리를 쓸 수 있겠는가. 아무 생각 없이 주어진 일상, 그 속도에 몸을 맡기는데 어떻게 숨은 세상이 보이겠는가. 그래서 까뮈는 《시지프 신화》에서 권태를 찬양한 거다. 권태로워야 무의식적으로 반복되는 일상에서 벗어날 수가 있으니까. 나도 이 책에다 '놀고먹을 순 없을까?'라는 제목의 글을 썼으니 아무래도 '느림파'라 해야겠다.

그러나 느림을 일방적으로 찬양하는 것은 무리가 있다. 약속 시간이 다 됐는데도 상대방의 '기다리기'를 위하기라도 하는 양 느릿느릿 움직이는 걸 생각해 보라. 그건 느림의 가치를 따지기 전에 인간성이 덜 된 거다. 그렇게 느림을 찬양할 것이면 진즉에 일찍 길을 나섰어야 했다. 무작정 베짱이를 찬양하는 것도 문제다. 열심히 일할 수밖에 없는 개미더러 '느려라'고 요구하는 것은, 어쩌면 폭력일 수도 있다. 그러고 싶어서 그러는 노동자는 없으니까. 느림의 전도사들은 과연 그렇게 느림을 실천하고 있는지도 궁금하다. '느림'이란 제목을 단 책들은 왜 그리도 바쁘게 출판되는가? 그들은 혹시 느림을 찬양하는 글을 쓰느라, 느림을 주제로 한 강연회에 불려 다니느라 정신없이 바쁘진 않은지. 나 역시 원고 마감에 쫓겨 허겁지겁 이 글을 쓰고 있는 형편이다.

느림의 가치가 폭력이 되는 것은, 실제로 느리게 살 수 있는 사람이 그리 흔하지 않기 때문이다. 전원 생활의 한가로움을 즐길 수 있는 사람이 대한민국에 과연 몇이나 될까? 핸드폰 끄고 신문이나 TV도 안 보면서 아예 한 일주일 눌러앉을 수 있는 사람이라면, 십중팔구 별로 아쉬울 게 없을 게다. 거꾸로 그 사람을 찾느라고 다른 사람들이 허둥거리지 않을까? 평범한 직장인이 느리게 살겠답시고 껍죽댔다간 아마 평생 놀아야 할 것이다.

도대체 왜 이렇게 느림을 강조하는가? 어떤 하나의 가치를 일방적으로 강조하는 것은, 그 사회가 이미 정반대의 가치에 일방적으로 내몰려 있다는 걸 의미한다. 그만큼 우리 사회가 바쁘다는 거다. 바빠서 자기를 돌아보고, 이웃과 어울리고, 자연을 감상할 시간을 도무지 마련할 수가 없다. 빠르지 않고서는 도무지 살 길이 없는 사람들이 그만큼 많은 거다. 이런 판국에 대책 없이 느림만 떠든다면, 그건 그 많은 사람들을 매도하는 꼴이 될 수밖에 없다.

빠름에 문제가 있다 해서 그 반대말이 옳다고 보는 것도 역시 단순한 사고방식이다. 빨라야 할 때 바삐 서두르는 건 옳다. 안 빨라도 되는데 빠른 게 문제다. 빠른 게 문제라는 걸 돌아볼 여유조차 주지 않는 건 더 문제다. 빨라야 산다는 강박감에 모두가 사로잡혀 있는 건 더더욱 문제다. 그렇다고 '느림'이 대안인 것은 아니다. 소유에서 벗어나겠다며 무소유를 붙들고 늘어지는 것도 집착이듯이, 느림에만 매달리는 것도 집착이긴 매한가지다. 빠름이 우리를 시간의 노예로 삼듯이, 느림도 자칫 그럴 수 있다. 중요한 것은 주어진 시간에서 벗어나는 것, 스스로 자기 시간, 우리의 시간을 만드는 것이다. 빠름과 느림은 거기서 나오는 모습일 뿐이다.

느림은 빠름을, 빠름은 느림을, 다시 느림은 빠름을

몇 년 전이다. 아이 둘 낳도록 돈도 못 벌던 장남이 이제 밥벌이를 좀 하는 게 대견했던 어머니, 그러나 이번에는 내가 돈 안 모으는 게 불만이다. "한기야, 니는 와 저금을 안 하노?" "아이고, 어머이. 그냥 생기는 대로 쓰면서 살랍니다. 저금에 매달리면 하고 싶은 일도 못할 끼고." 그 순간 나온 어머니 말이 지금도 생생하다. "그래, 니 말이 맞다. 아등바등 살아 봤자 별 것 없더라!"

'아등바등'은 정말이지 멋진 표현이다. 뭔가에 기어이 매달리려는 안간힘이 느껴지지 않는가. 고달픈, 질기디 질긴 생, 같은 것이 말이다. 그렇게 우리는 끈덕지게 바쁘다. 더 나은 미래에 더 빨리 다가가기 위해서다. 그러나 그 바쁨의 끝은 무엇인가? 별것도 없는 초라한 인생 성적표를 꾸깃거릴 뿐이다. 바빴는데, 그렇게 '빨리빨리!'를 외치면서 속도전에 뛰어들었는데도 말이다.

'별것도 없다.'는 말에는 두 가지 의미가 있다. 하나는 더 나은 미래가 오지 않더라는 거다. 많은 사람들이 이런 좌절감에 사로잡힌다. 다른 하나는 더 나아져 봤자 별것 아니라는 거다. 아파트 평수 늘리고, 아이들 대학 잘 보내고, 좀 편하게 지내고 하는 따위가 나아졌다는 증표겠지만, 그래 봤자 별것 아니더라는 말이다. 그것을 얻느라고 더 큰 것, 곧 이웃과 세상, 내 인생, 내 시간을 잃어버렸다는 거다. 결국 인생살이는 거기서 거기더라는 말이기도 하다. '거기서 거기'란 말은 세상이 지독하게 느리다는 말이다. 그렇게 빨리 살았는데, 결과는 느려 터졌던 거다. 결국 '빨리'는 '느림'을 낳는다는 역설이 나온다. 어쩌면 '느림'보다 더한 것, '제자리걸음'을 낳은 건 아닐까? 우리는 그렇게 한 치의 변화도 없이 시간에 얽매여 살아 온 것은 아닌가?

정말 우리는 시간에 갇혀 살아 왔다. 과거, 현재, 미래가 우리 온 생을 꽉 얽어매 버렸다. 그리고 이 과거, 현재, 미래는 사실 똑같은 것이다. '과거〈현재〈미래', 즉 '어제보다 나은 오늘, 오늘보다 나은 내일'이 아니다. '과거=현재=미래', 즉 '어제와 같은 오늘, 오늘과 같은 내일'이다. 이렇게 삼위일체가 된 시간이 미동도 않은 채 우리를 가두었다. 이것을 해명하자.

① 미래에 갇힌 삶—'빨리'는 뒤를 보지 않는다. 앞만 보고 내달린다. 그 미래에 온 생을 건다. 미래가 현재의 나를 완전히 사로잡았다. 오늘 내 삶은 전적으로 내일을 위한 삶, 곧 수단일 뿐이다. 나만 그런 게 아니다. 가족도, 이웃도, 벗도, 세상도 이 미래를 위해 이용해야 할 대상이다. 그런데 그 미래란 게 뭔가? 하나같이 대학, 취직, 결혼, 자녀교육 따위다. 한마디로, 잘 먹고 잘 사는 거다. 이 장밋빛 환상이 나의 오늘을 가두어 버렸다. 나의 오늘만 가둔 게 아니다. 세계화니 뭐니 하면서 우리 모두의 미래도 정해 버렸다.

② 현재에 갇힌 삶—다시 묻자. 그 잘 먹고 잘 사는 미래는 내가 설정한 미래인가, 아니면 주어진 미래인가? 한마디로, 누가 만든 미래인가? 내가 설정한 미래처럼 보이지만, 하나같이 그런 미래를 꿈꾸는 걸 봐서는 누군가가 제공한 미래가 분명하다. 그 누구는 과연 누구인가? 다름 아닌 현재의 질서다. 지금의 질서가 바람직한 미래를 설정한 것이다. 이로써 미래는 '오늘과 다른 내일'이 아니

다. 현재의 연장선상에 놓인 미래다. '좋은' 대학에 들어간다고 해서 모두에게 현재보다 나은 미래가 열리는 건 아니다. 나 아닌 누군가는 '안 좋은' 대학에 들어가야 할 게고, 내 아이와 다른 아이들은 똑같은 목표로 또 싸울 것이다. 이것은 현재와 똑같은 미래일 뿐이다.

③ 과거에 갇힌 삶—그런데 이 현재의 질서는 하루 이틀 사이에 생긴 게 아니다. 내가 태어나기 전부터 이 질서는 있었다. 내가 사는 질서를 내 아버지도 살았다. 내 아버지는 나에게 이 질서를 너의 현재로 삼으라고 했고, 나는 내 아이에게 또 그렇게 권유한다. 그렇게 현재는 태생적으로 주어졌다. 이전부터 주어진 현재, 과거에 갇힌 현재다. 우리가 장래 희망이랍시고 품는 것들을 보라. 모두들 낡은 희망, 옛날부터 있었던 희망을 미래의 희망으로 삼고 있다. 그렇게 내닫는다.

문득 이상의 시가 떠오른다.

"왜드디어나와나의아버지와나의아버지의아버지와나의아버지의아버지의아버지노릇을한꺼번에하면서살아야하는것이냐"(《오감도 시 제2호》)

우리의 **빠름**은 사실 이 지독한 느림 속에 갇힌 **빠름**이었다. 느려터진 세상이 우리를 바쁘게 했던 거다. 빠르면 빠를수록 느림은 더 굳어진다. 마치 수족관 속에 갇힌 물고기들의 **빠름** 같다. 그래서 황지우는 수족관을 보면서 "나는 내가 담겨 있는 공기족관을 느꼈다."(《살찐 소파에 대한 일기》)고 했나 보다.

우리의 **빠름**은 빠름이 아니다. 그것은 '빠른 느림' 또는 '느림 속의 '빠름'일 뿐이다. 바로 이 '빠름'을 반성하면서 나온 게 '느림'이다. 이 계기를 이해하지 못한 채 무턱대고 '느림'만을 외치는 것은, 느린 질서 속에서의 느림으로 전락할 수도 있다. 수족관 속의 거북이 꼴이 될 수도 있다는 말이다. '느림'은 말 그대로 '느리자'는 주장이 아니다. 질식할 것 같은 느린 현실에서 벗어나자는 것이다.

따라서 느림의 지향점은 변화다. 과거와 현재에 갇힌 미래를 해방시키자는 것이다. 과거와 현재에 갇히지 않은 열린 미래를 맞이하자는 것이다. 그 미래가 자연스럽게 현재로 스며들게 하자는 것이고, 보지 못하던 과거를 발견하자는 것이다. 고로 느림은 느림 자체가 목적이 아니다. 그것은 빠름을 노린다. 느림은 빠름이다.

이제 '느림은 빠름을, 빠름은 느림을, 다시 느림은 빠름을'이라는 소제목이 와 닿으리라. 우리의 빠름은 느림이 낳은 것이다. 그 빠름은 느림을 굳힐 뿐이다. 이 느려 터진 틀을 벗어나는 전략이 곧 느림이다. 이 느림은 빠름, 곧 변화를 지향한다. 따라서 이 느림은 주어진 느림을 거부하는 저항의 몸짓이기도 하다. 그런데 정말 느리면 빨라질까?

뒷걸음질하기

어렸을 적에 다들 한 번씩은 읽었다는 《모모》로 '느림의 빠름'을 해명하기로 하자. 우리의 모모가 카시오페이아라는 거북을 따라 '언제나 없는 거리'에 있는 '아무 데도 없는 집'을 찾아갈 때 이야기다. 느린 거북은 참 잘 가는데 모모는 따라가려고 할수록 더 처진다. 모모가 소리쳤다. "도저히 못 하겠어! 좀 도와 줘!" 이때 거북이 한 충고가 바로 지금 우리가 얘기하고 있는 이 주제다.

"뒷걸음질 쳐 봐!"

모모는 거북이 시키는 대로 몸을 돌려 뒷걸음질을 친다. 그러자 전혀 힘들이지 않고 앞으로 나갈 수 있었다. 그러는 동안 생각도, 숨도, 느낌도 함께 따라 뒷걸음질한다. 모모의 삶이 뒷걸음질한 것이다. 그렇게 그는 미래로 나아갔다.

이 이야기를 읽다가 문득 움베르토 에코의 이야기가 떠올랐다. 동쪽 하늘에서 해가 떠오른다. 나는 그 해를 바라본다. 시간이 흐른다. 해는 내 머리를 지나 내 등 뒤로 사라진다. 이 시간의 흐름은 '내 앞에서 시작하여 내 뒤로 사라졌다.'고 표현할 수 있다. 그러면 과거는 내 앞에 있는 것이고, 미래는 내 뒤에 있는 것이게 된다(《시간 박물관》). 이럴 수가, 앞에 있는 게 미래가 아니고 과거라니! 이러다가는 영영 미래를 만날 수 없는 것 아닌가! 말장난이 아니다. 실제로 오스트레일리아의 마오리 족은 시간을 이렇게 측정한다고 한다. 그들은 그렇게 과거를 향해 나아가는 것을 바람직한 삶이라 여긴다.

자, 과연 우리는 다른가? 앞에서 봤듯이, 우리 역시 과거를 미래 삼아 치닫고 있질 않은가! 그로써 미래는 영영 다가오지 않는 것, 언제나 사라질 뿐인 것이게 된다. 모모가 아무리 앞으로 나아가려고 해도 나아가지 못한 이치가 바로 여기에 있다. 낡은 희망을 희망이랍시고 백날 내달아도 결국 그것은 과거로 향할 뿐이다. 조금도 나아가질 못한다. 그래서 뒷걸음질하라고 충고한다. 주어진 미래 따위에는 등을 돌리라는 거다. 과거를 보면서, 그렇게 나와 세상을 반성하고 성찰하면서 나아가라는 말이다.

등을 돌리면 미래가 보이지 않는다고? 맞다. 미래는 보이지 않는다. 아니, 보이면 안 되는 것이다. 보이는 것이라면, 이미 그것은 과거와 현재가 짜놓은 미래, 가짜 미래일 뿐이다. 그러니까 보이지 않는, 무엇이라 규정할 수 없는, 무한대로 열린, 결코 과거에 얽매이지 않은 미래를 향해 나아가라는 말이다.

이로써 과거는 과거대로, 현재는 현재대로, 미래는 미래대로 열린다. 과거는 현재의 내 발길을 비추고, 측량할 수 없는 미래는 내 삶으로 자연스럽게 스며든다. 그리하여 나는 언제나 과거와 미래의 축복 속에서 현재를 살 수 있다. 마오리 족은 얼마나 지혜로운가!

자연은 느리지 않다

느림의 가치를 주장하는 사람들이 늘 강조하는 것이 자연의 시간을 회복하라는 것이다. 자연을 잃어버린 사람들에게 자연을 강조하는 것은 필요한 일이다. 그런데 이 주장에는 뭔가 문제가 있다. 자연의 시간이 느리기만 한 것인 양 말하니까.

장모님이 미꾸라지를 잡아 오셨다. 마당 들통에 그놈들을 담아 놨는데, 장마통에 물이 넘쳐 이리저리 돌아다닌다. 다시 집어 넣으려는데 도무지 잡히질 않는다. 정말 빠르다. 놀러가서 송사리 좀 잡아 보려고 해도 워낙 빨라서 잡을 수가 없다. 조심하시라. 이제는 이런 놀이를 해도 벌금 물어야 한다. 자연으로 돌아가는 것을 이것저것 잡아먹는 걸로 생각하는 것도 문제고, 돌아가는 데 돈이 드는 것도 문제다. 잠시 샜다. 우리는 파리 한 마리, 모기 한 마리도 손으로 잡질 못한다. 곤충의 속도를 따라잡지 못한다는 말이다.

전원 생활의 한가로움을 이야기하는 사람들은 농부들이 얼마나 바쁜지 모른다. 그들의 느림이 다른 이의 바쁨 덕분이라는 것을 망각한 사람만이 전원 생활의 여유가 어쩌니 하며 나불거린다. 양반의 여유는 노비나 농부의 고달픈 삶 덕분이었다. 처음 시골로 이사 와서 가장 적응이 안 된 게 바로 이 시간의 차이다. 새벽 6시면 마을 방송이 시작된다. "아, 아, 다음 호명하는 분들은 마을 회관으로 와서 비료 받아 가세요. ○○○씨, ○○○씨······." 그러면 개들이 제 주인을 대신해서, 늑대도 아닌 것이 '우~'하면서 대답한다. 새벽에야 잠드는 나로서는 무척 고달픈 일이지만, 그 시간이면 시골에서는 이미 아침도 한참 지났다.

자연 하면 들판에서 한가하게 풀 뜯는 소나, 논에서 일하면서 '어어이~' 부르는 농부가 따위를 먼저 떠올린다. 마당을 노닥거리며 오가는 닭들, 마당에 심어 놓은 옥수수, 호박, 참외, 오이, 깨, 감자, 고추, 상추, 가지 따위들. 그러나 이건 겉보기에 그럴 뿐이다. 들판에서 풀 뜯는 소는 없어진 지 오래다. 농부들이 노래 부르면서 모내기나 김매기, 추수를 하는 것도 마찬가지다. 설사 남아 있다손 치더라도 그들이 노래 부르는 건 워낙 힘들어서다. 먹이 쟁탈전에서 떠밀린 닭은 살아남지 못한다. 심어 놓은 채소들은 우후죽순,

제각각 자란다. 호박은 옥수수든, 모과나무든, 대추나무든, 감나무든, 심지어는 지들끼리도 타고 오른다. 바쁘다면, 이처럼 바쁜 것도 없다. 그 모든 바쁨 속에서 자연의 느림이 탄생하는 것이다. 순리대로 흐르는 자연의 이치는 이 바쁨에서 비롯되었다.

자연에서 배울 건 '느림'이 아니다. 그런 건 없다. 정말 배울 것은, 다들 '제때'에 따라 '제각각', '나름대로' 자기 시간을 가진다는 사실이다. 상추의 시간이 다르고, 마늘의 시간이 다르다. 감나무의 시간과 복숭아의 시간이 다르다. 속도가 무한대로 다양하게 펼쳐진다. 그렇게 자연은 지속된다. 그것들 각각이 정해진 시간을 따른다고 생각해서도 안 된다. 한겨울에도 날씨가 따뜻하면 개나리는 핀다. 먹을 것 없는 새만금에는 더 이상 철새가 날아들지 않는다.

이것은 시간을 무시하는 인위적인 느림이 아니다. 그딴 느림은 빠름만큼이나 시간을 의식한다. 자연의 구성원들은 도대체가 시간을 의식하지 않는다. 시간을 의식한 빠름과 느림은 그들과 아무런 상관이 없다. 그들은 그들에게 어울리는 것과 어울릴 뿐이다. 봄이 오는 시간이 정해진 건 아니다. 진달래, 개나리가 피면 그게 곧 봄이다. 아침이 정해진 것도 아니다. 새벽닭이 울면 아침이다. 자연의 시간은 정해지지 않는다. 우리의 시간도 마찬가지다. 이것을 배울 일이다.

시간은 어디서 오는가?

《모모》에서는 '언제나 없는 거리'의 '아무 데도 없는 집'에서 시간이 비롯된다고 한다. 그러면서 동시에 그 시간을 깨닫는 것은 내 마음 속이라고도 한다. 참 당혹스러운 대목이다. 도대체 언제나 없는 거리는 무엇이고 아무 데도 없는 집은 어딘가? 시간을 마음속에서만 알 수 있다는 것은 또 무슨 말인가?

'언제나 없는 거리'와 '아무 데도 없는 집'의 차이점에 주목하라. '언제나'와 '거리', '아무 데도'와 '집'이 대응한다. 하나는 시간이고 또 하나는 공간이다. 언제나 없는 거리란, 시간이 어떻게도 고정되지 않는다는 것, 늘 흐른다는 것을 보여 준다. 아무 데도 없는 집이란, 공간이 고정되지 않는다는 것, 즉 무한대의 관계를 맺는 것이 존재의 집이라는 것을 뜻한다. 이를 합치면, 무한한 관계(아무 데도 없는 집)가 무한한 흐름(언제나 없는 거리)을 만든다는 말이다. 불교식으로 말하자면 '제행무상(諸行無常)'과 '제법무아(諸法無我)'의 관계라 할 수 있다. 그러니까 무한대의 관계(제법무아)에서 무한대의 변화(제행무상)가 일어난다는 말이다. 이른바 '연기설(緣起說)'이다. 결국 시간의 시작은 공간, 즉 관계다. 무엇과도 관계를 맺을 수 있는 것이 무언가와 관계를 맺음으로써 시작되는 것, 그것이 시간이다. 당연히 그 관계가 일단락됨으로써 시간도 끝난다.

지금까지 우리는 태양을 중심으로 시간을 계산해 왔다. 그것이 당연히 과학적이고 객관적이라 여겼다. 그 방법으로 시간을 통제할 수 있다고 여겼다. 그러나 통제된 것은 실은 시간이 아니라, 우리 자신이다. 우리가 그렇게 시간의 노예가 된 것이다. 태양은 과연 움직이지 않는 시간의 기준점, 즉 초시간(hyper time)일까? 1921년에 태양이 하나가 아니라는 사실이 드러났다. 태양계 역시 다른 태양계를 돌고 있었던 것이다. 그러면 초초시간이 있어야 한다. 그런데 그 더 큰 태양계마저 다른 태양계를 돌고 있다면? 초초초시간? 우주에는 지금까지 발견된 것만으로도 수백 개의 태양이 있단다. 그러면 도대체 시간을 잴 수 있는 기준은 과연 어디에 있단 말인가? 이 결과는 태양과 관계 맺을 때의 시간만을 유일한 기준으로 사용할 수 없다는 것, 그렇게 시간을 측정할 수는 있어도 정확한 시간 측정은 불가능하다는 것을 보여 준다. 시간은 우리가 맺는 관계에서 비롯되는 것인데, 그 관계를 고정시킬 수 없다면 시간도 고정시킬 수 없다. 우리가 태양을 중심으로 시간을 매기는 것은 단지 하나의 약속일 뿐이다.

관계가 무한하다면, 당연히 시간도 무한하다. 이것이 우주 만물의 존재 방식이기도 하다. 우주를 구성하는 모든 구성원들의 시간 또한 무한하다. 나의 시간과 너의 시간이 다르고, 한국인의 시간과 미국인의 시간이 다르다. 도시인의 시간이 다르고, 시골사람의 시간이 다르다. 이것은 개인의 시간조차도 하나의 시간으로 고정시킬 수 없음을 뜻한다. 지금 이 순간 내가 맺는 관계에 따라 나는 지금까지와는 전혀 다른 시간을 살 수 있다. 그래서 시간은 마음속에서만 느낄 수 있다는 것이다. 내가 무엇과 관계를 맺는지, 내가 기억하는 게 무엇인지에 따라 나의 현재는 얼마든지 달라질 수 있다.

여기서 우리는 시간의 노예에서 벗어날 길을 발견한다. 그것은 내가 스스로 관계를 만들어 가는 것으로 가능하다. 남이 만들어 준 관계에 종속되는 한, 나는 주어진 시간의 노예일 수밖에 없다. 그러나 나 스스로 만들어 가는 관계에서 나는 시간의 주인이 된다. 나는 시간의 창조자, 시간의 소유자, 시간의 운용자다. 나만이 그런 게 아니다. 모두가 그렇다. 그렇게 제각각 자기 시간을 만들 줄 아는 사람과 언제나 그랬던 자연이 어울린다면, 그것이야말로 무한대의 시간들이 어울리는 무한한 우주의 합창이 될 것이다.

이제 느림의 이치를 알 만하다. 그것은 관계 맺을 수 있도록 여유를 가지려는 몸짓이다. 느림은 느려지려고 한다 해서 이룰 수 있는 게 아니다. 여유 있게, 주어진 시간에 쫓기지 않으면서 각자의 관계를 맺어 나가는 것, 그 기회를 마련하는 것, 이것이 느림이다. 그러나 그렇게 느리다가도 정말 운명 같은 무언가를 만난다면, 그럴 땐 잽싸게, 번개보다 빨리, 머뭇거리지 말고, 그것을 움켜쥐어야 한다. 이로써 우리는 비로소 '빠름과 느림의 이분법'을 벗어날 수 있다. 빠를 땐 빨라야 하고, 느릴 땐 느려야 한다. 중요한 것은 '스스로, 더불어' 만드는 풍성한 삶, 풍요로운 관계다.

앞에서 우리는 '과거=현재=미래'를 문제로 삼았다. 그것이 문제인 것은, 과거와 현재와 미래가 같아서다. 주어진 시간이었기 때문이다. 이제 우리는 '과거-현재-미래'를 이야기한다. '-'는 '같음'이 아니라, '이어짐'이다. 내가 나를 성찰함으로써 나는 내게 가장 어울리는 현재를 만들 수 있다. 그 현재는 전혀 새로운 미래로 이어진다. 그 미래는 과거나 현재에 매이지 않는다. 미래는 언제나 '최초'다. 내가 관계 맺는 무엇인가에 따라 무한대로 펼쳐지는 가능성이다. 현재를 꼭짓점으로 본다면, 미래는 부챗살이다. 그 미지의 미래, 살 떨리게 설레는 미래가 스며들도록 나의 현재를 활짝 열 일이다. 모모의 거북이가 이제는 우리에게 충고하고 있다.

"뒷걸음질 쳐 봐!"

뒷걸음질하기, 이것은 풍성한 삶으로 들어가기 위한 준비 작업, 곧 느림이다. 그러나 느림은 뛰어오르기 위한 움츠림일 뿐, 결코 느림 자체가 목표일 수는 없다.

기출문제 둘러보기

2000 성균관대 정시

근대 이래 과학 기술의 발달은 삶의 방식에 많은 변화를 가져왔다. 아래 제시문들은 그 중 하나를 공통된 주제로 삼고 있다. 제시문들의 내용을 유기적으로 파악하여 그 논지를 정리하고, 이러한 변화가 앞으로 인간의 삶에 어떤 문제를 초래할 것인지 자신의 견해를 논술하시오.

제시문 (가) 하이네는 철도를 화약과 인쇄술 이래로 "인류에게 커다란 변화를 가져오고, 삶의 색채와 형태를 바꾸어 놓은 숙명적인 사건"이라고 불렀다. 나아가 다음과 같이 적고 있다. "이제 우리의 직관 방식과 우리의 표상에 어떤 변화가 생길 것임에 틀림없다. 심지어 시간과 공간에 대한 기본적인 개념들도 흔들리게 되었다. 철도를 통해서 공간은 살해당했다. 그리고 우리에게 남아 있는 것이라고는 시간밖에 없다."
여기서 우리는 동일한 하나의 변화가 지니는 두 가지 모순적인 측면을 발견하게 된다. 철도는 한편으로 이제까지 마음대로 할 수 없었던 새로운 공간을 열어 놓았지만, 다른 한편으로 그 사이의 공간을 없앴다는 점이다. (중략) 슈테른베르거는 다음과 같이 말한다. "유럽의 창을 통해 보이는 전망은 그것이 지닌 심층적인 차원을 완전히 상실했다. 그것은 빙 둘러 서 있으며, 어디나 채색된 평면뿐인 하나의 동일한 파노라마 세계의 일부가 되어 버렸다."
전경을 통해서 여행자는 스스로를 자신이 지나치고 있는 풍광과 연관지었고, 자신을 이 전경의 일부분으로 인식하였다. 이러한 의식은 그를 그 지역의 풍광과 일치시켰고, 여행자는 이 풍경이 펼쳐질 수 있는 경계 내에 존재했다. 속도로 인해 전경이 해체되면서, 여행자는 이러한 공간 차원을 잃게 되었다.
―볼프강 슈벨부쉬, 《철도 여행의 역사》

제시문 (나) 수백만에 달하는 사람들이 매일 한 건물(가정)에서 다른 건물(사무실)로 무리지어 옮겨 다니고, 저녁마다 이 과정을 거꾸로 되풀이했다는 사실이 50년 후에는 신기하게 여겨질 것이다. 출퇴근을 위해서는 하루 두 번 이동량이 가장 많은 시간에 맞게 구축된 수송망이 필요하다. 도로는 가장 혼잡할 때의 교통량의 하중을 수용해야 하며, 통근열차와 버스는 최대한의 승객을 수용해야 한다. 출퇴근은 시간과 건물의 수용 능력을 낭비한다. 한 건물(가정)은 흔히 낮 동안 비어 있고, 다른 건물(번화가의 가장 비싼 곳에 위치한 사무실)은 대개 밤 시간에 비어 있다. 이러한 모습은 우리의 후세들에게 이상하게 보일런지 모른다.
―프랜시스 케언크로스, 《거리의 소멸-디지털 혁명》

제시문 (다) 우리는 이러한 시간 구조의 재편성이 사회에 미치는 영향을 이제야 겨우 느끼기 시작하고 있다. 예를 들어, 시간 패턴의 개별화가 촉진되면 노동의 지루함이 감소할 수도 있지만 동시에 고독감과 사회적 고립이 증대할 수도 있다. 만약 친구나 애인 또는 가족 모두가 각기 다른 시간에 일을 하게 될 경우 각자의 스케줄을 조정하는 데 도움을 주는 새로운 서비스 기능이 생기지 않는다면, 서로가 얼굴을 마주하는 사회적 접촉은 더 어렵게 될 것이다. 동네의 선술집, 교회 모임, 학교 무도회 등 전통적인 사교의 공간은 이제 그것이 지닌 본래의 의미를 상실해 가고 있다.
―앨빈 토플러, 《제3의 물결》

제시문 (라) 속도는 기술 혁명이 인간에게 선사한 엑스터시의 형태이다. 오토바이를 타고 가는 사람과는 달리 뛰어가는 사람은 언제나 자신의 육체 속에 있으며, 끊임없이 발바닥의 물집, 가쁜 호흡을 생각할 수밖에 없다. 뛰고 있을 때 그는 자신의 체중, 자신의 나이를 느끼며, 그 어느 때보다도 더 자신과 자기 인생의 시간을 의식한다. 인간이 기계에 속도의 능력을 위임하고 나자 모든 것이 변한다. 이때부터 그의 고유한 육체는 관심 밖에 있게 되고, 그는 비신체적·비물질적 속도, 순수한 속도, 속도 그 자체, 속도 엑스터시에 몰입한다. (중략)

어찌하여 느림의 즐거움은 사라져 버렸는가? 아, 어디에 있는가, 옛날의 그 한량들은? 민요들 속의 그 게으른 주인공들, 이 방앗간 저 방앗간을 어슬렁거리며 총총한 별 아래 잠자던 그 방랑객들은? 시골길, 초원, 숲 속의 빈터, 자연과 더불어 사라져 버렸는가? 한 체코 격언은 그들의 그 고요한 한가로움을 하나의 은유로써 이렇게 표현하고 있다. '그들은 신의 창(窓)을 관조하고 있다.'고. 신의 창을 관조하는 자는 따분하지 않다. 그는 행복하다. 우리 세계에서 이 한가로움은 빈둥거림으로 변질되었는데, 이는 성격이 전혀 다른 것이다. 빈둥거리는 자는 낙심한 자요, 따분해하며 자기에게 결여된 움직임을 끊임없이 찾고 있는 사람이다.

— 밀란 쿤데라, 《느림》

제시문 (마) 깁슨은 사이버 스페이스를 '무한한 감옥'이라고 표현했다. 우리는 아무 제약도 받지 않는 사이버 스페이스 안에서 끝없이 여행을 할 수 있다. 왜냐하면 사이버 스페이스는 전자 기술적으로 설정된 공간이며, 그 속에서 우리는 현실의 물리적 우주뿐만 아니라 가능 세계와 상상의 세계까지도 전자 기술적으로 표상할 수 있기 때문이다. 그러나 유한한 육체를 지닌 존재에게 그러한 무한성은 비물리적인 이차적 영역 속에 우리를 감금하는 감옥과 같다.

가상 현실(virtual reality) 시스템은 물리적 공간을 표상할 뿐만 아니라 우리로 하여금 화성이나 깊은 바다의 광경 속으로 빠져들어가 원격현전(遠隔現前 : telepresence)을 느낄 수 있도록 사이버 스페이스를 사용하기도 한다. 그러나 사이버 세계의 자료를 구축하는 일은 본래의 신체를 움직이고 있는 내적 생체 에너지로부터 사용자를 멀리 떼어 놓는다.

―마이클 하임,《가상현실의 철학적 의미》

더 생각해 봅시다

'시간은 돈이다'라는 말은 어디서 나왔을까?

근대 이전까지만 하더라도 사람의 삶은 자연의 흐름과 밀접하게 연결되어 있었다. 자연의 주기가 생활의 리듬을 결정했다는 거다. 문화적 행사나 사회적 사건도 자연의 주기에 맞췄다. 일찍 자고 닭 울음소리에 잠을 깼다. 물론 이것을 무조건 미화할 필요는 없다. 자연의 거대한 힘에 휩쓸리는 나약한 인간의 모습, 이 역시 시간에 종속되기는 마찬가지니까. 한마디로 좋든 싫든 자연과 사람은 하나였다. 이러다 보니 자연에 잘 순응하는 것이 미덕으로 평가받았다.

그러던 것이 근대적 시간의 등장과 함께 그야말로 철저하게 뒤바뀌기 시작한다. 그 가장 큰 특징이 시간의 수치화다. 시간이 계산되기 시작한 것이다. 시간은 더 이상 알 수 없는 무엇, 그러면서 인간을 속박하는 무엇이 아니다. 그것은 마치 점이나 선분처럼 공간에 펼쳐진다. 시계바늘의 간격을 떠올리면 시간에 대한 생각이 어떻게 바뀌었는지 충분히 짐작할 수 있을 것이다. 이 수치화라는 게 무섭다.

이제 노동의 가치도 노동의 구체적인 성격과는 무관하다. 기계가 발달하면서 더 이상 숙련공은 필요 없다. 누가 일하더라도 똑같은 결과가 나올 테니까 굳이 비싼 숙련공을 쓸 이유가 없는 거다. 이제 '누가' 일했는가는 중요하지 않다. '몇 시간' 일했는가가 중요하다. 임금도 그걸로 결정된다. 말 그대로 시간이 모두에게 똑같은 가치로 균질화되었다. 평등도 이런 평등이 없다. 구체적인 사람과 그 사람의 능력을 무시하는 추상적 시간, 모든 시간을 똑같은 가치로 여기는 균질화된 시간이 가치의 원천이 돼 버렸다.

이제 중요한 통제 대상은 다름 아닌 시간이다. 노동 과정을 가속화하거나 노동 시간을 늘리면 그만큼 더 많은 이윤을 남길 수 있게 되었다는 거다. 노동자의 성실도를 체크하는 것도 출퇴근 시간을 챙기는 것으로 가능하다. 영화 〈모던 타임즈〉에서 잘 보여 줬듯이, 출근 체크기가 등장한다. 시간을 어기면 과다한 벌금을 물리거나 처벌을 하는 규율이 등장하는 것도 이 시기다. 잠시 초기 자본주의의 공장 규율을 보자.

① 작업 시작 10분 후 정문을 폐쇄한다. 그 후에 온 사람은 아침 식사 시간까지 들어갈 수 없다. 이 시간 동안 작업을 하지 않은 사람은 누구나 직기당 3펜스의 벌금을 물어야 한다. ② 기계가 작동 중인 동안 자리를 비우는 직공은 한 직기당 한 시간에 3펜스의 벌금을 물어야 한다. 작업 시간 중 감독자의 허가 없이 작업실을 떠나는 사람은 3펜스의 벌금을 물어야 한다. …… 또 다른 공장 규칙을 보면, 3분 늦게 온 노동자는 15분에 해당하는 임금을 벌금으로 물어야 하고 20분 늦게 온 노동자는 하루 일당의 1/4을 벌금으로 물어야 한다. 아침 식사 시간까지 공장에 오지 않은 노동자는 월요일의 경우

에는 1실링, 다른 날에는 6펜스의 벌금을 물어야 한다.
ㅡ엥겔스,《영국 노동자 계급의 상태》

어떤가? 정말로 시간이 돈이지 않은가.

15 착하게 살고 싶은가?

사람이
완전히 선하다거나
악하다거나 하는 일은
거의 없다.
대부분은
어떤 점에서는 '선'하고
다른 점에서는 '악'하다.
또는
어떤 외적 조건에서는 '선'하고
다른 조건에서는 결정적으로 '악'하다.

- 프로이트, 〈전쟁과 죽음에 관한 시평〉

착하기가 어렵다

　다들 도덕(윤리)적이고자 한다. '옳게(바르게 ; 착하게)', '좋게' 살고 싶어 한다. 그런데 여기서부터 막힌다. '옳음'과 '좋음'이 서로 충돌할 때가 워낙 많지 않은가. 나 좋자고 한 일은 옳음과는 별로 상관이 없어 보인다. 나에게 좋다는 건 내게 '이익'이 된다는 말인데, 나에게 이익이 되는 건 다른 사람에게 손해를 끼치기 일쑤다. 착하게 살면 손해 본다는 말도 있지 않은가.《맹자》에 나오는 유명한 말이 있다. 양혜왕이 맹자를 만나자, "노인께서 천리를 멀다 여기지 않고 오셨으니, 또한 장차 내 나라를 이롭게 함이 있겠습니까?" 하고 물었다. 이에 맹자는 "왕께서는 하필 이(利)를 말씀하십니까? 또한 인의(仁義)가 있을 뿐입니다."고 대답했다. 두 사람이 말하는 선(善)은 다르다. 왕은 '좋음'을 선이라 여기는데 반해, 맹자는 '옳음'을 말하고 있다.

　이렇게 '옳음'과 '좋음'은 늘 뒤섞인다. '기업 윤리'라는 말이 있다. 그 내용을 들여다 보면 소비자의 이익을 생각하는 기업이 결국 살아남는다는 논리다. 그렇다면 '남의 이익을 위할 때 내가 이익을 본다.'는 말이 된다. 간단히 줄이면, '돈 벌려면 착하라!'다. 그런데 이런 것도 과연 착함이라고 할 수 있을까? 제 이익을 위해 착한 건 그 자체로 착한 게 될 수 없질 않은가.

　문제는 이 정도로 그치지 않는다. 가령 고대 그리스 사람들은 최고의 선을 '행복'에 두었다. 그런데 행복을 위하여 선을 추구했다면, 그 선은 그 자체로서가 아니라 행복을 위한 도구가 될 수밖에 없다. '최대 다수의 최대 행복'을 제시한 공리주의는 더더욱 그렇다. 그들의 '행복'은 곧 이익이니까, 노골적으로 도덕을 도구화한 셈이다. 그래서 칸트는 행복(이익)을 위한 모든 도구를 도덕이라고 여기지 않았다. 대신 그는 그 자체로 올바른 것, 그래서 모두가 의무로 삼는 것만 도덕이라고 했다. 이 말이 옳다 해도 불행해지면서까지 옳음을 추구하는 것은 또 옳은가? 우리가 도덕적으로 살려는 것도 따지고 보면 결국 행복해지기 위해서이지 않은가 이 말이다. 그게 아니라면 도대체 도덕이 왜 필요할까? 이 질문들은 모두 '선은 옳음인가, 좋음인가?'로 귀결된다. 이 물음에 대한 여러 사상가들의 대답은 둘로 나뉜다.

　'옳음'을 중심으로 삼더라도 문제는 여전히 있다. 사르트르가 소개한 한 상황이 그렇다. 어느 젊은이가 찾아와 고민을 토로한다. 말인즉슨, 독립전쟁에 참전을 해야겠는데 그는 홀어머니를 모신 독자라는 거다. 그는 어찌해야 하는가? 전쟁에 참여하는 것도 옳고 홀어머니를 모시는 것도 옳다. 따라서 어느 하나를 선택하는 것은 하나의 옳음을 위하여 다른 하나의 옳음을 버리는 짓이다. 달리 말하면 하나의 옳음을 위해 하나의 그름을 선택해야 하는 꼴이다. 당신은 어떻게 하겠는가? 불행은, 이 젊은이가 어떤 경우든 선택할 수밖에 없다는 데 있다. 그렇게 선택했을 때, 당신은 그 선택을 평가할 수 있겠는가?(물론 이 상황에서조차 '옳음'과 '좋음'은 뒤섞인다. 어머니에게 '좋은' 것과 다수에게 '좋은' 것이 '옳음'의 기준이니까.)

결국 이 모든 문제는 '절대적으로 옳은 것이 있는가'로 귀결된다. 만약 그런 게 있다면, 옳음을 선택하는 것이 도덕이라고 말할 수 있을 게다. 그러나 그런 게 있을 수 없다면? 언제나 옳음은 좋음과 연관될 수밖에 없다면, 절대적으로 옳은 것은 어떤 경우에도 있을 수 없다는 결론이 나온다. 여기서 '절대론적 윤리관'과 '상대론적 윤리관'이 충돌하는 것이다. 우리는 이 문제를 어떻게 해결할 수 있을까? 다시, '도덕은 무엇인가?'에 대한 문제로 돌아왔다.

좋은 것이 옳은 것이다

옳음이 먼저일까, 좋음이 먼저일까? 사람이 동물에서 진화했다는 것을 받아들이면, 좋음이 먼저다. 동물들은 제게 좋은 것을 추구하고, 나쁜 것은 피한다. 다만 그뿐이다. 사람만이 옳고 그름을 따진다. 그렇다면 좋고 나쁨에서 옳고 그름이 나왔다고 봐야 한다. 그럼 이러한 것들, 달리 말해 도덕은 언제 생겼을까? 도덕의 기원을 보여 주는 〈창세기〉에서 힌트를 얻어 보자.

아담과 하와를 창조한 후 여호와는 명한다. "동산 각종 나무의 실과는 네가 임의로 먹되, 선악을 알게 하는 나무의 실과는 먹지 말라. 네가 먹는 날에는 정녕 죽으리라." (2장 16,7절) 이것은 최초의 명령, 도덕이다. 그리고 이 명령은 '허락'과 '금지'의 모습을 띤다.

그러면 여호와는 왜 먹지 말라고 했을까? 이유는 없다. 대신 그 결과는 분명히 말해 준다. '먹으면, 죽는다'! 죽으니까 먹지 말라는 거다. 이것이 온갖 명령, 법규, 도덕률의 특징이다. 결과가 좋지 않다는 거다. 여기서 우리는, 최초의 도덕이 '옳고 그름'보다는 '좋고 나쁨'과 더 밀접하다는 것을 짐작할 수 있다. 좋기에 옳고, 나쁘기에 그르다.

이 최초 이야기에서 가장 매력적인 인물은 '하와'다. 그녀는 하나님이 아담에게 명령할 때 세상에 없었다. 이후에 아담의 갈비뼈로 만들었다. 그녀가 선악과 나무를 보니 '먹음직도 하고 보암직도 하고 지혜롭게 할 만큼 탐스럽기도'(3장 6절) 했다. 이 여성이 뱀에게 하는 말이 참 재밌다. "동산 중앙에 있는 나무의 실과는 하나님의 말씀에 '너희는 먹지도 말고 만지지도 말라. 너희가 죽을까 하노라.' 하셨다"(3장 3절)고. 하나님은 '먹지 말라'고 했는데, 그녀는 '만지지도 말라'고 했다고 한다. 불만이 이만저만이 아니었나 보다. 여기서 우리는 '좋고 나쁨'과 '옳고 그름'의 대립을 본다. 그녀는 그게 먹음직도 하고, 보암직도 하고, 탐스럽기도 하다. 한 마디로 '먹고 싶다'는 거다. 몸의 욕망이다. 그러나 그 욕망을 하나님은 금지했다. 왜 이 금지를 따라야 할까? '죽는다'고 했기 때문이다. 도덕을 지키는 것은, 그것이 자체로 '옳기' 때문이 아니라 그 결과가 '나쁘기' 때문이다.

여기까지에서 우리는, 도덕이 '좋고 나쁨'에서 시작됐다는 것을 알 수 있다. 그런데 당장에 좋은 것이라 해서 그걸 그대로 했다가는 그 결과가 나빠진다. 마약이 당장에는 황홀하게 하니까 좋지만, 나중에는 몸을 망치는 것과 같은 이치다. 그게 반복되어, 사회에까지 그 영향이 미치는 것을 막는 방법은 '좋고 나쁨'을 '옳고 그름'으로 바꾸어 규칙으로 삼는 것이다. 그리고 그 규칙을 어겼을 때에는 제재를 가한다. 그것이 형벌이면 '법'이고, 비난이나 불편이면 '도덕'이다.

따라서 도덕은 자연 상태의 '좋고 나쁨'을 인위적으로 바꾼 것이다. 좋음을 지속하고 나쁨을 방지하려는 방책인 셈이다. 이것은 《도덕경》에서도 짐작할 수 있다. '大道廢, 有仁義'(18장), 즉 '큰 도가 폐해서 인의가 있게 되었다.'는 말이다. 여기서 큰 도란 가장 자연스러운 상태다. 배를 불리고, 더불어 잘 어울리는 상태, 한마디로 '좋은' 상태. 이런 상태라면 도덕이 필요가 없다. 이 상태가 깨어져 '나빠'지자 인의, 즉 도덕이 등장하게 되었다. 인위적으로라도 나빠진 것을 좋게 해 보자는 것이겠다.

그러자 칸트가 반발한다. "저 좋자고 하는 짓이 어떻게 도덕일 수 있는가?"라고. 그 자체로 옳으니 하는 것이 도덕이라는 말이다. 그러나 그가 말하는 '그 자체로 옳은' 것은 무엇인가? 그것은 자연이 인간에게 준 자질, 곧 '이성'을 따르는 것이다. 그 이성의 명령을 삶으로 옮기는 것이 곧 도덕이다. 이성에 따르는 것이 '옳음'이란 말인데, 그것은 결국 '좋음' 아닌가? 그럴 때 행복하고, 인간다울 수 있으니까. 그렇다면, 아무리 그 자체로 옳은 것을 강조하더라도, 그것은 '좋음'으로 귀결될 수밖에 없다.

도덕은 한마디로 '좋자고 하는 짓'이다. 그러므로 도덕 그 자체는 목표가 될 수 없다. 그것은 '좋음'을 위한 '방편'일 뿐이다. 모든 게 좋았으면 도덕이 등장할 리가 없다. 도덕은 나쁨을 배경으로 한다. 나쁨을 막아 좋음으로 나가는 수단이다. 나쁨을 배경으로 하는 도덕은 그 자체로서는 결코 좋은 것이 될 수 없다. 가장 좋기로는 도덕이 더 이상 필요 없는 상태다. 도덕이 없더라도 좋은 상태를 유지하는 것이 최선이다. 따라서 도덕은 세워야 할 목표라기보다 궁극적으로는 없애야 할 대상이다. 이것은 법도 마찬가지다. 최선의 삶은 더 이상 도덕이 필요 없는 상태, 공자의 말대로, '종심소욕(從心所欲)이라도 불유구(不踰矩)', 곧 '마음 가는대로 따르더라도 도리에 어긋나지 않는' 상태이리라.

무엇이 좋은 것인가?

자유

도덕이 지향하는 좋은 것은 과연 무엇일까? 고대 그리스 인들은 '행복'이라고 한다. 그런데 그 행복이란 것도 꼭 질이 같은 게 아니다. 에피쿠로스 학파의 행복은 쾌락이다. 그렇다고 에피쿠로스가 막나가는 쾌락주의자는 아니다. 지나친 쾌락은 오히려 진짜 쾌락을 망치는 수가 있다. 배고플 때 밥먹는 것은 좋은 일이다. 그러나 계속 퍼먹다가는 죽는 수가 있다. 따라서 제대로 쾌락을 누리려면 절제가 필요하다. 이로써 도덕과 함께 가는 쾌락이 성립한다. 아니, 도덕적이어야만 제대로 쾌락을 누릴 수 있다. 아리스토텔레스에게 행복은 '덕(德 ; 탁월함 ; aretē)에 따르는 정신의 활동'(《니코마코스 윤리학》)이다. 인간만이 타고난 정신의 능력을 완전하게 발휘하는 것이다. 플라톤은 이를 한마디로, '영혼의 건강'(《국가》)이라 한다. 이로써 인간 존재를 완성할 수 있다는 발상이다.

 이런 뿌리를 갖는 서양의 도덕은 아무래도 개인적이다. 자기다움을 이루는 것, 이것이 곧 서양 도덕이 궁극적으로 지향하는 바다. 그런데 자기다움을 이루기 위해서 꼭 필요한 전제 조건이 있다. 그것은 '자유'다. 자발적으로 선택한 것이라야 진정한 자기 선택이랄 수 있다. 이것은 기독교에서도 마찬가지다. 기독교의 자유는 교리상의 심각한 모순을 해결하는 과정에서 등장했다. 하나님이 모든 것을 다 창조했다면, '악'도 하나님의 작품이 된다. 그런데 하나님은 지고지선의 존재다. 이 모순을 어떻게 해결할 것인가? 이를 해결하는 방책으로 내놓는 것은 두 가지다. 하나는 플로티노스에서 유래한 '결여'의 논리다. 하나님은 결코 악을 창조하지 않았다. 그런데 세상에는 악이라 불리는 게 있다. 그건 하나님 작품이 아니고, 선이 부족해서 생긴 현상일 뿐이라는 것이다. 그러면 선을 부족하게 한 건 누구인가? 그것은 인간이다. 인간이 어떻게 그것을 할 수 있을까, 모든 것이 신의 섭리라면서? 여기서 대안으로 등장하는 것이 '자유의지'다. 하나님이 인간을 창조하면서 '땅을 정복하라, 땅에 충만하라'(〈창세기〉 1장 28절)고 한 말씀이 곧 인간에게 자유의지를 줬다는 걸 보여 준다. 아담과 하와가 선악과를 따먹는데 하나님은 개입하지 않았다. 그것은 그들의 자유의지에서 나온 행동이다. 도덕은 인간이 자유로이 선택하는 것인데, 여기서 선과 악이 나온다는 것이다.

칸트의 이른바 '절대론적 윤리설'의 기반도 다름 아닌 자유다. 그는 인간이 능동적으로 내면의 선한 의지를 선택하여 그것을 의무로 삼아야 한다고 말한다. 이 '의무'라는 말에 얽매여 그가 절대적인 윤리를 제시하고 무조건 따르라고 했다는 식으로 해석하면 곤란하다. 이 의무는 '스스로' 내면의 '선 의지'를 선택하여 생긴 것이다. 누가 지워 준 것이 아니라 스스로 선택한 의무이기에, 그것은 자유로이 선택한 것이다. 따라서 우리가 도덕적이려면 우리 자신에게 '자유로워라!'고 무조건 명령을 내려야 한다. 그의 절대론은 바로 이 명령의 절대성, 자유의 절대성을 일컫는 것으로 해석해야 한다.

따지고 보면, 정말로 도덕은 자유를 전제로 한다. 우리가 어떤 사람을 도덕적으로 비난하거나 법으로 처벌할 때도 당연히 그가 그 행위를 '자유로이' 선택했다는 것을 전제로 삼는다. 가령 살인범을 처벌할 때 우리는 그가 살인에 이르게 된 무수한 계기들을 무시한다. 이를 현상학에서는 '괄호치기'라 부른다. 법정에서는 그의 행위만을 판단 대상으로 삼을 뿐, 나머지는 괄호에 묶어서 감춘다. 여기에 '결정론'을 끌어들여 그의 환경, 그의 유전자적 기질 따위를 고려한다면, 더 이상 법적으로 판단할 근거는 없다. 도덕적 판단도 마찬가지다. 따라서 모든 결정론은 도덕적 판단과 무관하다.

물론 괄호를 치는 것에 그쳐선 곤란하다. 병원에 아름다운 여배우가 나타났다고 의사가 사인 받을 생각만 한다면, 그는 괄호치기에 실패했다. 따라서 괄호를 잘 치는 것은 도덕뿐만 아니라 올바른 판단을 위해서도 중요하다. 그러나 그 괄호를 내내 벗기지 못하는 것도 문제다. 살인범을 처벌할 때 친 괄호는 재판이 끝난 후에는 벗겨야 한다. 교도소에서 출감한 사람을 전과자라 하여 멀리하는 풍토는 괄호 벗기기를 하지 못하는 무능력을 보여 준다. 그것은 판단할 때에만 상대의 자유를 전제로 하고, 이후 그가 새로운 선택을 할 자유를 박탈하는 부도덕한 짓이다. 따라서 도덕은 괄호치기와 괄호 벗기기를 제대로 하는 능력과 밀접한 연관이 있다. 아무튼 괄호를 치는 것도, 벗기는 것도 모두 인간의 자유로운 선택과 연관되어 있다는 점만큼은 분명하다.

그러나 자유로운 선택을 강조하는 것에 문제가 없는 것은 아니다. 자유로운 선택은 스스로 자기에게서 벗어나야만 가능하다. 자기 속에 갇혀 있는 한, 스스로를 돌아보고 반성하지 않는 한, 올바른 판단을 할 수 없기 때문이다. 따라서 자유와 방종은 구별되어야 한다. 이처럼 자기를 걸러서 볼 때 잣대가 되는 것이 바로 도덕이다. 그리고 그것은 결코 스스로에게서 비롯되는 것이 아니다. 그것은 반드시 '나 아닌 존재'를 전제로 한다. 아울러 나의 자발적 선택은 필연적으로 '나 아닌 존재'를 지향한다. 내 선택은 무조건 남의 선택과 연결되어 있다. 앞에서 사르트르가 이야기한 사례의 젊은 이를 보자. 그가 참전을 선택하는 것은 그의 어머니의 선택을 침해한다. 반대로 그가 어머니를 선택하면 억압에 신음하는 수많은 사람들의 선택을 침해하게 된다. 그러나 우리는 무조건 선택해야 한다. 그런데 그 선택은 무조건 나 아닌 사람의 선택과 연관된다. 이래서 사르트르는 근원적 앙가주망(engagement;참여)을 주장한다. 심지어는 선택하지 않는 것도 다른 사람에게 영향을 미친다. 그렇다면 우리의 자유는 나 아닌 사람들의 수많은 자유와 무수히 연관되는 것이다. 도덕은 바로 이 '관계'의 문제다. 그런데도 개인의 완성만을 목표로 삼는다면, 그것은 그 자체로 '부도덕'하다. 여기서 우리는 관계 지향적인 동양의 도덕과 만난다.

관계

동양의 도덕이 지향하는 것은 '조화', '융합'이다. 공자 사상의 핵심인 인(仁 ; 어짊)은 글자 생긴대로 사람과 사람의 올바른 관계를 지향한다. 어짊이 바로 도덕이다. 그러면 어짊은 무엇인가? 그것은 '애인(愛人)', 곧 '사람을 사랑함'이다. 이 사랑을 구체화한 것이 '예'인데, 예를 실현하려면 '극기'해야 한다(克己復禮爲仁 ; 자기를 이기고 예로 돌아오는 것이 인이다). 한마디로 사사로운 욕망은 인의 실현에 장애가 된다는 것이다. 물론 이 이야기는 피타고라스를 비롯한 서양의 사상가들도 이미 한 말이다. 그러나 그들이 이렇게 말한 것은 자기를 완성하기 위함인데 반해, 동양에서는 공동체의 조화를 위함이다.

공자의 사상을 개인을 무시한 것으로만 해석하는 것은 곤란하다. 다른 글(이 책의 '어떤 공부를 할 것인가')에서도 밝혔듯이, 공자가 말하는 사람 사랑은 나에게 삶을 선사한 것을 감사하는 마음에서 나온다. 나를 있게 한 근본은 부모다. 그래서 '孝'가 첫째 가는 도덕이다. 또한 나를 있게 한 것은 이웃, 나아가 사회다. 그 감사의 표현이 곧 '悌'다. 그래서 '효제'가 첫째 가는 덕목이다. 이 근본이 제대로 된 사람이 세상 모두에게 감사하는 삶을 살 수 있다. 이처럼 나를 있게 한 것에 대한 감사가 도덕의 근본이라면, 공자의 도덕관이 개인을 배제하고 공동체만 일방적으로 위한다는 식으로 해석하는 것은 잘못이다.

공자가 개인을 배제하지 않는다는 것을 보여 주는 중요한 근거가 바로 '추기급인(推己及人)', 곧 '나를 미루어 사람에 이름'이다. 나에게 좋은 것으로 남에게 나아가고, 나에게 나쁜 것으로는 남에게 나아가지 않는다는 말이다. 이것은 타인을 배려하는 것이기도 하지만, 그 기준은 '나'에게 두고 있다. 그러면 '극기'는 어떻게 이해해야 할까? 당연히 '나를 이김'인데, 나는 이것을 '나를 비움'으로 마음에 새겨 왔다. 내 속에 들어찬 쓸데없는 것들을 비워서 나를 되찾는다는 뜻으로 해석하고 싶어서다. 그렇게 비워낸 속으로 이웃과 세상이 스며들게 하는 것, 이것이 내가 해석하는 '극기복례'다. 따라서 예로 돌아간다는 말은 진정한 나로서 세상과 관계 맺는 것으로 해석할 수 있겠다. (이 책의 '어떤 공부를 할 것인가?'에서 자세히 썼으므로 이 정도로 하자.)

그렇다고 해서 공자의 사상이 개인 중심적이라고 할 수는 없다. 그의 도덕이 향하는 근본 지향점은 관계다. 이를 가장 잘 보여 주는 것이 정명(正名)사상이다. 만물이 제 본연의 모습, 곧 '다움'을 지킬 때 조화로운 세상이 열린다는 발상이다. 이것이 도덕으로 향하면 '충서(忠恕)'가 된다. 정명사상은 '君君臣臣父父子子', 곧 '임금은 임금다워야 하고, 신하는 신하다워야 하고, 아비는 아비다워야 하고, 자식은 자식다워야 한다.'로 대표된다. '~다움'을 강조하는 것이야 누구도 뭐랄 수 없는 것이지만, 문제는 임금과 신하, 아비와 자식의 위계 관계가 이미 고정되어 버렸다는 데 있다. 맹자는 이를 달리 해석한다. '임금다워야 임금이고, 신하다워야 신하고, 아비다워야 아비고, 자식다워야 자식'이라는 것이다. 여기서 그의 역성혁명론이 나온다. 임금답지 못하면 더 이상 그는 임금이 아니라 일개 사내〔獨夫〕에 지나지 않는다는 것이다. 그 자체로서는 가히 혁명적인 해석이랄 수 있겠지만, 정명론이 위계 질서를 전제로 깔고 있다는 점만큼은 부정할 수 없다.

 사람이든 동물이든, 나아가 무생물에 이르기까지 모든 존재하는 것은 관계 속에 있다. 나를 있게 한 것은 나 자신이 아니다. 그러므로 관계는 일차적으로 주어지는 것이다. 우리는 이 주어진 관계에 충실함이 세계를 유지한다. 동양적 발상은 이 관계의 이치를 밝히고, 그 이치대로 세상을 만들고자 한다. 자연의 이치는 차이를 긍정한다. 꽃이 꽃답게, 나무가 나무답게, 사람이 사람답게 있는 것이 자연의 이치다. 그 차이들로 인해 천지만물이 조화롭게 어울리는 것이다. 그래서 공자도 '군자는 화이부동(和而不同)이고 소인은 동이불화(同而不和)'라 한 것이다. 조화롭되 같아지지 않는 것, 나름의 '~다움'을 유지하라는 것이다. 동이불화는 뒤집어서 '조화로우려면 같아선 안 된다.'로 읽을 수도 있겠다. 이것이 바로 자연의 이치를 사람 세상에 옮긴 도덕적 상태, 곧 '대동세상'이다.

 그러나 그 주어진 관계가 임금과 신하, 아비와 자식처럼 위계 관계이고, 그것을 인정한 상태에서 '~다움'을 강조하는 도덕관은 받아들일 수 없다. 그것은 차이의 긍정이 아니고, 차별을 긍정하는 것이기 때문이다. 동양의 질서, 특히 성리학의 질서는 이 주어진

차별적 관계 자체를 긍정한다. 따라서 이것을 오늘날의 도덕관념으로 삼는 것은 잘못이다. 이런 이유로 동양의 도덕관은 일부 재해석되어야 하는 부분이 있다. 그러므로 동양의 도덕관은 개인의 자유를 강조하는 서양적 도덕관과 제대로 만나야 한다.

선택하지 않는 나쁨

사람들은 선택에서 오는 양심의 괴로움을 피하기 위해 도덕률이나 법전을 따른다. 허용하는 것을 따르기에 비난이나 처벌을 피할 수 있다. 그러나 이것은 지독한 게으름이요, 나아가 선택을 회피하는 것에 다름 아니다. 이것은 양심의 괴로움을 피하기 위해 양심을 포기하는 짓이다. 인간은 괴로워할 줄 알기에 인간이 아니던가. 여기서 우리는 '나쁨'이 무엇인지 알 수 있다. 그것은 바로 사람들의 선택을 차단하는 것, 선택의 품목을 미리 결정하여 자발적 선택을 봉쇄하는 것이다. 이런 전체주의적 사회가 바로 나쁜 사회다. 나쁜 개인도 설명할 수 있다. 그것은 자기 선택을 포기하는 것, 주어진 선에 갇히는 것, 양심의 갈등을 회피하는 것이다. 선택하지 않는 것은 모든 도덕의 근원인 자유를 스스로 저버리는 선택이다.

십자가 상에서 예수가 남긴 말을 잠시 들어 보자. 예수는 못 박힌 자기를 비웃는 무리를 보고는 이렇게 기도했다. "아버지여, 저들을 용서하소서. 저들은 자기가 무슨 짓을 하는지 알지 못하나이다."(〈누가복음〉 24장 34절) 이 말의 뜻은 무엇일까? 흔히들 하는 말대로 자기가 무슨 짓을 하는지 모르고 한 일이면 잘못이 아니라는 뜻인가? 아니다. 그게 잘못이 아니라면 굳이 용서해 달라고 기도할 까닭이 없다. 그러면 비웃는 무리들이 저지른 잘못은 무엇일까? 그것은 바로 '자기가 무슨 짓을 하는지 알지 못함'이다. 스스로 자기 행동을 돌아보고 그것이 도덕적인지 부도덕한지 생각하지 않는 것, 왜 이런 일이 벌어졌는지 따지지 않는 것, 그 판단에 입각하여 스스로 선택하지 않고 남들 하는 대로 놀아난 것, 이것들이 바로 잘못이다. 아리스토텔레스는 말한다. "모든 악인은 해야 할 것과 하지 말아야 할 것을 인식하지 않는다. 바로 이 결함이야말로 인간을 부정(不正)하게 하고 일반적으로 악하게 한다."

도스토예프스키의 《까라마조프 씨네 형제들》의 〈대심문관〉편에는 이런 말이 나온다. 인류를 지배하려는 교회는 사람들에게 '빵'과 '양심의 평안'을 제시했다. 여기서 양심의 평안은 무엇인가? 그것은 사람이 자기 양심에 따라 자유로이 선택하는 고통을 덜어 주었다는 뜻이다. 사람들은 교회가 제시한 율법에 따르기만 하면 된다. 그러면 어떤 양심의 고통도 피할 수 있다. 이로써 교회는 인류를 지배할 수 있게 되었다. 도스토예프스키가 비판하는 것도 바로 '선택하지 않음', 곧 '자유의 포기'다. 아무리 고통스럽더라도 스스로 선택하려는 것이야말로 인간답다. 이를 포기하는 것은 스스로 인간이기를 포기하는 것과 같다. 따라서 근원적인 부도덕이라고 할 수 있다.

이 나쁜 개인의 대표적 인물이 '아돌프 아이히만'이다. 그는 나치 전범으로서 예루살렘 재판정에서 교수형을 받았다. 그가 법정에서 한 진술은 한마디로, '나는 시키는 대로 했을 뿐'이다. 그는 가정에서는 자상한 아버지였고, 동네에서는 선량한 이웃이었으며, '직장'에서는 명령과 규칙에 투철한 '성실'한 '직원'이었다. 한나 아렌트는 이를 일컬어 '평범한 악'이라 불렀다. 스피노자라면 '무능력자'라 할 것이고, 니체라면 '노예'라 불렀을 게다. 그의 불행과 잘못은 그 직장이 무엇을 하는 곳인지 생각하지 않은 데 있었다. 이처럼 생각하지 않는 것이 그를 나쁜 개인으로 전락시켰다.

그는 유태인을 학살하면서 무엇을 생각했을까? 한나 아렌트가 기록한 《예루살렘의 아이히만》을 보면, 그는 규칙에 투철한 자기 모습을 대견해 했고, 이런 자기를 알아주지 않는 상사를 원망하였으며, 승진했을 때 뿌듯해 했다. 보통 직장인과 꼭 마찬가지다. 그 투철함이 수많은 생명을 죽이는 것이라는 생각은 없었다. 그에게 유태인은 사람이 아니었으므로. 그는 단지 나치의 세계관을 받아들였을 뿐이다. 그에게 좋은 것은 나치든 뭐든 상관 없이 사회가 자기를 인정해 주는 것이었고, 그것이 그의 선이었다.

나는 이것을 새디즘적 경향이라고 부르고 싶다. 이들은 남을 괴롭히고, 남 위에 군림하는 것에서 존재 가치를 확인한다. 이들은 그런 자리를 차지한 자신을 유능하다고 생각하고, 그 자리에 이르기까지 자기가 아주 착실한 삶을 살았다고 여긴다. 반면 다른 사람들은 착실하지 않았기에 자기 발 아래 있게 됐다 여긴다. 이들은 정말 강자일까? 아니다. 이들은 철저한 약자이며 노예다. 그들은 자기의 존재 가치를 자기보다 더 큰 타자에 복종하는 데서 찾는다. 그러기에 그들에게는 아무런 생각이 없다. 아니, 그들이 생각하는 선은 큰 타자의 논리이고, 그것에 충실히 따르는 것이다. 그 복종의 과정에서 생기는 고통을 약자에게 전가하는 것이 곧 새디즘으로 드러난다. 이들은 아주 변덕스럽다. 그러기에 약자를 괴롭히다가도 어떨 때는 묘한 연민의 정을 느끼고, 어떨 때는 제법 베풀기도 한다. 그러고는 스스로를 도덕적인 존재라 여기며 긍지를 갖는다. 그러나 그 본질은 어디까지나 노예의 군림이다. 이들은 생각하지도, 판단하지도, 선택하지도 않는 나쁜 개인이다.

오늘 우리 시대는 어떤가? 우리 사회도 이런 나쁜 개인을 대량으로 양산하는 나쁜 사회라 부르지 않을 수 없다. 모두가 그러니까 다들 생각 없이 사는 걸 당연하게 받아들이지만, 모두가 받아들인다 해서 진실이 바뀌지는 않는다. 부도덕한 사회에 부도덕한 개인들이 득시글거리고 있는 꼴이다. 이렇게까지 말하고 보니 우울하기 짝이 없다. 우리 모두 이 상황을 벗어날 길을 얼른 찾아야겠다.

'다움'의 어울림이 선이다

도덕적 선택이 힘든 이유는 그것이 두 가지 이상의 도덕적 판단을 담고 있기 때문이다. 앞서 예로 든 고민하는 젊은이가 대표적이다. 그런데도 우리는 선택할 수밖에 없다. 그것은 하나의 선을 위하여 하나의 악을 선택하는 것이기도 하다. 이 딜레마를 어떻게 봐야 할까? 우선적으로 생각해야 할 것은 절대 선도, 절대 악도 없다는 점이다. 어머니와 조국을 선택하는 것은 둘 다 선을 포함하기에 딜레마다. 대안은 더 나은 선을 선택하는 것이다. 이것은 덜 나쁜 악을 선택하는 것이기도 하다. 선악의 판단은 '옳다/그르다', '좋다/나쁘다'처럼 딱 나뉘는 것이 아니다. 그럴 것이면 고민할 것도 없다. 선악은 결국 '정도'의 문제다. 모든 것은 어느 만큼 선하고 어느 만큼 악할 뿐이다. 도덕적 선택도 마찬가지다. 더 나은 것을 위하여 덜 나은 것을 포기함으로써 그나마 좀 더 낫게 하는 것이다. 어느 것을 선택하든 양심은 괴로울 수밖에 없다. 그렇더라도 선택해야 한다면 그나마 양심이 덜 괴로운 쪽을 선택하는 게, 최선은 아니더라도, 우리에게 주어진 과제다.

더 나은 선택을 하는 데서 무엇을 기준으로 삼아야 할까? 그것을 나는 '관계'에서 찾는다. 스피노자는 이렇게 말한다. "우리는 우리들의 유(有)의 보존에 도움이 되거나 해가 되는 것을, 즉 우리의 활동 능력을 증대하거나 감소하고 혹은 촉진하거나 억제하는 것을 선 또는 악이라고 부른다. 그러므로 어떤 것이 우리들을 기쁨이나 슬픔으로 자극하는 것을 우리들이 지각하는 한, 우리는 그것을 선 또는 악이라고 한다. 따라서 선과 악의 인식은 기쁨이나 슬픔의 정서 자체에서 필연적으로 생기는 기쁨이나 슬픔의 관념일 뿐이다." (《에티카》) 이것이다. 우리의 활동 능력을 증대시키는 것, 관계를 더욱 풍성하게 하는 것, 삶을 고양시키는 것, 한마디로 나와 이웃과 세계를, 나아가 자연을 기쁘게 하는 것, 활력있게 꿈틀대게 하는 것, 낳고 키우고 기르고 보살피고 살리는 것, 이것이 곧 선이다. 반대로 관계를 끊는 것, 죽이는 것, 슬프게 하는 것, 짓밟고 누르고 방치하고 외면하는 것, 이것이 곧 악이다.

그것은 나를 포함한 모든 생명들을 '답게' 함으로써만 가능하다. 저마다의 모습대로 저마다의 특징으로 저마다의 색깔과 향기와 광채로 빛나게 하는 것, 이 모든 것들이 그렇게 대등하게 어울리는 것, 서로가 서로에게 스스럼없이 스며드는 것, 그렇게 하는 것을 기꺼이 수락하는 것, 이것이 내가 생각하는 선이다.

이것으로써 나는 칸트의 정언률을 적극적으로 해석하고 싶다. 칸트는 말한다. '타자를 수단으로서만이 아니라 동시에 목적으로 대하라.' 여기서 주목해야 할 것은 '~만이 아니라 동시에'다. 타자가 무조건 목적이 되지는 않는다. 관계는 무엇보다 먼저 서로를 수단으로 삼는다. 내가 있기 위해서는 부모, 형제, 이웃들이 있어야 한다. 부모가 먹여 주고, 입혀 주고, 재워 줘야만 나는 생존할 수 있다. 나는 그들을 수단 삼아 생존해 왔다. 부모만 있어서 되는가? 공기, 물, 불, 햇님, 달님, 흙, 밥, 상추, 배추, 고추, 무……. 실로 나는 우주 삼라만상을 수단 삼아 명을 이어온 것이다. 이 모든 타자는 나를 있게 한 고마운 것들이다. 도덕적인 삶을 산다는 것은 수단 삼아 왔던 이 모든 것들, 사람뿐만 아니라 우주 만물 모두를 '동시에' 목적으로 삼는 것이다. 그들을 대등하게 대하고 대등하게 어울리는 것이다. 그것이 곧 선이다.

흔히들 타자와의 소통을 이야기한다. 그러나 대개의 경우 소통하는 타자는 누구인가? 말이 통하는 사람들, 이른바 '공통 감각'을 지닌 사람들과 소통하기 일쑤다. 그러면서 말이 통하지 않는 사람들은 배제한다. 일본인이 한국의 위안부 문제를 대하는 태도나 한국인이 일본의 죽도 문제를 대하는 태도, 나아가 동북공정을 둘러싼 중국과의 마찰 과정을 보면, 말이 통하지 않는 것에는 도무지 귀를 열지 않는다. 이것은 소통이 아니다. 진정한 소통, 어울림, 따라서 삶을 고양시키는 착한 삶은 통하지 않는 것에 귀를 여는 것이다.

이 타자는 사람에 국한되지 않는다. 말 못하는 것이라 하여 함부로 대하던 자연과의 소통을 포함한다. 물론 생명은 생명으로 유지된다. 살기 위해서는 다른 생명을 수단으로 삼지 않을 수 없다. 그러나 '동시에' 목적으로 대하려는 태도가 있었던가. 새만금을 보라. 그 무수한 생명을 해치면서 사람들은 이 문제가 도덕과는 무관하다고 생각한다. 과연 그런가? 그렇게 인간을 위해서 다른 생명을 해칠 수 있다는 발상은 이윽고는 나를 위해서는 너를 해칠 수 있다는 발상으로 확장되어 인간 관계마저 깨뜨리지 않는가? 결국 새만금 매립은 이해타산적이고 부도덕한 인간관계의 연장선상에 놓여 있다. 우리의 귀는 수억의 생명들이 지르는 비명을 듣지 못하고, 우리의 눈은 질식하여 온몸을 뒤틀면서 죽어가는 처참한 광경을 보지 못한다.

나아가 이 타자는 후손까지도 포함한다. 과연 지금 우리의 이해관계를 기준으로 후손에게 엄청난 부담을 전가하는 것은 옳은 일인가? 새만금은 물론이거니와 핵폐기물 처리장 같은 것이 그렇다. 그렇게 후손들이 살아가야 할 땅을 지금의 이익을 근거로 함부로 다루어서 아예 못쓰게 만들어 버리는 것은 과연 도덕적인가? 물론 후손들이 선조들에게 고마워한다거나 원망할지는 모를 일이다. 그런 것까지 고려해야 한다는 말이 아니다. 도덕성은 대가를 기대하거나 피해를 줄이려는 것과는 무관하다. 이것은 우리가 타자인 후

손을 배려하는 도덕성을 갖고 있는가의 문제다.

한마디로 도덕은 '괄호를 벗기는 것'이다. 괄호 속에 가두어서 지워 버렸던 것, 입을 막아 버렸던 것을 풀어서 드러내고 말하게 하여 대등하게 어울리는 것이다. 여성을 드러내야 하고, 자연이 발언하게 해야 한다. 나아가 아직은 말할 수 없는 후손들을 타자에 포함해야 한다. 그 모두가 우리를 있게 한 수단이었지만, 이제 '동시에' 목적으로 대하려는 자세를 가져야 한다. 이것이 관계를 열어 나가는 열린 공동체다. 저마다의 '다움'들이 대등하게 어울리는 상태, 이것이 가장 좋은 세계다.

이제 도덕적 개인이 되는 길도 보인다. 그것은 무엇보다 '나다움'을 세우는 것이다. 배타적이어서는 결코 나다움을 실현할 수 없다. 진정한 나다움은 나 아닌 것과 어울리는 데서만 가능하다. 이웃이, 세계가, 만물이 나로 스며들게 하여 진정한 나다움을 마련하는 것이 가장 선하고 좋은 일이다. 이런 나다움으로 세상으로 나아가는 것, 이것이 좋은 삶이다. 좋은 개인은 '홀로=더불어'의 가치를 실현하는 사람이다. 이런 개인들이 어울릴 수 있다면, 마르크스가 꿈꾸었던 '자유로운 개인들이 자발적으로 연대하여 이루는 공동체'는 꿈으로만 그치지 않을지도 모른다.

기출문제 둘러보기

2007 연세대(인문계) 정시 |

나 자신이 아닌 다른 존재의 느낌과 생각을 과연 이해할 수 있는가? 아래 제시문들을 비교 분석하여 어떤 어려움들이 있는지 설명하고, 그러한 어려움이 극복될 수 있는지 사회 현실의 예를 들어 논하시오.

제시문 (가) 장자가 혜자와 함께 호수(濠水)의 징검돌 근처에서 노닐고 있었다. 장자가 말했다. "피라미가 한가롭게 헤엄치고 있소. 이게 물고기의 즐거움이오." 혜자가 말했다. "당신이 물고기가 아닌데 어떻게 물고기가 즐겁다는 것을 안다는 말이오?" 장자가 말했다. "당신은 내가 아닌데 어떻게 내가 물고기가 즐겁다는 것을 알지 못한다는 것을 안다는 말이오?" 혜자가 말했다. "나는 당신이 아니니까 물론 당신을 알지 못하오. 당신은 물고기가 아니니까 물고기를 알지 못한다는 것이 확실하다는 말이오." 장자가 말했다. "자, 처음으로 돌아가 봅시다. 당신은 '당신이 어떻게 물고기가 즐겁다는 것을 안다는 말이오?'라고 했지만, 그것은 이미 내가 안다는 것을 알고서 그렇게 물은 것이오. 나도 호수(濠水)가에서 물고기가 즐겁다는 것을 알았던 것이오."

—《장자(莊子)》 추수(秋水)편

제시문 (나) 우리는 박쥐들이 주로 음파 반향 탐지를 통해, 즉 미묘하게 변조시킨 초음파를 보내서 대상으로부터 반사되어 오는 것을 탐지함으로써 외부 세계를 지각한다고 알고 있다. 그러나 박쥐의 음파 반향 탐지는 분명히 지각의 한 형태이기는 하지만, 우리가 가진 그 어떤 감각과도 비슷하게 작동하지 않는다. 따라서 그것이 우리들 인간이 경험하거나 상상할 수 있는 어떤 것과도 주관적 느낌의 측면에서 유사하리라고 생각할 이유가 없다. 바로 이러한 점이 박쥐의 입장에서 느낀다는 것이 어떠한지를 알기 어렵게 만드는 것으로 보인다. (중략)

우리 상상의 기본적 재료는 우리 자신의 경험이기에 이러한 상상은 제한되어 있다. 내 팔에 날개가 달려 있어서 저녁과 새벽에 날아다니며 입으로는 벌레를 잡아먹고, 시력은 형편없이 나쁘지만 초음파 신호를 통해 주위 환경을 지각하고, 또 낮에는 다락방에 거꾸로 매달려 지낸다고 상상한들 그것은 박쥐의 느낌을 이해하는 데 아무런 도움이 되지 않는다. 내가 이런 상상을 한다면 (이것은 그리 어렵지 않은 상상인데), 이는 단지 내가 한 마리의 박쥐처럼 행동한다는 것이 어떠한 것인가를 알려 줄 뿐이다. 그러나 문제는 이것이 아니다. 내가 알고 싶은 바는 박쥐가 박쥐의 입장에서 느끼는 것이 어떠할까 하는 것이다. 그러나 내가 갖고 있는 정신적 자원들은 제한되어 있고 그 자원들만으로는 이러한 상상을 하기 어렵다. 나는 현재의 내 경험에 무엇을 더 보태거나 빼면서 상상하거나 또는 더하고 빼고 고치기를 여러 번 반복해 보아도 박쥐의 느낌을 알 수 없다.

— 토마스 네이글,
⟨박쥐의 입장에서 느낀다는 것은 어떠한 것인가?⟩

제시문 (다) 점순네 수탉(대강이가 크고 똑 오소리같이 실팍하게 생긴 놈)이 덩저리 적은 우리 수탉을 함부로 해내는 것이다. 그것도 그냥 해내는 것이 아니라 푸드덕 하고 면두를 쪼고 물러섰다가 좀 사이를 두고 또 푸드덕, 하고 모가지를 쪼았다, 이렇게 멋을 부려 가며 여지없이 닦아 놓는다. (중략)

이번에도 점순이가 쌈을 붙여 놨을 것이다. 바짝바짝 내 기를 올리느라고 그랬음에 틀림없을 것이다.

고놈의 계집애가 요새로 들어서서 왜 나를 못 먹겠다고 고렇게 아르렁거리는지 모른다.

나흘 전 감자 쪼간만 하더라도 나는 저에게 조금도 잘못한 것은 없다.

계집애가 나물을 캐러 가면 갔지 남 울타리 엮는 데 쌩이질을 하는 것은 다 뭐냐. 그것도 발소리를 죽여가지고 등 뒤로 살며시 와서,

"얘! 너 혼자만 일하니?"

하고 긴치 않은 수작을 하는 것이다. (중략)

잔소리를 두루 늘어놓다가 남이 들을까봐 손으로 입을 틀어막고는 그 속에서 깔깔댄다. 별로 우스울 것도 없는데 날씨가 풀리더니 이놈의 계집애가 미쳤나 하고 의심하였다. 게다가 조금 뒤에는 제 집께를 할금할금 돌아다보더니 행주치마의 속으로 꼈던 바른손을 뽑아서 나의 턱밑으로 불쑥 내미는 것이다. 언제 구웠는지 아직도 더운 김이 홱 끼치는 굵은 감자 세 개가 손에 뿌듯이 쥐었다.

"느 집인 이거 없지."

하고 생색 있는 큰소리를 하고는 제가 준 것을 남이 알면은 큰일 날 테니 여기서 얼른 먹어 버리란다. 그리고 또 하는 소리가,

"너 봄 감자가 맛있단다."

"난 감자 안 먹는다, 니나 먹어라."

나는 고개도 돌리려지 않고 일하던 손으로 그 감자를 도로 어깨 너머로 쑥 밀어 버렸다.

그랬더니 그래도 가는 기색이 없고 뿐만 아니라 쌔근쌔근하고 심상치 않게 숨소리가 점점 거칠어진다. 이건 또 뭐야, 싶어서 그때에야 비로소 돌아다보니 나는 참으로 놀랐다. 우리가 이 동리에 들어온 것은 근 삼 년째 되어 오지만 여지껏 가무잡잡한 점순이의 얼굴이 이렇게까지 홍당무처럼 새빨개진 법이 없었다. 게다 눈에 독을 올리고 한참 나를 요렇게 쏘아 보더니 나

중에는 눈물까지 어리는 것이 아니냐. 그리고 바구니를 다시 집어 들더니 이를 꼭 악물고는 엎어질 듯 자빠질 듯 논둑으로 횡허케 달아나는 것이다.

— 김유정, 〈동백꽃〉

더 생각해 봅시다 ❶

'개고기 문화'에는 문제가 없을까?

이 용어부터 따져야 한다. 개고기를 먹는 풍습을 '문화'라고 부른다. 이렇게 부르는 데는 이유가 있다. 다름 아닌 '문화 상대주의'를 주장하고 싶어서다. 개고기 문제가 거론되기만 하면 전가의 보도처럼 꺼내 드는 것이 바로 '문화 상대주의'다. 좁은 의미의 '문화'라면 상대주의를 인정하는 것이 옳다. 옷 입는 것, 밥 먹는 것, 술 마시고 노래 부르는 것 따위는 그런 점에서 상대적이다. 그러나 생명과 같은 인류 보편의 가치 문제로 갔을 때조차 이 상대주의를 적용할 수 있을까? 가령 아프리카나 동남아 일부에서 아내를 노예처럼 사고 파는 문제마저도 상대적이라고 해야 할까? 아니다. 인권의 문제는 상대주의의 대상이 될 수 없다. 그것은 인간 존엄성이라는 지고한 가치를 깨뜨리는 것이기에, 인류 공동체의 질서를 해치는 것으로 여겨야 한다. 한마디로 '남 일'이 아니라는 것이다. 이럴 때는 당연히 개입해야 한다. 이런 점에서 나는 개고기 '문화'라는 용어에 시비를 거는 것이다. 그것을 그저 음식 문화로 볼 것이면, 남들이 뭐라 하더라도 그냥 '개소리'로 치면 된다. 그러나 이것을 생명권의 문제로 대할 것이면, 더 이상 '문화'라고 부를 수 없다. 이제 이것은 인류의 가치 문제이기 때문이다.

과연 개고기가 인류의 생존에 꼭 필요한 것일까? 가령 수술 받은 환자에게 개고기가 좋다는 것은 인정한다. 그럴 땐 '수단'으로서 이용할 수 있다는 것이다. 혹은 극심한 기아에 허덕일 때도 그럴 수 있다. 그러나 입맛 때문에 인간과 더불어 살고 있고, 인간에게 아낌없이 복종하는 개를 잡아먹는 것이 과연 '문화'적인 문제일까? 혹시 그것은 인간 아닌 생명을 수단으로만 삼는 것, 즉 부도덕한 문제는 아닐까? 혹시 개를 그렇게 다루는 것이 사람마저 그렇게(잡아먹지야 않겠지만) 다룰 수 있는 것으로까지 확산되지는 않을까? 만약 개고기 먹는 풍습이 우리의 인간다움을 침해하는 것이라면, 이 문제는 심각하게 재검토해야 할 것이다. '개다움'을 존중하는 것이 인간다움을 위하는 것이라는 결론이 내려진다면, 더 이상 개고기 먹는 풍습은 정당화될 수 없다.

더 생각해 봅시다 ❷

타인의 선택을 평가할 수 있을까?

사르트르는 자기를 찾아온 젊은이에게 어떤 얘기를 들려줬을까? 그는 아무런 말도 하지 않았다. 아니, 할 수가 없었다. 그가 내린 결론은 이렇다. '그가 그 자신의 자유의지로 선택하는 것인 한, 누가 그것을 평가할 수 있겠는가.' 이 말은 타당한가? 자유의지로 선택한 이상, 어떤 선택이든 평가 대상이 될 수 없는 건가?

자유의지는 선택의 전제 조건이다. 따라서 이 선택의 자유를 침해하는 것은 악이다. 또 스스로 이 선택을 회피하는 것도 '나쁜 짓'이다. 그러나 자유의지는 어디까지나 전제 조건이지, 그 자체로서는 선을 보장하지 않는다. 그리고 그 선택은 언제나 타자의 선택, 즉 어머니와 다수 대중의 선택에 영향을 미친다. 한마디로 그는 타인의 선택을 선택하는 것이다. 그러므로 그는 타인의 삶에 개입할 수밖에 없다. 그러면 타인의 삶에 개입하고 그 결과 타인의 삶에 변화를 불러일으키는 문제에마저 평가를 내리지 말아야 하는가?

평가를 내리는 것은 그 선택에 개입하는 문제이기도 하다. 그러기에 퍽 조심스러운 문제다. 그러나 평가를 내리지 않는 것은 또 어떤가? 그것 역시 타인의 선택에 영향을 미치지 않는가? 따라서 평가하지 않는 것도 평가의 일종이지 않은가? 그렇다면 평가는 더 이상 '내린다/내리지 않는다'는 선택의 문제가 아니지 않을까? 평가

하는 것도 평가고 평가하지 않는 것도 평가니까. 가령 친일파 청산 문제가 그렇다. 혹자는 함부로 평가해서는 안 된다고 하지만, 평가하지 않는 것은 친일파의 행위를 암묵적으로 인정하는 꼴이 될 테고, 당연히 그것도 평가다.

  그렇다면, 우리는 적극적인 방안을 모색하는 것이 바람직하지 않을까? 어차피 평가하는 것일 수밖에 없다면, 더 나은 선택이 무엇인지, 그 선택의 기준은 무엇이어야 하는지를 적극적으로 제시하는 것이 바람직할 것이다. 나아가 그것은 그 문제를 대하는 자기 선택과도 긴밀한 연관이 있다. 모든 평가는 단지 남의 선택을 평가하는 것에 그치지 않고 이윽고는 자기 선택을 돌아보게 하고, 자기가 올바른 선택을 내리는 데 하나의 근거 구실을 한다. 그렇다면 평가는 반드시 해야 하는 것이라는 결론이 나온다. 그것이 나의 선택과 연관되는 문제일 경우, 나는 어떤 선택에 대해서든 적극적으로 평가해야 한다. 대개의 경우 평가 대상이 되는 선택은 나의 선택과 연관이 있다.

16 ——— 어떤 공부를 할 것인가?

나는 단지 학생들이

그들의 시간을 하찮은 일로

낭비할 때에만 비난할 것입니다.

공부의 목표는

시험을 준비하기 위함도 아니며,

'현실적 삶'으로 들어가기 위한 것도 아닙니다.

사실상 그들은

이미 현실적인 삶 안에 있습니다.

학생들은 그들의 인성이

가장 빠른 리듬으로

구성되는 시기에 있습니다.

그들의 지능은 아직도 많은 흥미 있는

영역들을 받아들일 수 있습니다.

그들에게 중요한 것은,

가급적 빨리 또는 너무 늦지 않게,

이런 영역을 탐구하는 것입니다.

- 알베르 자카르, 《청소년을 위한 철학교실》

미래의 노동자들

 대한민국 전역에 유령들이 배회하고 있다. 유령인 만큼 대낮에는 그들의 모습을 볼 수 없다. 그들은 새벽이나 한밤중에만 돌아다닌다. 그들의 이름은 수험생. 주의하시라. '학생'이 아니다, '수!험!생!'이다. 대한민국의 모든 세력들, 즉 학교와 학원, 부모와 선생, 대학과 기업, 공장과 관공서들이 이 유령을 사냥하려고 신성동맹을 맺었다. 대한민국 국민치고, 자기를 사랑한다고 떠벌이는 이들에게서 수험생이라는 이름으로 불리지 않은 경우가 어디 있는가? 또 수험생치고, 더 열심히 공부하지 않는다고, 하면 될 텐데 왜 하지 않느냐고, 그래 갖고 어디 대학이나 가겠냐고, 너 같은 수험생이 도대체 어딨냐고, 그래선 낙오자밖에 되지 않는다고 낙인찍히고 비난받지 않은 경우가 어디 있겠는가?
 굳이 '학생' 대신 '수험생'이라 부르는 것은, 한국 사회에 학생이라 불릴 만한 무리가 없기 때문이다. 우리가 '학생'이라 부르는 그들은 '공부하는 사람'이라는 뜻의 학생이 아니다. 그들이 공부하는 목적은 오직 시험뿐이기 때문이다. 멀든 가깝든 그들 앞에는 무조건 치러야 할 시험이 도사리고 있고, 그것이 인생 전부를 좌우한다는 협박 아닌 현실이 그들의 온 삶을 지배하고 있다. 대학생이라고 예외는 아니다.

첫 수업 시간마다 나는 학생에게 '장래 희망'이 무엇이냐고 물어본다. 나는 장래 '희망'을 물었는데, 아이들은 '직업'을 말한다. 직업이 희망이다. 그건 희망을 이룰 수 있는 수단일 뿐일 텐데 말이다. 그 직업군도 각자 생긴 것만큼 다양하지가 않다. 문·이과 통틀어 10개를 넘어가는 경우가 거의 없다. 이미 정해졌다. 의료인, 법조인, CEO, 외교관, 언론인, 교수(또는 교사) 따위가 그것이다. 대한민국이 고작 이 정도의 직업만으로 굴러가는 건 아닐 텐데, 하나같이 이런 것만 들먹인다. 그러면 수천 종이나 되는 직업들은 대체 뭐란 말인가? 그 직업 가진 사람들은 그럼 떠밀려서 그리 됐다는 말인가. 그래서 도무지 일이 재미가 없나 보다.

도대체 '공부'란 게 뭘까? 사전을 뒤지니, '학문이나 기술을 배우거나 익힘'이란다. 그러면 우리 학생들은 반쪽짜리 공부만 하는 셈이다. 학문을 배우거나 익히는 경우는, 대학생조차도, 극히 드문 일이다. 다들 '기술'만 배우고 익히고 있다. 예외 없이 시험 치는 기술을 배우고 익힌다. 대학은 좀 다를까 싶지만, 여기서도 시험 기술이 압도적이다. 아니라 해도, 고치는 기술, 벌 주는 기술, 만드는 기술, 기술, 기술, 온통 기술이다. 이들 기술을 한 마디로 줄이면 돈 버는 기술일 게고. 북한에서는 '날품팔이'를 일컬어 '공부'라 한단다. 어쩨 남한에 더 잘 어울리는 말 같다.

이게, 정상인가? 몽땅 기술을 익혀 하나같이 노동자의 대열에 합류하는 게? 여기서 내가 말하는 노동자는 통상적으로 부르고 불리는 노동자가 아니다. '자기 일이 사회적으로 주어졌고, 일 자체가 아니라 돈 벌기 위해 일하는 사람'이라는 뜻이다(니체를 읽다가 혹시라도 노동자를 경멸하는 듯한 느낌이 들거든, 이렇게 보시라.). 그러니 사무직이든, 법조인이든, 의료인이든, 자기 하는 일이 먹고사는 걸 목적으로 하는 것이라면, 다들 노동자다. 결국 먹고사는 방편으로 공부란 걸 하는 꼴이다.

정녕 공부다운 공부는 대한민국 학생들에게 불가능한 일인가? 다른 공부 다 집어치우고 '공부'가 뭔가부터 공부해야 할 판이다. 왜 공부하는가? 무엇을 위한 공부인가? 공부를 해서 어디다 써먹을 건데? 꼭 써먹는 공부만 해야 하나? 나를 위한 공부인가, 남을 위한 공부인가? 이 시대와 내게 어울리는 공부는 무엇일까? 한국인으로서 해야 할 공부는 무엇일까? 한마디로, 공부가 뭔가?

공자가 들려주는 공부

공부의 정도(正道)를 보여 주는 《논어》는 '學而時習之, 不亦說乎(학이시습지, 불역열호)'로 시작한다. 새기면, '배우고 때때로 그것을 익히니, 또한 기쁘지 아니한가'다. 여기에는 우리가 다뤄야 할 낱말들이 꽤 많이 들었다. '學', '時', '習', '說(悅)'. 공자를 대할 때마다 정말 기쁘고 고마운 게 하나 있다. 공부란 게 꼭 잘나고 똑똑한 사람만이 하는 게 아니라는 점이다. 누구나 할 수 있고, 오히려 어떤 정답에 갇히지 않은 사람이 더 잘 할 수도 있는 게 바로 공부다. 머물지 않고 나아가는 것, 그 과정이 곧 공부다. 공자께서 가라

사대, "산을 쌓는 데 비유해서 말하자면 한 삼태기의 흙을 덜 쌓고 그치더라도 나는 그만둘 것이며, 평지에 비유해서 말하자면 비록 한 삼태기의 흙을 부어서라도 나아감이 있다면 나는 갈 것이다." (자한 편) 아무리 거대해 보여도 그것에 머물러 버리면 더 이상 공부할 게 없다. 그저 외우고 주워섬기면 그뿐이다. 하찮아 보이고 불가능해 보이더라도, 나아감이 있는 곳에 공부가 있다.

學 : 배움

공자가 말하는 '배움'은 무엇일까? 당연히 '학문을 배우는 것'일 게다. 공자의 학문은 오늘날의 학문과는 다르다. 우리가 말하는 건 '學問'인데, 공자 것은 '學文'이다. 學問이 지식을 공부하는 것이라면, 學文은 삶의 근본을 밝히고 그 근본을 실천하는 방법을 익히려고 배우는 것이다. 學文의 文은 음양을 뜻하는 예(乂)와 음양이 조화를 이룬 태극 두(亠)를 합친 말이다. 그러니까, 음양의 조화, 곧 우주 만물의 이치를 익히는 것을 말한다. 다른 해석도 가능하다. 공자의 사상이 워낙에 실천적이라는 걸 감안하면, 乂를 사람들이 서로 떠받치는 꼴로 보고 그 사람들의 조화(亠)를 文이라 새길 수도 있겠다. 그러면 공자의 文은 '사람이 사람다워지는 길'로 해석할 수 있다. 이 둘을 굳이 나눌 필요는 없어 보인다. 우주 만물의 이치에 따르는 것이 가장 사람다운 삶 아니겠는가. 이는 공자가 사람다움을 밝히는 《논어》와 우주 만물의 이치를 밝히는 《주역》 모두의 어머니라는 점을 미루어서 짐작할 수 있다.

공자가 말하는 사람다움의 원리는, 잘 알다시피, 어짊(仁)이다.

사람 둘이 떠받치는 꼴에서는 人와 닮았다. 이처럼 사람다움은, 우주 만물이 그렇듯, 더불어 삶에 있다. 더불어 살려면 제대로 어울려야 한다. 그러자면 스스로 사람다운 삶이 되고자 애써야 한다. 그 스스로 사람됨의 이치를 보여 주는 게 곧 '修身' 또는 '修己'다. 스스로를 닦고 비워 만물과 사람이 스며들게 하는 것, 이것이 진정한 더불어 삶, 곧 학문의 길이다. 학문은 나-사람, 나-자연의 관계를 탐구한다. 따라서 공자의 학문은 '관계의 학문', 줄여서 '관계학'이랄 수 있겠다.

공자의 어짊은 '愛人', 곧 '사람을 사랑하는 것'이다. 그리고 사람 사랑의 근본은 '효(孝)'와 '제(悌)'다. 부모를 사랑하고 형제를 사랑하라는 거다. 부모 사랑이 근본인 것은, 생명이 일차적으로 부모에게서 비롯되었기 때문이다. 우리는 무수한 생명체 중 유독 사람으로 태어났다. 고맙고도 고마운 일이다. 그런 고마움의 표현이 바로 효다. 따라서 효는 생명 존중을 전제로 한다. 나든 너든 타고난 생명을 원망하고 한탄하는 것은 도저히 있을 수 없는 일이다. 이 감사하는 마음이 있는 한, 우리는 생명을 존중하는 앎과 함을 살 것이다.

좀 따져야 할 게 '제'다. 이걸 그저 '형제 사랑'으로 새기면 안 된다. 당시 사회는 대가족제였다. 자기 형제도 10여 명쯤 되지만, 그 정도에 그치지 않는다. 아버지 형제 여럿, 할아버지 형제 여럿, 거기에 수십 명의 사촌들이 같은 집, 혹은 같은 마을에 어울려 살았다. 자기 가족뿐만 아니라, 사돈에 팔촌까지 하나의 사회를 이루면서 살았다. 따라서 제는 '이웃 사랑' 또는 '사회 사랑'으로 보는 게 더 옳다. 부모가 내 자연적 생명을 있게 했다면, 이웃은 내 사회적 생명이 있게 했다. 그러니 제는 효의 확장인 셈이다.

효제가 학문의 '근본'이라 했다. 따라서 학문은 효제에만 머물지 않는다. 효를 확장해 제가 되듯이, 효제는 세상과 자연을 사랑하고 공경하는 것으로 확장된다. 학문은 가족, 이웃, 사회, 세상, 나아가 우주 만물의 이치를 탐구하고 그 이치대로 서로 관계 맺도록 실천하는 것이다. 그래서 공자의 학문을 '관계학'이라고 한다.

공자의 사상을 논할 때, 흔히들 공동체 중심이라고 한다. 부모를 공경하고, 이웃을 존중하고, 예를 차리라는 식의 말들이 쏟아져 나오니 그럴 만도 하다. 그러다 보니 마치 개인은 공동체를 위해 일방적으로 희생해야 하는 것처럼 생각한다. 오해다. 효제는 생명과 삶이 있게 한 것에 대한 고마움이고, 예는 그 고마움을 행동으로 옮긴 것이다. 그 고마움은 바로 '나'로 집결된다. 따라서 공자 사상은 '나'를 강하게 긍정한다. 나에게는 부모도, 이웃도, 세상도, 나아가 우주 만물도 모여 있다. 그래서 '소우주'라 한다. 그러니 세상 이치를 배우는 것은 곧 나를 배우는 것이요, 나를 찾는 것은 세상을 찾는 것이다. 마찬가지로, 세상을 돌보는 것은 곧 나를 돌보는 것이고, 내가 나다워지는 것은 곧 세상이 세상다워지는 것이다.

이로써 공자의 학문은 무한대로 확장된다. 나에서 우주 만물에 이르는 무한한 관계망 전체가 학문의 대상이다. 이 무한한 관계망이 어떻게 간단한 이치로 설명될 수 있겠는가. 하다못해 인간관계만 하더라도 복잡하기 이를 데 없다. 당연히 인(仁)도 하나로 고정되지 않는다. 《논어》에 보면, 제자들이 시도 때도 없이 스승에게

'인이 무엇입니까?'고 묻는다. 그럴 때마다 공자의 대답은 다르다. 효(孝), 제(悌), 충(忠), 서(恕), 신(信), 의(義)……. 대충 헤아려도 50여 개 정도의 대답이 나온다. 공자가 무원칙해서 그런 건 아니다. 사람 사랑은 구체적 관계에서 구체적으로 나타나는 것이 오히려 당연하다. 정답은 없다. 상황과 맥락을 잘 헤아려 가장 '사람답게', 곧 '나답게' 다가가는 것이 사람 사랑의 길이다. 그래서 나오는 말이 바로 '習'이다.

習 : 익힘

'習'은 주로 '익힘'으로 해석된다. 그런데 이걸 그저 배운 걸 복습하는 것쯤으로 해석하면 무척 곤란하다. 마치 공자가 예습, 복습 철저히 하라고 가르친 것 같지 않은가. 이 말은 실천과 연관된다. 그러니까, 배운 걸 습관이 될 때까지, 몸에 밸 때까지 실천하라는 말이다. 실천을 굳이 몸으로 하는 것만으로 한정할 필요는 없다. 과학자라면 실험이 될 테고, 예술가라면 작품 활동이 될 게다. 중요한 것은 배움(앎)과 함(삶)을 뗄 수 없다는 거다.

배움을 함으로 옮길 때, 우리는 자주 좌절한다. 머릿속에 떠오른 걸 막상 몸으로 글로 그림으로, 한마디로 삶으로 옮길 때 서로 어긋나는 일이 허다하다. 앎과 함의 괴리 때문이다. 그래서 자주 '나는 위선자가 아닌가!' 반성하게 된다. 이유는 간단하다. 나와 우주 만물로 이어지는 무한 관계망이 무한대의 변화를 일으키기 때문이다. 나도 무한하고 세계도 무한하다. 머리와 손발은 제각각 따로 놀기 일쑤다. 앎을 무색하게 하는 손발에 절망하는 건 이 때문이다. 세계도 마찬가지다. 내가 안 세계는 그 앎과 전혀 다르게 다가온다. 따라서 어제의 앎이 오늘도 옳다는 보장은 전혀 없다. 그런데도 하나의 앎을 근거로 모든 걸 판단하려는 것은 어리석기 짝이 없다. 그래서 실천해 보라는 거다. 그게 맞는지, 내게 어울리는지, 내가 그걸 제대로 해내고 있는지, 사람들과 세상에 도움이 되는 건지 점검하라는 거다.

여기서 자주 들어왔던 지행합일이라는 말을 한번 검토해 보자. 이 말은 동서양을 막론하고 자주 거론되었다. 대표적인 인물이 공자와 소크라테스다. 특히 소크라테스는 '앎이 곧 함이다.'고 말할 정도로 지행합일을 강조했다. 앎이 어떻게 곧 함이 될 수 있을까? 아무리 많이 알아도 그대로 행하지 못하는 경우가 얼마나 많은가 말이다. 그러나 소크라테스의 앎은 그저 '안다, 모른다' 할 때의 앎이 아니다. 얼마나 아느냐의 문제, 즉 정도의 문제다. 가령, '부부'라는 말은 누구나 다 안다. 나도 안다고 생각했다. 그런데 15년이 다 돼 가는 지금 와서 돌아볼 때, 나는 그 말을 제대로 알지 못했었다는 생각을 자주 한다. '공부'라는 말도 마찬가지다. 누군들 그 말을 모를 리 없겠지만, 정작 공부를 아는 사람은 드물다. 따라서 소크라테스나 공자의 '지행합일'이란 몸이 그 앎에 얼마나 일치하느냐의 문제라 할 수 있다. 몸이 앎을 제대로 따라 줄 때, 비로소 '알았다'고 말할 수 있다. 공자의 제자인 증자(曾子)는 '하루 세 번 반성하라[吾日三省吾身].' 했는데, 달랑 세 번만 하라는 말이 아니다. 시도 때도 없이 하라는 거다. 몸을 돌아보라, 그 앎이 얼마나 내 삶에 녹아 있는가를 돌아보라는 뜻이다. 몸을 돌아보는 것은 곧 앎을 돌아보는 것이다.

공자께서 가라사대, "아는 것을 아는 것으로 삼고 모르는 것을 모르는 것으로 삼는 것, 이것이 곧 앎이다.〔知之爲知知 不知爲不知 是知也〕." 아는 것을 안다고 하는 거야 누군들 못할까. 중요한 것은 모르는 것을 모른다고 하는 거다. 무한 관계에서 무한 변화하는 세상 이치를 어찌 다 알 수 있겠는가, 내 한 몸도 모르는데. 줄이면, '모르는 것을 아는 것이 참 앎'이 된다. 내가 모르는 나와 세계의 영역이 있음을 알아야 새로운 앎의 영역으로 나아갈 수 있다. 따라서 진실로 알고자 한다면, 이미 안 것을 잘 비울 줄 알아야 한다. 뼈저린 반성이 필요하다. 그렇게 빈 자리가 생겨야 새로운 것이 들어설 수 있다. 그 모름을 깨닫는 방편이 바로 시도 때도 없는, 때를 놓치지 않는 익힘, 곧 함(=삶)이다.

時 : 때때로

'때때로'를 그저 '틈날 때' 정도로 보지는 말자. 이 말은 '시도 때도 없이'로도, '때를 놓치지 말고'로도, '때에 맞추어 적절하게(timely)'로도 새길 수 있다. 몸을 돌아보는 것이라면 골백번인들 무슨 상관이랴. 여기서는 특별히 '때에 맞추어'에 주목해 보자. '앎'과 '함'에도 때가 있는 법이다.

우리는 신문지상에서 가끔씩 독서 실태 조사를 본다. 책은 얼마나 읽는지, 어떤 장르의 책을 주로 보는지 따위를 묻는다. 보면, 정말로 너무들 안 읽는다. 본대도 고전이나 인문서 같은 건 뒷전이고, 주로 '주식 투자'니 '재테크' 따위다. 아니면 공부 잘 하게 하는 방법을 늘어놓은 책이거나. 진짜 시간 낭비다. 이런저런 정보가 잔뜩 널려있는 걸 읽는다 해서 그리 된다는 보장은 없다. 너무 많은 정보는 아예 없느니만 못하다. 정말 필요한 책은 정보보다는 지혜를, 당장의 도움보다는 스스로를 돌아보는 쓴소리를 담은 책이다. 스스로 생각할 의사가 있는 사람은 나 대신 생각해 주는 책을 별로 좋아하지 않는다. 대신 자기 생각을 근원에서부터 뒤집어 버리는 책, 카프카 말마따나 '내 정신을 둘로 쪼개는 도끼와 같은 책'을 좋아한다.

책 안 읽는 사람들마다, "뭔 소린지 당최 모르겠어요." 한다. 정말로 어려워 못 읽는 거다. 때를 놓친 거다. 젊은 시절에 아예 책 하고 담 쌓고 지냈으니, 조금만 어려운 개념이 나오면 그림이 그려지질 않는다. 그래도, 내가 하는 어머니교실에 나오는 어머니들을 보면, 꾸준히 읽어서 꽤 잘 읽는 분들도 계시긴 하니까 절망할 건 없다. 내 얘기는 젊은이들마저 이리 되어선 곤란하다는 거다. 20대 초반을 놓치면 정말로 힘들어진다. 특히 의대 가는 아이들한테 이런 말을 자주 한다. "생각 없이 살아 봐라, 본과 2학년만 되면 돌대가리가 되어 있을 거다." 정말로 책을 못 읽는다. 생각이 없는 거다. 시키는 대로 하기만 하면 먹고 살 길이 열린다고 턱 믿으니, 생이 어떻게 지리멸렬해지는지 신경도 쓰지 않는다. 그래 놓고 공부한단다. 지금 무슨 공부를 하고 있는지 때를 놓치지 말고 돌아봐야 할 것 아닌가! …… 괜히 흥분했다.

悅/樂 : 기쁨/즐거움

공자께서 가라사대, "그것을 아는 자는 그것을 좋아하는 자만 못하고, 그것을 좋아하는 자는 그것을 즐기는 자만 못하다."(子曰 知之者 不如好之者. 好之者 不如樂之者,〈옹야〉편)

공부의 기쁨은 공부에서 나와야 한다. 공부 바깥에서 기쁨을 구하는 건 제대로 공부하지 않은 거다. 그것은 공부를 수단 삼아 얻은 것일 뿐이다. 무엇이 공부인가? 나와 이웃, 나와 세계, 나와 우주 만물의 관계를 아는 것이라 했다. 아니, 그것이 무한한 만큼 배울수록 모르는 것이 속출하는 것, 그 모르는 것으로 용감하게, 두려움 없이 뛰어드는 것이다. 따라서 공부에서 얻는 기쁨은 앎의 성취로 그치지 않는다. 그것은 자칫 위험할 수 있다. 그 앎에 갇히기 십상이므로. 진정한 기쁨은 내가 공부해야 할 것을 발견하는 데서 온다.

젊은이라면 '아, 이것이구나!' 하며 무언가로 뛰어들 줄 알아야 한다. 거기서 성취의 기쁨을 얻을 테니까. 그러나 하나의 성취에 눈멀면 위험하다. 그래서 니체는 '태양을 향하면서도 그늘 속을 걸어라!'(《즐거운 학문》)고 말한다. 정답에 눈멀면 세계가 그 태양을 중심으로 고정되고 '모든 자연은 침묵한다.'(같은 책). 대지에서 벗어나 공허한 하늘에다 감옥을 짓게 된다. 제대로 된 공부를 하노라면 어느 순간부터 정답이 사라진다. 이때부터가 힘들다. 해도 해도 끝이 없는 게 공부다. 학문의 길은 배고픔이고, 외로움이다. 당연하다. 공부란 건 원래부터가 비우는 거니까. 하나의 성취로 꽉 차 버리면 더 이상의 공부는 없다. 그것 풀어 먹고 살기 딱 좋다. 정답만이 아니다. 속에 돈이 들어차도, 사교가 들어차도, 친구가 들어차도, 명예나 권력이 들어차도, 심지어는 하나님이 들어차도 더 이상의 공부는 없다.

　공부의 기쁨은 오직 비움에서만 온다. 읽었던 책을 비우고, 알았던 것을 비우고, 돈이든 권력이든 명예든 들어찬 모든 걸 비워야 한다. 다산 선생이 유배지에서 아들들에게 보낸 편지를 보면, 벼슬할 때는 학문에서 멀어졌다가 이제 유배를 당하게 되니 비로소 공부다운 공부를 한다고 말한다. 그러면서, 뻔뻔스럽게도, 폐족(廢族)이 되어 더 이상 니네들이 과거를 못 보게 됐으니, 이제는 제대로 공부할 수 있겠다고 위로까지 한다. 빈센트 반 고흐는 젊은 시절 처참한 지경에 놓인 광부들에게 온몸을 바쳤던, 그래서 '청년 예수'로까지 불렸던 목회자였다. 그 삶이 완전히 깨진 다음 비로소 그림을 만났다. 아니, 그림이 그의 텅 빈 몸속으로 스며들었다. "타고 남은 재가 다시 기름이 됩니다." 아, 얼마나 멋진 구절인가. 완전히 살랐을 때, 한 방울도 남기지 않고 내놓았을 때, 다시 '들어 참'을 얻는다!

　다시 니체는 말한다. "이제 내게 그것(지혜의 목소리)은 전처럼 들리지 않는다. 이제 내가 듣는 것은 단지 내 청춘의 끝없는 '아!'와 '오!'뿐(《즐거운 학문》). 그렇다. 인생 전체를 바꿀 듯이 들려온 그 목소리가 사라진 후, 아니, 그걸 비운 후, 그에게 다가온 것은 더 이상의 정답이 아니라, 지속적으로 이어지는 '아!'와 '오!'다. 이것이 공자가 말하는 기쁨이다. 한 번으로 그치지 않고 지속적으로 발견하는 앎이다. 이리로 보면 이것이, 저리로 보면 저것이, 무수한 세계의 얼굴이 끊임없이 다가온다. 여기서 수만 가지 조화를 보이는 만물의 이치를 담은 《주역》이, 수많은 사람들이 맺는 수많은 관계에 어울리는 인(仁)을 설파한 《논어》가 태어났다. 이처럼, 무한히 다가오는 그 얼굴들 중 하나가 내 몸으로 스며들 때, 나는 고흐가, 슈바이처가, 마르크스가, 예수가, 뉴턴이, 아인슈타인이 된다. 그렇게 내 새로운 운명이 다가오는 것이다.

고로 진실로 학문하는 자는 비움으로써 기쁨과 즐거움을 채우는 자다. 공자의 군자는 가히 '열락에 빠진 자'라 할 만하다. 그 기쁨으로 다시 세상으로 나아간다. 또다시 비우기 위하여. 이것이 니체의 영원회귀 아닐까?

진지하게 놀기

제대로 공부하기 위해서는 자기를 비워야 한다고 했다. 달리 말하면, '헐겁게 하기'다. 그렇게 빈 속으로 무언가가 스며든다 했다. '헐겁게 하기'는 비단 바깥의 것을 잘 받아들이기 위함만은 아니다. 나를 꽉 조이고 있는 나 자신을 잘 풀어야 내가 진실로 원하는 것, 꿈틀대는 나만의 욕망이 내 속에서 기어 나오기 때문이다. 이렇게 할 때, 정말 내가 원하는 것과 만날 수 있다. 그래서 공부하려는 사람은 무엇에도 얽매이지 말아야 한다.

칸트는 재미없게 산 사람으로 유명하다. 그러나 그 칸트도 젊었을 때는 사교계에서 아주 잘 나갔다 한다. 그러다 운명처럼 무언가를 만났다. 해결해야 할 필생의 과제를 만난 거다. 그 과제를 해결하기 위해 그는 기꺼이 재미없는 일상을 선택했다. 그 마음을 다른 것으로 복잡하게 만들 수 없었던 거다. 그가 남긴 편지에 이런 말이 있다.

큰 무대 위에서의 성공과 세인의 주목은 내게 거의 아무런 매력도 주지 않습니다. 평온하면서도 나의 욕구를 적절히 충족시켜 주는 주변 상황, 일과 사색, 그리고 사람들과의 교류를 적절히 조화시켜 가면서, 평소에는 차분하지만 민감한 나의 심성과 아주 변덕스러우나 결코 병에는 잘 걸리지 않는 나의 육신을 크게 애쓰지 않고도 잘 유지해 나가는 일, 이러한 것들 모두가 내가 원해 왔고 또 잘 지속해 온 것들입니다.

―노르베르트 힌스케, 《현대에 도전하는 칸트》

그게 말처럼 쉬운 걸까? 지식인이라도 '먹고는 살아야' 하는 것 아닌가. 과연 우리는 '배고픈 소크라테스'가 될 수 있을까? 그것이 도대체 가당키나 한 얘긴가? 이것이 문제다! 왜 이렇게 돼 버렸을까? 왜 공부를 하려는 사람이 당장에 먹고사는 문제를 걱정하게 됐는가? 그것은 누가 해결해야 하는가? 학자가? 그건 아닐 게다. 결국은 공부를 대하는 사회적 태도에 문제가 있다.

유럽에서 '학문적 관점'은 흔히 '스콜라적 관점'이라고 불린다. 이것은 사회, 세계, 언어 또는 사유 대상에 대한 특별한 관점이다. 이 '스콜라'(학교)라는 말을 뜯어 보면서 우리에게 닥친 문제를 살펴보자. 스콜라(schola)의 어원은 스콜레(skohle)인데, 그 말의 원뜻은 '여가'다. 그러니까, 공부란 '여가' 덕분에 가능하다는 말이다. schola, 즉 학교는 skohle, 즉 여가가 제도적으로 보장된 공간이다. 여기서 알 수 있는 것은, 공부란 어떤 실천적인 의도나 이해관계와 동떨어질 때 비로소 성립된다는 사실이다. 그런 점에서 우리가 하고 있는 공부는 원래의 공부와는 한참 거리가 있다. 그렇게 된 가장 큰 이유는 학교다운 학교가 없기 때문이다. 공부할 수 있는 여건을 사회가 제대로 마련해 주지 않는다는 얘기다.

플라톤은 스콜레적 상황에서 노는 방식으로 spoudaios paizein, 즉 '진지하게 놀이하다'라는 말을 한다. 합치면, 공부란 현실적인 문제에서 벗어나 진지하게 노는 것이다. 확실히 지식인은 한가한 사람처럼 보인다. 먹고사느라 바쁜 현실에서 벗어나 있다는 점에서 그렇고, 그들이 다루는 주제들도 마찬가지다. 그러나 그들이 다루는 문제가 결코 가볍지만은 않다는 점에서는 진지하다. 먹고사는 현실의 사람들에게 '진지함'과 '놀이'는 선택해야 할 대상이다. 진지하면 놀 수 없고, 놀면 진지할 수 없다. 그래서 일하는 시간과 여가 시간이 딱 구별된다. 지식인에게는 이 구별이 없다. 그들의 진지함 자체가 놀이고, 그들의 놀이가 진지함이다. 따라서 제대로 공부하려는 자는 삶에 절실한 것, 곧 먹고 입고 자는 문제에서 벗어나야 한다. 이것을 제도적으로 보장하지 않는 한, 우리 사회가 진정한 학문을 누리기는 힘들 것이다.

그러나 한편으로는, 사회가 지식에 지원을 해 줘도 문제다. 학문의 자율성 문제가 또 걸린다. 사회가 바라보는 학문은 무엇을 위한 수단일 뿐이다. 사회는 자기 목적에, 이를테면 돈이나 권력 같은 것에 도움이 되는 것에만 지원한다. 그러면 당연히 학문은 돈이나 권력의 노예로 전락하고 만다. 학문 세계에서 벌어진 일이 학문 바깥의 이해 관계에 따라 결정되고 휘둘리는 일이 자주 일어나는 것도 이런 탓이다. 그리하여 우리 시대에 공부는 무언가를 위한 수단으로 전락해 버렸다.

따라서 지금 시대는 지식인이 되는 것이 정말로 힘든 때다. 먹고사는 문제가 심각하게 도사리고 있고, 그걸 해결하려는 순간 하고 싶은 공부를 못하게 될 위험을 감수해야 한다. 그러나 어느 시대든 이런 위험이 없었던 적은 없었다. 그러나 사회가 제대로 된 여건을 마련해 주지 않는다 해서 포기할 것 같으면, 제대로 공부하기는 애당초 글렀다. 그렇다고 먹고사는 문제를 아예 외면할 수는 없다. 지금으로서는 공부하려는 사람 스스로 해결책을 찾는 수밖에 없어 보인다. 공부다운 공부를 하려는 분들이 대학을 뛰쳐나와 스스로 '아카데미'나 '연구 공동체'를 차리는 것도 이런 맥락에서 이해할 수 있다. 진지하게 놀 공간은 정말로 그렇게 진지하게 놀고 싶은 사람 스스로 만드는 게 최상인 것 같기도 하다.

저 가진 것으로 나아가기

공부는 '관계학'이라 했다. 나와 관계 맺는 모든 것, 곧 나 자신, 이웃, 세계, 자연, 우주 만물이 모두 공부의 대상이다. 그 모든 것을 다 하란 말인가? 그럴 수는 없는 노릇이다. 그럼, 도대체 무엇을 해야 하는가? 다시 공자를 떠올리자. 공자의 저 유명한 말, '기소불욕물시어인(己所不欲勿施於人)'에서 나는 힌트를 얻는다. 보통 이 말을 '자기가 원하지 않는 것을 남에게 베풀지 말라.'고 해석한다. 쉽게는 저 하기 싫은 걸 남한테 시키지 말라는 거다. 틀린 말은 아니다. 그러나 나는 이 말에서 '나', '나의 욕망'에 주목한다. 그래서 이렇게 새긴다. '내가 진실로 원하는 것[己所欲]으로, 세상으로 나아가라[施於人]'고. 한마디로 '저 가진 것으로 나아가기'다. 진실한 나로 부모에게 나아가면 그게 효고, 이웃에게 나아가면 그게 제다. 그게 곧 충이고 서고 예다.

나도 무한하고 세상도 무한하다. 따라서 그 만남은, 원칙적으로는, 단 한 번의 만남일 수 없다. 무한한 만남이다. 그러나 그 무한함 속에서, 운명과 같은 만남이 이뤄진다. 우주 만물이 딱 한 번 보여주는 가장 특별한 순간, 《모모》에서 모모가 만난 그것, 곧 운명의 시간이다. 이로써 진정한 나로 세상과 만나는 공부가 열린다. 물론 그 만남은 이후 지속적인 변화를 겪을 수밖에 없다. 이것이 바로 끝없는 '아!'와 '오!'다. 공부하는 삶에게만 허락되는 기쁨이다.

무엇보다 우리는 한국인이다. 따라서 나다움은 한국인다움이기도 하다. 공부하되, 한국인다운 공부를 해야 한다. 외국 것을 누가 먼저 소개하느냐에 따라 유명도나 다투는 식이라면 볼 장 다 봤다. 그것은 지식의 생산자가 아니라, 지식 수입업자, 소매업자일 뿐이다. 무엇보다 먼저 한국적인 것에 정통해야 한다. 어쭙잖게 민족주의를 설파하려는 게 아니다. 나는 민족주의를 무척 싫어한다. 그것에 '열린' 따위의 말을 붙인다 해서 그 배타성이나 폐쇄성이 사라지는 건 아니니까. 무엇에든 '주의'가 붙는 한, 그것은 단 하나의 것으로 모든 것을 싸잡아 묶어 버린다. 민족 '주의'는 '민족'을 황폐화한다. 내가 한국적인 것에 정통하자고 하는 것은, 그것만이 한국인으로서 세계에 기여할 수 있기 때문이다. 다시 '저 가진 것으로 나아가기'다. 한국인이면서 미국인처럼, 유럽 인처럼 이야기한다고 인류의 문제를 진단하고 해결하는 데 도움될 리가 없질 않은가.

　한국 사상, 한국 문화를 다시 건져 올릴 위대한 인물을 간절히 기대한다. 우리에겐 위대한 천재가 절실하다. 위대한 실천가가 꼭 있어야 할 때다. 사상이 됐든, 문화가 됐든, 봉사하는 삶이 됐든, 훌륭한 의사가 됐든 분야를 막론하고 그렇다. 그중에서도 특히, 한국 사상을 세계의 사상과 접목할 만한 그런 대사상가가 정말 그립다. 홍대용, 박지원, 정약용, 최한기와 같은 그런 인물 말이다. 프랑크푸르트 학파나 비엔나 학파처럼 '서울학파' 같은 게 나왔으면 정말 좋겠다. 이렇게 우리 것을 바탕으로 인문 사회학과 자연 과학·공학을, 동양과 서양을 종횡무진 누비는 대사상가, 대학자를 거듭 꿈꿔 본다. 우리나라 부모들이 아이에게 거는 기대가 이런 것이면 얼마나 좋을까.

기출문제 둘러보기

2004 서울교대 정시 |

다음 예시문은 지식에 관한 두 관점을 제시하는 장자(莊子)의 천도편(天道篇) 가운데 한 구절이다. 이 글에서 편(扁)이 말하는 '찌꺼기'의 의미를 밝히고, 예시문에 근거하여 바람직한 교육을 위한 교사의 역할을 논술하시오.

제시문   제나라 환공(齊桓公)이 대청 위에서 책을 읽고 있었습니다. 아래에서 일흔 살이 다 된 편(扁)이라는 이름의 노인이 수레바퀴를 깎고 있었습니다. 편은 망치와 끌을 놓고 가까이 가서 환공에게 물었습니다.
"왕께서는 지금 무슨 책을 읽고 계십니까?"
"성현의 말씀이니라."
"그 성현이 지금 살아 계십니까?"
"아니다. 이미 돌아가셨느니라."
"그렇다면 왕께서 지금 읽으시는 것은 옛사람의 찌꺼기올시다."
환공은 화가 났습니다.
"네 이놈, 수레바퀴나 깎는 주제에 옛 성현의 말씀을 찌꺼기라고 하다니, 네가 무엇을 알기에 함부로 그따위 말을 하느냐. 만약 내가 납득할 수 있도록 그 말을 설명하지 못하면 너는 죽으리라."
이에 대하여 편은 다음과 같이 말했습니다.
"저는 수레를 깎는 놈입니다. 제가 알고 있는 이 일에 비추어 그 말을 설명해 올리겠습니다. 제가 수레바퀴 구멍을 깎을 때

망치질을 너무 느리게 하면 헐렁해서 살이 꼭 끼지 않고, 또 너무 재게 하면 빡빡해서 잘 들어가지 않습니다. 느리지도 않고 재지도 않고 알맞게 깎는 이 기술은 손에 익고 마음에 응하는 것이어서 말로는 표현할 수가 없습니다. 거기에는 묘한 기술이 있습니다만, 저는 그것을 자식에게 가르칠 수가 없고 자식도 그것을 제게서 배울 수가 없어서, 나이 일흔이 되도록 이렇게 수레바퀴를 깎고 있습니다. 제가 가지고 있는 이 기술은 제가 죽으면 저와 함께 무덤으로 들어갑니다. 옛 성현도 저와 마찬가지로 그 깨달은 바를 전하지 못하고 죽었을 것입니다. 그리고 그 깨달음은 성현과 함께 무덤으로 들어갔을 것입니다. 그 성현이 무덤으로 가지고 갈 수 없었던 것, 그것을 글로 써 놓았을 것입니다. 그러니 그 책은 성현의 찌꺼기가 아니고 무엇이 겠습니까?"

―莊子,《天道篇》

더 생각해 봅시다 ❶

왜 법학과 의학을 선호할까?

 공부 꽤나 한다는 아이들은 별 선택의 여지가 없다. 그들이 갈 곳은 정해졌다. 문과생이라면 무조건 법대다. 이과생은 의대고. 자기 의사 따위는 아무 상관이 없다. 그래서 나는 우스갯소리로 이런 말도 한다. 정말 하고 싶은 공부가 있으면, 학교 공부는 좀 적당히 하는 게 좋다. 너무 잘 하면, 빼도 박도 못하니까. 물론 대학 들어가서 다른 길로 갈 수도 있겠지만, 엄청난 난관이 기다린다. 자칫 낙오자 대접받기 딱 좋다.
 역사를 둘러보면, 동서양을 막론하고, 법학이나 의학이 지금처럼 대접받았던 적은 한 번도 없었다. 근대 이전 사회에서 법학은 정치에 부속되었고, 의학은 중인층이 갖는 직업이었다. 그러던 것이 근대 사회로 접어 들면서 갑자기 급격하게 부상하기 시작했다. 지금 이 분야는 곧 권력의 다른 이름이고 사람들은 이 분야를 신분 상승의 결정적인 계기로 이용하고 있다.
 그 이유는, 근대가 '과학'의 시대라는 점과 맞물려 있다. 과학은 자연과 사회, 그리고 인간 개개인까지도 과학적 분석과 계산의 대상으로 삼는다. 모든 것을 인과 관계로 설명한다. 인간의 몸과 인간 행위도 예외는 아니다. 이 점에서 법학과 의학은 과학 시대에 아주 잘 어울린다. 그런데 왜 하필, 심리학이나 생물학이 아니라, 법학과 의학인가? 심리학과 생물학도 행위와 몸을 설명하지만, 그것은 설명만 할 뿐이다. 반면, 법학과 의학은 설명하는 데서 그치지 않고 치료까지 한다. 그것은 사람을 진단하고 설명하고 판단하고 처리한다. 그들의 말 한마디 한마디가 곧 사람의 몸과 삶에 직접적으로 작용한다. 따라서 법학과 의학은 학문으로서가 아니라, 권력으로서 다가온다. 게다가 사람의 몸에 가장 직접적으로 작용하기 때문에 가장 큰 권력이 된다.

　엄밀히 말해서, 법학과 의학은 법대, 의대와는 아무 상관이 없다. 거기 들어가는 학생들치고 법학이나 의학, 즉 학문을 하려는 경우는 거의 없기 때문이다. 그들은 법관이나 의사가 되려는 것이지, 법학자나 의학자가 되려는 게 아니다. 사회적으로 볼 때, 이것은 낭비 중에서도 엄청난 낭비다. 그 좋다는 머리로 누구라도 할 수 있는 일을 하고 있는 꼴이니 말이다. 결국 권력이든 금력이든 간에 이 사회를 지배하고 있는 가치가 그 좋은 머리들을 망치고 있는 셈이다. 여기서 우리는, 사회가 공부할 수 있는 여건을 제도적으로 마련해 주지 않는 것이 얼마나 큰 사회적 손실을 낳는지 알 수 있다. 이런 판국에 각자에게 '제발, 그 머리를 썩히지 말아 다오!'라고 아무리 하소연한들 무슨 소용이 있겠는가. 이것이 선생질하는 사람이 갖는 가장 큰 아픔이다.

더 생각해 봅시다 ❷

지금 우리에게 지식인은 있는가?

80년대까지만 해도 지식인이라 부를 만한 사람이 있었다. 그들은 사회적인 문제를 진단하고 문제의 원인을 찾고 나름의 해결책까지 제시하는 일종의 선구자였다. 권력이 그들을 눈엣가시처럼 대했지만, 그들은 굴하지 않고 다수의 삶을 좋게 하는 일에 기꺼이 뛰어들었다. 그것이 그들의 학문적 양심을 지키는 길이었기 때문이다. 그런 점에서 당시 지식인은 앎과 함의 일치, 곧 말 그대로 지행합일의 가치를 구현했다.

그러나 어느 순간부터 지식인이 사라졌다. 이른바 민주화가 진행되면서부터 그들은 자기 지식을 구체적인 현실에서 써먹으려고 정부에 협조하기 시작했다. 일단 그렇게 참여하자 그들의 지식은 더 이상 힘을 쓰지 못하게 되었다. 그들의 큰 구상은 크게 왜곡된 사회에서는 꽤 힘을 발휘했을지 몰라도, 구체적인 현실 앞에서는 참 미약한 것이기 때문이다. 그렇게 지식인은 소멸하였다.

그렇다면 더 이상 지식인은 없는가? 아니, 더 이상 지식인은 필요하지 않은 시대인가? 지금 우리가 지식인이라 부르는 그들은 도대체 누구인가?

지금의 지식인은 더 이상 큰 그림을 그리지 않는다. 아니, 그럴 수 없다. 그러니 각자 자기 분야에서 아주 세세하나 깊이 있는 공부를 해야 할 것 같다. 그리고 이것이 시대의 흐름에도 어울린다. 민주화라는 거대한 목표가 사라진 지금, 남은 것은 구석구석을 탐구하고 개선하는 일이기 때문이다. 이른바 '거대담론'은 사라지고 '미시담론'이 지식 사회를 지배하는 것은 시대적 요청이라 할 만하다.

 적이 사라진 지식인들은 이제 자기 분야의 전문가들로 살아간다. 각자의 분야에서 권위자로 인정받으려고 한다. 그리고 우리는 그런 이를 지식인이라 부른다. 그렇다면 권위자로 인정받는 길은 무엇인가? 책을 많이 판다든가, 언론에 많이 소개된다든가, 정부에 발탁된다든가, 백분 토론 같은 데 자주 불린다든가, TV 강연을 많이 한다든가, 기업의 지원금을 왕창 타낸다든가, 〈사이언스〉나 〈네이처〉 따위의 권위 있는 잡지에 논문이 실린다든가, 따위들이다. 자기 앎을 다수에게 알리려는 욕망은, 지식인이라면 누구나 다 가지고 있다. 이걸 탓할 까닭은 전혀 없다. 그러나 그 욕망을 실현하는 통로가 이렇게 정치 경제적인 구조라면 이건 한 번 생각해 볼 문제 아닐까? 지식인이라면 그토록 비판했던 질서에 그토록 매달리는 꼴이 돼 버린 자신을 한 번쯤 돌아봐야 하지 않을까?

 낡았다고는 하지만, 그래도 나는 사르트르의 지식인관에 유효한 점이 있다고 본다. 권력과 맞붙어 '다움'의 가치를 줄기차게 외치는 '어둠을 짖는 개'(윤동주, 〈또다른 고향〉)와 같은 지식인상 말이다. 지금 지식인의 모습은 '어둠을 짖는 개'가 아니라, '집 지키는 개'에 가깝다. 어둠이 더 이상 없어서인가? 모두가 하나같이 돈에, 시장에, 권력에 매달리는 현실이 과연 어둠이 아니고 무엇인가? 오히려 과거의 적은 눈에 선명하게 보였기에 차라리 덜 위험했다는 생각이 들 정도다. 지금의 보이지 않는 적, 내면에, 세포 하나하나에 새겨진 이 새로운 적을 향한 투쟁은 도대체 누가 해야 하는가? 싸우기는커녕 오히려 그 새로운 적에게 무장 해제 당한 채 오히려 앞장서서 매달리는 꼴 아닌가!

어느 분야의 지식이든 그 모든 지식은 결국 삶과 연결된다. 바이러스를 다루든, 핵을 다루든, 법을 다루든 어느 하나 삶과 동떨어진 것은 없다. 모든 지식은 사람과 자연과 만물로 이어진다. 이 이어짐을 건강하게 만드는 것, 건강을 해치는 무리들과 맞서 싸우는 것, 이 싸움의 전사들을 젊은이들에게서 찾는 것, 찾아 기르는 것! 여전히 지식인은 필요하다.

더 생각해 봅시다 ❸

지금 우리에게 선생은 있는가?

　과거 사람들은 선생의 그림자조차 밟지 않는다 했다. 좀 오버다 싶지만, 그만큼 존경했다는 뜻일 게다. 지금 우리는 선생을 어떻게 대하고 있는가? 많은 학생들은 선생을 자기 아버지보다 못한 직업을 가진 사람, 저리 되어선 안 되겠다 싶은 대상쯤으로 바라본다. 선생을 그저 하나의 직업으로 대하기 때문이다. 부모라고 별 다르진 않다. 아이의 이해 관계 때문에 굽실대긴 해도, 속으로는 아이들이나 비슷한 생각을 한다. 집에서 그래 놓으니, 아이들도 선생을 그렇게 대하는 것 아니겠나. 그럴 만도 하다. 시대가 그러니까. 사람을 직업으로 판단하는 게 이 시대니까.

　선생들은 이런 세태를 한탄만 할 게 아니다. 누가 아이를 그렇게 길렀는가? 다름 아닌 자기다. 선생들이 그렇게 만든 거다. 그래 놓고선 교권이 무너졌느니, 아이들이 선생을 전혀 존경하지 않는다느니 한다. 교권? 이게 뭔가? 가르칠 권리인가, 가르침을 존중 받을 권리인가? 권리는 누릴 만한 사람에게만 허락되는 것 아닌가? 자격이 없으면 권리도 없다. 어찌 보면 아이들이 그러는 건 당연하다. 이미 스스로 무너뜨린 권리, 진즉 무너졌어야 했을 권리를 아이들이 확인해 주는 셈이니까. 노골적으로 말하면, 지금의 교권은 반드시 무너져야 한다.

권리는 상호적이다. 내가 주장하는 게 아니라, 남이 인정해야 제대로 된 권리다. 그러자면 상대방의 권리부터 인정해야 한다. 일방적인 권리는 권리가 아니다, 횡포다! 교권의 상대는 학습권이다. 아이들의 학습권이 최대한 존중 받을 때 교권도 생긴다. 따라서 교권을 얻고 싶다면 학습권부터 존중할 일이다. 공부다운 공부, 아이의 특성과 취향과 자질을 마음껏 발휘할 수 있는 공부, 한마디로 일방적으로 가르치지 않는 공부, 이것이 학습권을 인정하는 것이다. 교권은 더 이상 교권을 주장하지 않을 때 저절로 생긴다.

《데미안》에 싱클레어의 스승, 피스토리우스가 나온다. 싱클레어는 이윽고 피스토리우스를 떠나면서 이런 말을 남긴다. "피스토리우스, 제게 다시 한 번 꿈 이야기를 들려주셔야겠어요. 밤에 꾸신 진짜 꿈 이야기를요. 지금 말씀하시는 건, 그건 참 빌어먹게 골동품 냄새가 나네요!" 얼마나 부끄러웠던가. 내가 바로 '빌어먹게 골동품 냄새가 나'는 말을 아이들 앞에서 떠들고 있었던 거다. 닳고 닳은 말, 늘 하던 말, 나 자신조차 넘어서지 못하는 걸 함부로 주워섬기고 있었던 거다.

학생은 선생을 넘어서야 한다. 아무리 존경하는 선생이라도 기어이 넘어서야 한다. 선생은 그렇게 자기를 넘어서는 제자를 길러야 한다. "영원히 제자로만 머문다면 그것은 선생에 대한 도리가 아니다. 너희들은 어찌하여 내가 쓰고 있는 월계관을 낚아채려 하지 않는가?"(니체, 《차라투스트라는 이렇게 말했다》) 존경만 하다간, 선생을 우상처럼 숭배하다간 선생이 자빠질 때 깔려 죽는 수가 있다. 존경 받을 것 하나 없으면서 존경만 바라는 선생, 가르친 아이

중 몇이나 출세했는지나 따지면서 뭔가를 기대하는 선생이 되지 않으려면, 자기에게 자기가 깔려 죽는 일을 미리 피하려면, 선생 자신부터 자기를 넘어설 줄 알아야 한다.(사교육 선생도 선생은 선생이다. 이 모든 비판은 나에게 가장 먼저 해당한다.)

찾아보기

ㄱ

가사 노동 231
가족 231
갈릴레오 45
《갈매기의 꿈》 185
갈등 288
개고기 문화 381
개성 329
개인 329
개인주의 152, 181
거대담론 410
결여 363
계몽 39
《고도를 기다리며》 240
고령화 사회 62
〈고린도전서〉 210
《고요함의 폭력》 288
고흐 44, 398
〈공각기동대〉 29
공리주의 40, 358
공부 388
공자 89, 140, 362, 389
관계 345

관계학 402
《광장》 212
괴테 111
교황 212
구원 211
《국가》 363
국가주의 158
군사부일체 284
군자 27
군혼(群婚) 278
권승희 87
《권태》 334
권태 35, 86
그레고르 잠자 34
《그리스 인 조르바》 78, 97, 234
그리스도 123, 136
《금강경》 127
금욕주의 81, 209, 255
기독교 312
기회비용 179
김상봉 191
김수영 186
김우중 154
김주영 271
《까라마조프 씨네 형제들》 16, 89, 370
까뮈 35, 84, 90, 109, 111, 238, 334
《꽃들에게 희망을》 160
꿈 17

ㄴ

《나는 내가 아니다》 14
《나는 왜 기독교인이 아닌가》 59
《나르시스의 꿈》 191
나르시시즘 190
나우시카 222
남성성 272
〈네이처〉 410
노동 해방 217
노동 330
노동력 215
노동조합 217
노르베르트 힌스케 400
노모스 256
노아 129
노자 87, 194
《논리-철학 논고》 288
《논어》 140, 392, 398
논쟁 291
〈누가복음〉 369
뉴턴 145
《느리게 산다는 것의 의미》 333
《느림》 333
니체 100, 119, 122, 329, 371, 397
《니코마코스 윤리학》 362
니코스 카잔차키스 78
다윈 278

ㄷ

달란트 90
《당신들의 천국》 180
《데미안》 22, 249, 413
데스데모 266
데카르트 17, 245, 299
도덕 359
《도덕경》 87, 129, 275, 289, 361
《도스토예프스키》 122, 138
도스토예프스키 16, 89, 321, 370
도킨스 172
동명 신화 279
동북공정 374
동성애 52
딜레마 372
〈또다른 고향〉 410

ㄹ

라훌라 60
로고스 256
《리어왕》 263

ㅁ

마르크스 206, 219, 299
마리아 59
마오리 족 340

마조히즘 153
〈마태복음〉 60, 126, 139
막스 베버 210
만들어진 존재 20
〈말의 힘〉 301
〈매트릭스〉 29
《맥베스》 262
《맹자》 357
《멈춤》 333
《멋진 신세계》 320
《멸치》 271
모계 사회 278
〈모던 타임즈〉 353
《모리와 함께한 화요일》 56
《모모》 249, 339, 403
모성 274
《몰입의 즐거움》 333
뫼르소 109, 238
무소불위 124
무위자연(無爲自然) 194
무의식 17
문화 상대주의 381
물신(物神) 260
뭉크 244
므두셀라 125
미치 앨봄 56
미하엘 엔데 183
민족주의 158

민주화 409
밀란 쿤데라 333

ㅂ

박혁거세 279
발로우(J. P. Barlow) 30
배아 복제 318
배움 390
백이 95
버트런드 러셀 59
《변신》 33
〈별 헤는 밤〉 244
보혜사(保惠師) 128
〈복종〉 176
본성 167
부시 289
부조리 82
부활 119
《분서》 69
불국토 110
붓다 89, 116
비비안느 포레스테 288
비엔나 학파 404
비움 141, 397
비트겐슈타인 147, 288
빌 게이츠 28
빠름 335

ㅅ

《사기》 278
사단설 167
사도 바울 126
사디즘 153
〈사령(死靈)〉 186
사르트르 181, 358, 383
사마엘 131
사마천 95
사뮈엘 베케트 240
〈사이버스페이스 독립 선언문〉 30
〈사이언스〉 410
사투리 305
《사회는 진보하지 않는다》 308
사회적 노동 221
〈살찐 소파에 대한 일기〉 338
삼권분립 171
삼신할미 130
삼위일체 128
상선약수(上善若水) 275
상품 215
새만금 271
생물학적 결정론 172
생존 231
《서경》 280
선불교 89
선생 412
선악과 128
《선악의 저편》 96
선입견 53
《성(城, Das Schloss)》 47
《성경》 103, 125
성선설 167
성악설 167
성인 27
세계 공용어 305
세례 136
〈세상에서 가장 무거운 싸움 2〉 87
셰익스피어 262
소극적 자유 180
소극적 진보관 322
소마 321
소우주 249, 392
소유 241
소크라테스 27, 89, 256, 394
수메르 신화 132
수바드라 116
수신(修身) 391
수험생 386
숙제 95
슈바이처 84
스콜라 400
스토아 학파 83
스파르타쿠스 219
스피노자 112, 295, 371, 373
슬로우 푸드 333

《시간 박물관》 340
시장 속 존재 20
시장(市場)의 신 272
시장 214
《시지프 신화》 35, 84, 334
〈시편〉 118
《신화의 힘》 131
실천 393
십자가 117
싱클레어 22, 413

○

아난 117
아담 125, 360
아돌프 아이히만 370
아리스토텔레스 83, 281, 294, 362
아바타 29
아벨 125
아인슈타인 145
《아주 느린 시간》 332
《아침놀》 219
알라 130
알베르 자카르 386
알영 279
앙가주망(engaement ; 참여) 365
애인(愛人) 63
야훼 130

얀코 라브린 122, 138
양자역학 145
양혜왕 357
〈어린이의 해방을 위하여〉 284
어머니 265
억압 255
언어 329
에덴동산 125
에리히 프롬 150, 156, 249
에머슨 308, 322
《에밀》 282
에스페란토(Esperanto) 305
에코 157
《에티카》 373
에피쿠로스 학파 362
엔도 슈사쿠 118, 132
엥겔스 219, 354
여성 해방 283
여호와 118
역설(逆說, paradox) 289
역성혁명론 368
연기설(緣起說) 344
《영국 노동자 계급의 상태》 354
영웅 329
《예루살렘의 아이히만》 371
예수 89, 116
《예수의 생애》 118, 132
예정설 211

오디세우스 222
《오셀로》 263
오필리어 263
올더스 헉슬리 320
〈요한복음〉 59, 126, 137
욕망 255, 291
〈욥기〉 95
움베르토 에코 146, 340
웰빙 101
윌리엄 텔 300
유레카 52
유전자 결정론 172
유토피아 213, 321
윤동주 410
의학 407
이건희 28
이기주의 150
이데아 81, 256
이라크 289
《이방인》 90, 109, 238, 299
이상 334
이성 39
이청준 180
이타주의 160
이탁오 69
《인간의 조건》 220
인터넷 실명제 43
《일리아드》 222

일부일처제 278
일이관지(一以貫之) 63
임금 215

ㅈ

자기 중심주의 318
자멘호프(Zamenhof) 305
자본 215
《자본론》 206
자본주의 214
자아도취 157
자연주의 255
자유 201
《자유로부터의 도피》 150
《자유의 감옥》 183
자유의지 363, 383
장 자크 루소 282
《장미의 이름》 146
적극적 진보관 323
적멸 117
적자생존 153
〈전도서〉 103, 105
전자 주민증 43
〈전쟁과 죽음에 관한 시평〉 356
〈절규〉 244
절대론적 윤리설 364
정언률 374

《정치학》 281
제라르 멘델 284
제레미 벤담 40
제법무아(諸法無我) 344
제우스 130
제행무상(諸行無常) 344
조셉 캠벨 131
종교 145
《죄와 벌》 321
주기도문 210
《주역》 398
《즐거운 불편》 333
《즐거운 지식》 122
《즐거운 학문》 397
증자 394
지식인 409
지행합일(知行合一) 394
진리 대응설 294
진화론 278
질 들뢰즈 245

ㅊ

《차라투스트라는 이렇게 말했다》 100, 292, 413
〈창세기〉 128, 131, 210, 269, 359
천국 81, 90
천성산 271

《청소년을 위한 철학교실》 386
체 게바라 23, 90
최인훈 212
최일남 332
추기급인(推己及人) 367
측은지심 167
침묵 290

ㅋ

카시오페이아 339
카인 125
카잔차키스 234
카프카 33
〈카핑 베토벤〉 244
칸트 358, 361, 374, 399
칼라일 288
칼뱅주의 211
코델리아 264
쾌락 362
크리슈나 130

ㅌ

《태평경》 96
테레사 84
〈토탈리콜〉 29
톨레랑스 153

ㅍ

파놉티콘 39
파리스 222
패트릭 엘렌 14
《페스트》 111
평등 201
《포박자》 288
《풍요로운 삶을 위하여》 249
프란츠 파농 14
프랑크푸르트 학파 404
프로이트 17, 356
프로테스탄티즘 209
프롤레타리아 213
플라톤 27, 83, 256, 363
플로티노스 363
피스토리우스 413
피타고라스 314, 366
피히테 270

ㅎ

하나님 104, 130, 360
하와 125, 360
학습권 413
한나 아렌트 220, 371
한용운 176
해부루 279
해탈 110

《햄릿》 263
행복 358
《현대에 도전하는 칸트》 400
호메로스 222
《호모 루덴스》 225
호이징하 225
홉스 170
황인숙 301
황지우 338
효도 57
효제(孝悌) 63, 366
힌두교 128

한국의 교양을 읽는다 5-인문편

지은이 | 우한기

1판 1쇄 발행일 2007년 9월 17일
1판 2쇄 발행일 2010년 3월 8일

발행인 | 김학원
편집인 | 선완규
경영인 | 이상용
기획 | 정미영 최세정 황서현 유소영 김은영 김서연
마케팅 | 하석진 김창규
저자 · 독자 서비스 | 조다영 함주미 (humanist@humanistbooks.com)
조판 | 새일 기획
본문 · 표지 출력 | 이희수 com.
용지 | 화인페이퍼
인쇄 | 청아문화사
제본 | 정민제본

발행처 | (주)휴머니스트 출판그룹
출판등록 제313-2007-000007호(2007년 1월 5일)
주소 | (121-869) 서울시 마포구 연남동 564-40호
전화 | 02-335-4422 팩스 | 02-334-3427
홈페이지 | www.humanistbooks.com

ⓒ 우한기, 2007
ISBN 978-89-5862-196-6 03100

만든 사람들

편집 주간 | 이재민
기획 위원 | 강호영 김보일 우한기 이상준
책임 기획 | 황서현
책임 편집 | 강봉구 김의경
표지·본문 디자인 | 윤현이 송법성

◎ 이 책은 저작권법에 따라 보호받는 저작물이므로 무단전재와 무단복제를 금합니다.
　이 책의 전부 또는 일부를 이용하려면 반드시 저작권자와 (주)휴머니스트 출판그룹의 동의를 받아야 합니다.